Der Mensch, das Spiel und der Zufall

Daniel Henzgen • Dominik Meier

Der Mensch, das Spiel und der Zufall

Eine historisch-systematische Annäherung an die Faszination des Gewinnspiels

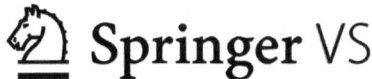

Daniel Henzgen
Berlin, Deutschland

Dominik Meier
Miller & Meier Consulting
Berlin, Deutschland

ISBN 978-3-658-46027-3   ISBN 978-3-658-46028-0 (eBook)
https://doi.org/10.1007/978-3-658-46028-0

Die Deutsche Nationalbibliothek verzeichnet diese Publikation in der Deutschen Nationalbibliografie; detaillierte bibliografische Daten sind im Internet über http://dnb.d-nb.de abrufbar.

© Der/die Herausgeber bzw. der/die Autor(en), exklusiv lizenziert an Springer Fachmedien Wiesbaden GmbH, ein Teil von Springer Nature 2024

Das Werk einschließlich aller seiner Teile ist urheberrechtlich geschützt. Jede Verwertung, die nicht ausdrücklich vom Urheberrechtsgesetz zugelassen ist, bedarf der vorherigen Zustimmung des Verlags. Das gilt insbesondere für Vervielfältigungen, Bearbeitungen, Übersetzungen, Mikroverfilmungen und die Einspeicherung und Verarbeitung in elektronischen Systemen.
Die Wiedergabe von allgemein beschreibenden Bezeichnungen, Marken, Unternehmensnamen etc. in diesem Werk bedeutet nicht, dass diese frei durch jede Person benutzt werden dürfen. Die Berechtigung zur Benutzung unterliegt, auch ohne gesonderten Hinweis hierzu, den Regeln des Markenrechts. Die Rechte des/der jeweiligen Zeicheninhaber*in sind zu beachten.
Der Verlag, die Autor*innen und die Herausgeber*innen gehen davon aus, dass die Angaben und Informationen in diesem Werk zum Zeitpunkt der Veröffentlichung vollständig und korrekt sind. Weder der Verlag noch die Autor*innen oder die Herausgeber*innen übernehmen, ausdrücklich oder implizit, Gewähr für den Inhalt des Werkes, etwaige Fehler oder Äußerungen. Der Verlag bleibt im Hinblick auf geografische Zuordnungen und Gebietsbezeichnungen in veröffentlichten Karten und Institutionsadressen neutral.

Springer VS ist ein Imprint der eingetragenen Gesellschaft Springer Fachmedien Wiesbaden GmbH und ist ein Teil von Springer Nature.
Die Anschrift der Gesellschaft ist: Abraham-Lincoln-Str. 46, 65189 Wiesbaden, Germany

Wenn Sie dieses Produkt entsorgen, geben Sie das Papier bitte zum Recycling.

Vorwort

In unseren westlichen Gesellschaften herrscht ein Kulturkampf. Dabei geht es nicht um Identitätspolitik oder den Klimawandel. Der Kulturkampf, von dem wir sprechen, ist ungleich älter. Es ist der Kampf gegen das Spiel, genauer gegen das Gewinnspiel als Ausweis individueller Freiheit.

Die Kernpunkte der Kritik sind fest etabliert: Zufallsbasierte Spiele um Geldeinsatz wie Pferdewetten, Blackjack oder Slot-Machines bergen das Risiko pathologischer Spielsucht – anders als Geschicklichkeits- und Denkspiele wie Boule oder Schach führen sie das menschliche Spielbedürfnis auf gefährliche Abwege. Deshalb müssen sie strengsten staatlichen Beschränkungen und Kontrollen unterworfen, besser noch gleich ganz verboten werden. Diese Argumente sind wirkmächtig. Obwohl fast ein Drittel der Bevölkerung mindestens einmal pro Jahr Gewinnspielen nachgeht und diese, in den Worten des *Glücksspiel-Survey 2021* der Universität Bremen, nachweislich „für die meisten Menschen ein harmloses Freizeitvergnügen"[1] sind, türmen Politik und Verwaltung seit Jahren immer neue regulatorische Hürden auf. Ein Ende ist nicht in Sicht.

---

[1] Sven Buth, Gerhard Meyer, und Jens Kalke, *Glücksspielteilnahme und glücksspielbezogene Probleme in der Bevölkerung. Ergebnisse des Glücksspiel-Survey 2021* (Hamburg: Institut für interdisziplinäre Sucht- und Drogenforschung (ISD), 2022), S. 8, https://www.isd-hamburg.de/wp-content/uploads/2022/03/Gluecksspiel-Survey_2021.pdf (zugegriffen am 04.10.2023).

Angesichts dieser Debattenlage lohnt es sich, das Gewinnspiel als gesellschaftliches Phänomen und Praktik einer grundlegenden Analyse zu unterziehen. Wir wollen mit den Methoden der Anthropologie, Geschichtswissenschaft und Spieltheorie ergründen, was die ewige Faszination für das Gewinn- oder Geldspiel ausmacht – und warum es gleichwohl so hart umkämpft ist. Dabei zeigt sich: Spielen war und ist eine fundamentale Herausforderung an Herrschaft. Die ideologischen Konfliktlinien reichen bis ins Mittelalter zurück. Die Begriffe mögen sich geändert haben, die dahinterstehenden autoritären Denkschemata, denen das anarchische Element des Zufallsspiels seit jeher unheimlich war, sind immer noch dieselben.

Damals wie heute gilt: Den Zufall im Spiel um Einsatz herauszufordern, ist universell menschlich; hier erleben wir das Außeralltägliche, durchbrechen die Monotonie unserer geregelten Existenz, geben uns aus freien Stücken äußeren Kräften hin und bleiben doch dank eines transparenten Spielregelwerks ganz Herr der Lage. Diese reale Paradoxie hat Staaten stets herausgefordert und zu einer ebenso ambivalenten Haltung veranlasst: einerseits als Profiteure, die durch Monopolisierung und Gewinnabschöpfung selbst Marktteilnehmer werden, andererseits als politische Autoritäten, die mit Machtmitteln ihre bevorzugten Entwürfe des gesunden und moralisch lauteren Lebens durchsetzen. Es nimmt kaum Wunder, dass bei einer solchen explosiven Gemengelage von Interessen, Machtressourcen, Moralvorstellungen und tief verwurzelten Ideologien immer wieder gesellschaftliche Konflikte aufbrechen, die die Form von Kulturkämpfen annehmen. Diesen Themenkomplex wollen wir anhand von drei Kernthesen aufschlüsseln; sie bilden gleichsam einen inhaltlichen Leitfaden durch das vorliegende Buch *Der Mensch, das Spiel und der Zufall*.

Erstens: Die menschliche Leidenschaft für das Spiel mit dem Zufall ist universeller und essenzieller Bestandteil unserer Existenz.
Spätestens in der Frühantike beginnt der Mensch, Zufallsspiele um Einsatz zu spielen, mit Würfelformen aus Stein, Knochen oder Terrakotta, und seither hat er nicht mehr damit aufgehört. In einer Ära wie dieser, in der identitäre Differenzen im Vergleich zu Gemeinsamkeiten überbetont werden, ist dieser Umstand umso bemerkenswerter. Der Grund für

diese Faszination liegt in einer Reihe von Eigenschaften, die gemeinsam das Alleinstellungsmerkmal des Gewinnspiels als soziokultureller Praktik ausmachen: Wer spielt, begibt sich in eine soziale Auszeit, die eigenen, strikt egalitären Regeln folgt („Vor dem Regelwerk sind alle gleich"), in der gängige Hierarchien und Antagonismen („Arm gegen Reich", „Alt gegen Jung", „Stadt gegen Land") nicht mehr gelten, die aber gleichwohl in die gesellschaftliche Gesamtstruktur eingehegt bleibt. Der Spieler ist in seiner Tätigkeit frei, denn er spielt allein um des Spielens willen. Wie bedeutsam dieses Merkmal ist, zeigt sich im Vergleich zu anderen Formen der Freizeitgestaltung: Wer joggt, der will abnehmen oder fit bleiben; wer eine Fremdsprache lernt, will sich bilden; und wer sein Social-Media-Profil mit Content füllt, der ist auf Clicks, Likes und Shares aus. Allein der Spieler ist sich im Spiel selbst genug. Damit entzieht er sich dem Paradigma von zwanghafter Selbstoptimierung und Entfremdung, das unsere Spätmoderne so beherrscht wie nie zuvor.

Zugleich sind die Spieler nicht nur vor dem Regelwerk gleich, sondern vor einer weiteren Macht: der Macht des Zufalls. Ob jemand beim Roulette, beim Blackjack oder an der Slot-Machine gewinnt, hat nichts mit Talent, Strategie oder Übung zu tun. Das Ergebnis liegt jenseits unseres Einflusses und ist damit – je nachdem, welcher Kosmologie man Glauben schenkt – eine Frage des Glücks, der Fügung oder der Gunst. Das Mysterium des Gewinnspiels, wonach einerseits ganze Ereignisreihen, wie Kartenverteilungen oder Rotationszyklen, stochastisch prognostizierbar sind, andererseits jedoch das jeweilige Einzelereignis, wie die nächste Hand oder das nächste Rollen der Roulette-Kugel, unserer Vorhersage entzogen ist, hat nichts von seinem Reiz verloren. Weil das Ergebnis bei Zufallsspielen per Definition unkontrollierbar ist, kann es deshalb zwar Verlierer geben, aber keine Versager. Wer den Würfel rollen lässt, ist über jeden Leistungsdruck erhaben, er muss sich und der Welt nichts beweisen. Die außerordentliche emotionale und kognitive Entlastung dieser Spiellogik liegt auf der Hand, und sie erklärt die ungebrochene Attraktivität. Ebenso auf der Hand liegt, dass Gewinnspiele aus eben diesem Grund leistungsethischen religiös-politischen Ideologien seit jeher ein Dorn im Auge sind. Wer im Geist des Calvinismus Fleiß und Leistungswillen von einer Charaktereigenschaft zur sittlichen Tugend überhöht, die uns auf schnellstem Wege zur Erlösung führt, kann mit der Inkaufnahme materieller Verluste oder unverdientem Gewinn wenig anfangen. Die Ächtung des Gewinnspiels ergibt sich mit zwingender Notwendigkeit aus dieser Doktrin, die – allen laizistischen Umbrüchen zum Trotz – bis zum heutigen Tag nachwirkt. Freilich haben weder staatliche Verbote noch die Drohung mit dem Höllenfeuer die Spielleidenschaft des Menschen brechen können. Sie bleibt eine anthropologische Konstante, eine stete Herausforderung an gesellschaftliche Macht- und Ordnungsstrukturen.

Zweitens: Die Auseinandersetzung mit dem Gewinnspiel ist ein Katalysator für den Aufbau und Ausbau staatlicher Strukturen.
Die Frage, wie mit dem egalitären, anarchisch-subversiven Phänomen des Gewinnspiels umzugehen ist, beschäftigt Staatenlenker seit Tausenden von Jahren. Ob römische *panem et circenses* oder abrahamitische Spielverbote in Judäa, bereits die Antike ist ein Tummelplatz unterschiedlichster politisch-regulatorischer Ansätze. Aber erst im Mittelalter, genauer im Spanien des 13. Jahrhunderts, finden erstmals eine intensive und systematische Befassung mit Spielarten und die sukzessive Etablierung eines Systems von Klassifikationen und Sanktionen statt. Die Herrschaftseliten kontrollieren Zugangsbedingungen durch Standesprivilegien und entdecken Gewinnspiele als Chance zur Gewinnabschöpfung; parallel richtet die Kirche ihren moralischen Tadel gegen „sündhafte" Spiele aus, die den Menschen vom wahren Glauben ablenken. Auf diese Weise gewinnt die Abgabenlegitimation eben jene doppelte, moralisch-fiskalische Qualität, die sie bis heute innehat.

Während sich der europäische Staat am Gewinnspiel abarbeitet, den illegalen Spielsektor als kriminelles Risiko entdeckt und Gegenstrategien erprobt, entwickelt er sukzessive eine nie da gewesene Expertise. Spätestens mit der Neuzeit sind seine Verwaltungsbeamten selbst die größten Fachleute für das Spiel mit dem Zufall. Folgerichtig entstehen staatliche Monopole für Gewinnspiele, repräsentative Spielbanken werden erbaut, und Lotterien für alle Stände werden eingerichtet. Im Zuge dessen implementieren sie eine hochprofessionelle Infrastruktur – vom Losverkauf über die Annahme von Einsätzen bis zur Ziehung und Auszahlung.

Mit dem Aufkommen der Stochastik fügt sich schließlich der letzte Mosaikstein ins Bild: Ausgestattet mit dem Methodenset der Statistik und Wahrscheinlichkeitslehre, die in der angewandten Stochastik zusammenkommen, können staatliche Stellen Gewinnchancen und Ausschüttungen präzise steuern. Zentnerschwere Vorgabenkataloge für die Gewinnspielbranche, die heutzutage gang und gäbe sind, künden von der Regelungstiefe, mit der der Staat in diesen Wirtschaftszweig eingreifen kann. Dabei bleibt die janusköpfige Haltung zum Gewinnspiel evident: Die finanzpolitische Rechtfertigung von staatlicher Spielausrichtung und Gewinnabschöpfung beim Gewinnspielsektor einerseits muss mit dem aus dem Mittelalter fortgeführten moralischen Tadel und seinen restriktiven, verbotsorientierten Implikaten andererseits in Einklang gebracht werden. Diese interne Spannung prägt das gesamte Verhältnis zwischen Staat und Gewinnspiel und die Suche nach legitimatorischen Fundamenten politischer Intervention.

Drittens: In der Moderne vollzieht sich der Siegeszug der Pathologisierung der Spielfreude.
Das Zeitalter der Moderne, in dem die Psychologie und Psychiatrie erstmalig als eigenständige Wissenschaftszweige Anerkennung finden, ist auch die Geburtsstunde eines neuen Prinzips der Gewinnspielsteuerung: der Pathologisierung der Spielfreude. Ausgehend von der Prämisse, dass menschliche Gemütsregungen, Neigungen und Gewohnheiten nicht mehr nur Gegenstand normativer Beurteilung, sondern auch der medizinischen Diagnostik sind, mithin ein Krankheitsbild ergeben können, entsteht ein völlig neuer Fragekomplex: Wo hört die politisch akzeptierbare Spielfreude auf, und wo beginnt die medizinisch definierte Gefährdung des Menschen? Die Grenzziehung zu Rausch und Sucht ist der Dichotomie von „normal" und „abnormal" bzw. von „gesund" und „krank" systematisch inhärent. Aber ihre genaue Fixierung in Gestalt von Kriterien und Grenzwerten obliegt der Entscheidungsmacht der Exekutive. Der legitimatorische Mehrwert der Pathologisierung der Spielfreude, die das althergebrachte Prinzip des moralischen Tadels überformt, nicht jedoch ersetzt, ist evident. Diese bietet eine Grundlage für staatliche Intervention, welche in ein wissenschaftliches Weltbild integriert ist und damit einen klaren Anspruch auf Objektivität erhebt.

Freilich widerspricht diese Legitimationsstrategie der immanenten Logik des Spiels selbst. Zufallsbasierte Spiele um Einsatz sind per Definition Ausnahmesituationen, die sich durch emotionale Grenzüberschreitungen, die Infragestellung sozialer Konventionen sowie das kathartische Ausleben großer Gefühle auszeichnen. Wer nicht dem Rollen der Roulette-Kugel entgegenfiebert, beim Aufdecken der nächsten Karte den Atem anhält oder aus Enttäuschung über den späten Einlauf seines Favoriten den Wettzettel zerreißt, empfindet keine Spielfreude. Verhaltensweisen, die wir im sozialen Alltag bereitwillig als bizarr oder unangemessen einstufen würden, sind im Spiel selbstverständlich; sie finden dort ihren gesellschaftlich akzeptierten Ort. Das eint Spiele mit liturgischen Festen, Karnevalsfeiern, Sportereignissen und anderen kulturellen Überschussprodukten, die gerade nicht der Normierung des Menschen und der Reproduktion akzeptabler Verhaltensschemata dienen, sondern der Inszenierung von Ausbruch und Subversion. Kurzum: Weil die psychologisch-psychiatrische Pathologisierung menschlichen Verhaltens auf kategorischer Normierung – hier der Regelfall, dort die Abweichung – fußt, passt sie denkbar schlecht mit der Ausnahmesituation des Spielens zusammen.

Die Frage, warum die Pathologisierung der Spielfreude trotz ihrer augenfälligen methodologischen und konzeptionellen Schwachstellen bis heute ein Erfolgsmodell ist, beantwortet sich durch die Kombination von Zeitgeist und Pfadabhängigkeit: Einerseits ist es schlicht *en vogue*, den Menschen psychologisch zu klassifizieren und solchen Phänomenen, die aus Herrschaftsperspektive irritierend sind, das Siegel des Pathologischen zu verleihen; so spart man sich lästige gesellschaftliche Auseinandersetzungen über konkurrierende Konzeptionen von Glück und eines gelingenden Lebens. Andererseits hat sich um den Siegeszug dieser Legitimationsstrategie längst ein riesiger Apparat von Fachleuten, Interessengruppen und Gremien etabliert, die ihr Lohn und Brot der Fortschreibung dieses Narrativs verdanken.

Was folgt aus diesen Einsichten? Zuerst und vor allem müssen wir die soziale Position und Funktion des Gewinnspiels in unserer Gesellschaft neu bestimmen: als soziale Auszeit mit kritischer Entlastungsfunktion und positiv-subversivem Potenzial; als Katalysator politisch-administrativer Innovation, der für die Entwicklungsgeschichte des modernen Verwaltungsstaats eine zentrale, aber unterschätzte Rolle spielt; und als jahrtausendealte kulturelle Praktik, deren psychologisch-psychiatrische Umdeutung zur Stigmatisierung ganzer Bevölkerungsgruppen, aber nicht zur Klärung des Phänomens der Spielfreude beigetragen hat. Fest steht: Der

Kulturkampf gegen das Gewinnspiel ist auch ein Kampf gegen individuelle Freiheit und die Verwirklichung individueller Entwürfe des gelingenden Lebens; umso höher müssen die Hürden sein, um diese Freiheiten überhaupt einzuschränken. Wen die Leidenschaft gepackt hat, diesen Thesen auf den Grund zu gehen und das vielfältige Themenfeld Gewinnspiel neu zu denken, für den ist dieses Buch geschrieben.

Einleitung

Spielen ist so alt wie die Menschheit selbst. Es ist seit jeher ein wesentlicher Bestandteil der menschlichen Entwicklung. Im Spiel werden lebensnotwendige Kenntnisse erlernt und Raum für kreative Entfaltung, Erholung sowie Motivation und Innovation geschaffen. Gleichzeitig ist heute kaum etwas gesellschaftspolitisch so umkämpft wie das Spiel mit dem Zufall.

Gerade wenn es um Geldspiele geht, ist das Spektrum der Ansichten und Argumente, die das Spiel mit dem Zufall kategorisch als gut oder böse einstufen, besonders groß. Paradox erscheinen in diesem Zusammenhang die diskursiven Kämpfe um das Verhältnis von Zufall und Fähigkeit und deren Anteile an der Spielform. So gelten Spielformen, deren Ausgang vermeintlich stärker vom Können der Spieler abhängt, oftmals als moralisch vertretbar oder sogar lobenswert. Reine Zufallsspiele hingegen werden weit häufiger als moralisch verwerflich geächtet. Dabei ist eine kategorische Unterscheidung und Abgrenzung in der Praxis kaum möglich.

Zufälle, Risiken und das Unvorhersehbare sind ein maßgeblicher und steter Begleiter der Menschheit, ob nun in Form von Naturkatastrophen, Schicksalsschlägen oder revolutionären Ereignissen. Umso erstaunlicher, dass wir Menschen im Spiel den Zufall gleichwohl aktiv suchen und bewusst herausfordern. Was genau fasziniert uns so sehr am Spiel mit dem Zufall? Warum kehren wir – egal ob als Kinder oder Erwachsene, unabhängig vom Kulturkreis oder sozioökonomischen Kontext – immer wieder in der ein oder anderen Form zum Spiel zurück? Ist es der bloße

Lustgewinn? Spielen wir zum Zeitvertreib, allein um des Spielens willen? Oder geht es um materiellen Gewinn?

Der Blick in kulturhistorische Quellen legt eine vielschichtige Antwort nahe: Zwar haben Menschen immer schon mit Begeisterung gespielt, aber auch das Element des Wagnisses spielte stets eine entscheidende Rolle. Im Gewinnspiel, vor allem im Geldspiel, wird der Zufall zum Risiko, aber auch zur Chance. In dem kurzen Moment, bevor sich das Ergebnis entscheidet, gibt der Mensch sein Los aus der Hand und überlässt die Kontrolle dem Ungewissen. Für ein paar Sekunden ist der Ausgang vollkommen offen und scheinbar alles möglich.

Weil Menschen seit jeher das Spiel mit dem Zufall nicht nur genossen haben, sondern auch versucht haben, es analytisch zu durchdringen, neu zu denken oder zu bezähmen, hat besonders das Geldspiel die Entwicklung neuer Regeln, ausgeklügelter Systeme und Strategien und ganzer Wissenschaftszweige wie der Stochastik inspiriert. So war das Roulette anfangs ein Instrument der Wahrscheinlichkeitsrechnung, die vor allem im 18. Jahrhundert zusehends zur Kalkulation von Gewinnchancen und Erwartungswerten herangezogen wurde. Auch heute ist das Ringen mit dem Zufall fesselnd und inspiriert die Entwicklung immer neuer Spielformen und -varianten, darunter seit den 2000ern vor allem von Online-Geldspielen. Das Marktvolumen für diesen Sektor belief sich im Jahr 2022 auf 265 Milliarden Dollar weltweit.[2] Beinahe alle bekannten Spielformen – klassische und technische Gewinnspiele eingeschlossen – existieren mittlerweile auch im Internet.

Es lässt sich festhalten: Menschen haben immer schon gespielt und sie haben dies auch stets um Einsätze getan. Die Aussicht auf das große Los, den glücklichen Wurf oder schnellen Gewinn zieht Menschen aller Kulturen magisch an und lässt täglich Abertausende in öffentliche Spielhallen und Casinos strömen oder an privaten Spieltischen Platz nehmen, um den Zufall herauszufordern. Die Faszination am Spiel mit dem Zufall erwächst auf den ersten Blick also sowohl aus der Schicksalshaftigkeit als auch der Möglichkeit des Gewinns.

---

[2] Statista, „Marktvolumen von Casinos weltweit und im globalen Glücksspielmarkt von den Jahren 2011 bis 2023 (in Milliarden US-Dollar)", 2024, https://de.statista.com/statistik/daten/studie/168622/umfrage/marktvolumen-im-online-gluecksspielmarkt-weltweit-seit-2003/#statisticContainer (zugegriffen am 15.02.2024).

Einleitung

Neben der jahrtausendealten Faszination für das Spiel mit dem Zufall und der Chance auf Gewinn gibt es noch einen weiteren Aspekt, der in der Geschichte der Menschheit und des Spielens beständig wiederkehrt: die Moral. „Frisch gewagt ist halb gewonnen", heißt es da einerseits, und wer Pech in der Liebe hat, kann wenigstens auf sein persönliches Glücksempfinden im Spiel hoffen. Andererseits ist diese Freizeitbeschäftigung gerade in westlichen Kulturkreisen auch negativ konnotiert und weckt Assoziationen von Gier und Sünde. Dann ist von „Zockerei" die Rede. Die Unberechenbarkeit des Spiels mit dem Zufall ist janusköpfig: Jede Chance auf Gewinn bringt als Kehrseite auch das Risiko eines Verlusts mit sich.

In der wissenschaftlichen Analyse des nuancenreichen Faszinosums und Mysteriums Gewinnspiel ragen zwei Meisterwerke aus dem letzten Jahrhundert heraus: *Homo Ludens* aus der Feder des Kulturhistorikers Johan Huizinga und *Die Spiele und die Menschen* des Philosophen Roger Caillois. Bis heute ist jedoch verblüffend wenig ganzheitlich zum Thema Spielen und Zufall geforscht worden. Zwar existieren zahlreiche Studien, darunter volkswirtschaftliche Betrachtungen bestimmter Märkte oder Spielformen, juristische Analysen spezifischer Regulierungsansätze, soziologisch-medizinische Forschung zu problematischem und pathologischem Spielen oder historische und spieltheoretische Abhandlungen. Aber diese beschäftigen sich zumeist mit einzelnen Aspekten oder Teilbereichen des Glücksspiels. Die Studienlage verbleibt also im Partikularen, und sie ist keineswegs kohärent oder konsistent, weder in ihrer Herangehensweise noch in ihrem Erkenntnisstand. Eine durch wissenschaftliche Lektüre fundierte, umfassende Untersuchung der gesellschaftspolitischen Rolle von Zufallsspielen und ihrer ideengeschichtlichen Diskussion fehlt bislang.

Vor diesem Hintergrund leistet dieses Buch einen Beitrag zu einem besseren Verständnis der Macht des Spielens in Gesellschaft und Politik. Dabei orientiert es sich an drei zentralen Leitfragen:

- Was sind sogenannte Glücksspiele – und ergibt der Begriff überhaupt Sinn?
- Warum reizen und faszinieren sie die Menschen so sehr?
- Und warum sind sie derart umkämpft?

In Anlehnung an die drei Leitfragen ist das Buch in drei Hauptteile unterteilt. Kapitel 1, *Das Wesen des Gewinnspiels*, beschäftigt sich mit der Frage, was das Spiel mit dem Zufall eigentlich ist, und setzt sich mit seiner Geschichte und Definition auseinander: Welche Spielarten gibt es und welche zählen formell zum Gewinnspiel? Um dies zu klären, geht das Kapitel der historischen Entstehung unterschiedlicher Spielformen nach und ergründet den Stellenwert von Zufallsspielen von der Antike bis heute. Im Anschluss an diesen Abriss wendet es sich der Frage zu, welche Verständnisse vom Spiel mit dem Zufall in unterschiedlichen Branchen und Institutionen vorherrschen. Das Verhältnis von Zufall und Können beeinflusst die öffentliche Wahrnehmung und den Umgang mit verschiedenen Spielarten. Dabei ist die Abgrenzung reiner Zufallsspiele von solchen, die auch Kombinatorik oder Planung verlangen, nicht zielführend, da die meisten Spiele Mischformen sind.

Kapitel 2, *Die Logik des Gewinnspiels*, befasst sich mit der Leitfrage dieses Buches: Warum spielen Menschen regelbasierte Zufallsspiele, und was macht deren Faszination aus? Im Gegensatz zum historisch-definitorischen Blickwinkel des ersten Kapitels behandelt Kapitel 2 diese Fragen aus anthropologischer Sicht. Es fasst bestehende Erklärungsansätze und eigene Überlegungen zur Spielfaszination in distinkten Kategorien zusammen und verknüpft Themenkomplexe wie die Spielspannung und das kathartische Erlebnis von Sieg und Niederlage mit dem Prinzip strikter Gleichheit und Freiheit, welches Spiele von alltäglichen sozialen Ordnungen unterscheidet.

Kapitel 3, *Die ludische Differenz und das Spiel*, spannt den Bogen zu den großen gesellschaftlichen, philosophischen und ideologischen Deutungskämpfen um das Spielen mit dem Zufall: Warum sind Zufallsspiele derart umkämpft? Was passiert, wenn die uralte Faszination für das Spiel mit dem Zufall auf die Logiken von Religion, Politik, Wirtschaft, Wissenschaft oder Gesellschaft trifft? Um diese Fragen zu klären, wird die Bedeutung des Gewinnspiels im Kontext einflussreicher Lebensführungs- und Glückskonzepte in den Blick gefasst – von der Tugendethik über den aufgeklärten Rationalismus bis hin zum Marxismus und zur Psychotherapie. Diese Erkenntnisse bilden den Schlüssel für das Phänomen der ludischen Differenz: die Sonderstellung des Gewinnspiels als geregelter Ausnahmesituation, die in der gesellschaftlichen Ordnung verankert ist und doch einen Ausweg aus – oder zumindest eine Auszeit von – der Gleichförmigkeit menschlicher Existenz bietet.

Inhaltsverzeichnis

1 **Das Wesen des Gewinnspiels** 1
  1.1 Vorbemerkungen über Spielen und Glück oder:
     Warum es kein Glücksspiel gibt 2
  1.2 Eine kurze Geschichte des Gewinnspiels 23
    1.2.1 Die Antike: Brot und Spiele? 23
    1.2.2 Das Mittelalter: von Teufelswerk
        und abgekartetem Spiel 33
    1.2.3 Neuzeit: Übergangszeit und bürgerlicher
        Neubeginn 49
    1.2.4 Die Moderne: Rationalismus, Industrialisierung
        und Totalitarismus 61
    1.2.5 Die Spätmoderne: Spielen im World Wide Web .. 84
  1.3 Gewinnspiele: eine Frage des Zufalls? 94

2 **Die Logik des Gewinnspiels** 105
  2.1 Spannung 107
  2.2 Statusbildung 114
  2.3 Zweckfreiheit 136
  2.4 Gleichheit 141
  2.5 Katharsis 147

3 Die ludische Differenz und das Spiel 155
3.1 Glück und Lebensführung 156
3.1.1 Teleologische Lebensführung 158
3.1.2 Liberalistisch-rationalistische Lebensführung: Vernunft und Neigung 163
3.1.3 Marxistischer Lebensführungsstil 171
3.1.4 Therapeutische Lebensführung: Lebenskunst im Zeichen von Psychologen und Therapeuten .. 175
3.2 Spielen im Spannungsfeld zwischen Schicksal, Zufall und Chaos 181
3.2.1 Im Bann der Moiren: die Logik des antiken Gewinnspiels zwischen Schicksalsergebenheit und Göttergunst 182
3.2.2 Die Vermessung des natürlichen Systems: die Logik des Gewinnspiels in Spätmittelalter und Neuzeit 185
3.2.3 Chaos und Quantenmechanik: die Logiken des Gewinnspiels in der Spätmoderne 189

4 Resümee 195

Literaturverzeichnis 213

Stichwortverzeichnis 233

1
Das Wesen des Gewinnspiels

„Spielen ist Experimentieren mit dem Zufall" – Novalis

Die Frage nach dem Wesen des Spiels ist die Frage nach der gelebten Freiheit des Menschen. Das Spielen begleitet jeden Menschen durch seine Geschichte. Es entfaltet somit einen Teil des persönlichen Menschseins; seit den bahnbrechenden Analysen des Historikers Johan Huizinga ist er deshalb auch als *homo ludens* (lat. der spielende Mensch) bekannt. Sein Spiel ist universell, zeitlos und erfüllend. Es ist eine anthropologische Konstante in der Weltgeschichte, und so präsentiert sich die Beschreibung des Spiels als eine *anthropoludische Annäherung*.

Giacomo Casanova kennen heutzutage viele als großen Verführer und Herzensbrecher, eventuell als Abenteurer. Weniger bekannt ist dagegen, dass er auch ein leidenschaftlicher Spieler und Glücksritter war und eine wichtige Rolle in der Verbreitung des Lottos einnahm. Denn Casanova gewann und verspielte im Laufe seines Lebens nicht nur beträchtliche Summen, er brachte das Glücksspiel auch mit nach Venedig, Paris und Berlin. So soll er es gewesen sein, der Friedrich den Großen auf die Idee brachte, eine preußische Staatslotterie einzuführen, deren Gewinne auch dem Königshaus zugutekamen.[1]

Was aber ist Gewinnspiel überhaupt – und worin liegt sein ewiger Reiz für den Menschen? Inwieweit der Hang zum Spiel in der menschlichen Gattungsnatur liegt oder ob es sich um ein kulturelles Produkt handelt, ist schwer abschließend festzustellen; allerdings legen Befunde der Evolutionsbiologie und -psychologie nahe, dass das Spielen eine bedeutende Funktion für die große Anpassungsfähigkeit der Gattung *homo sapiens* an ihre Umwelt und damit auch für ihre evolutionäre Erfolgsgeschichte gespielt hat.[2] Betrachtet man die Historie der Menschheit, scheint es jedenfalls nicht wegzudenken zu sein. Verschiedene über die Jahrtausende entwickelte Spielformen locken dabei mit unterschiedlichen Gewinnchancen. Neben Glück sind dabei auch die Elemente Geschick und Strategie ausschlaggebend für den Spielausgang. Ein kurzer Blick in die heutige Realität zeigt jedoch, dass die spieltheoretische und vor allem die praktische Abgrenzung zwischen „reinen" und strategischen bzw. kombinatorischen Glücksspielen oftmals schwierig ist. Es gibt keine universelle Regulierung dieses Wirtschaftszweigs oder auch nur die Klassifikation dessen, was als „Glücksspiel" gilt.[3]

1.1 Vorbemerkungen über Spielen und Glück oder: Warum es kein Glücksspiel gibt

Der Ausdruck „Glücksspiel" ist seit Jahrhunderten in der Sprache verankert – in der Alltagssprache ebenso wie in der Wissenschaftssprache der Spielforschung und im Begriffskanon von Gesetzgebern, Verwaltungen und Gerichten. Doch *„das* Glücksspiel" im Sinne eines trennscharfen

---

[1] Siehe Martin Hirsch, „Giacomo Casanova und das Lotteriespiel im 18. Jahrhundert", in *Spiel-KunstGlück. Die Wette als Leitlinie der Entscheidung. Beispiele aus Vergangenheit und Gegenwart in Kunst, Wissenschaft, Wirtschaft*, hg. von Johann K. Eberlein (Wien/Berlin: Lit Verlag, 2011), 235–50.

[2] David F. Bjorklund und Anthony D. Pellegrini, „Homo ludens: The Importance of Play", in *The Origins of Human Nature. Evolutionary Developmental Psychology*, hg. von David F. Bjorklund und Anthony D. Pellegrini (Washington, DC: American Psychological Association, 2002), 297–331.

[3] Für einen Überblick siehe Janne Nikkinen, *The Global Regulation of Gambling: a General Overview*, Bd. 3, Working Papers of Images and Theories of Addiction (Helsinki: University of Helsinki, 2014).

Gattungsbegriffs mit klarem Begriffsumfang und -inhalt, der universelle Gültigkeit für sich reklamieren könnte, gibt es nicht und gab es nie. Was es seit jeher gibt, ist die Spielform der Regelspiele, zu denen Gewinnspiele gehören, die sich durch die Komponente des Zufallsgrads auszeichnen. Und innerhalb dieser Gewinnspielkategorie lässt sich wiederum die Spielart der Geldspiele als Subkategorie ausmachen.

Wie kommt hier nun ausgerechnet der in seiner Bedeutung und Konnotation zutiefst verschleierte und ambivalente Begriff des Glücks ins Spiel? Die vorliegende anthropoludische Annäherung wird nur in ganz wenigen spezifischen Fällen den Ausdruck des Glücksspiels verwenden und stützt sich stattdessen auf die Begriffe Gewinn- und Geldspiele – und das mit gutem Grund.

Dieses Buch wirft einen intensiven Blick auf die komplexe historische Dynamik der Gewinnspiele und fragt in allen Kulturen und Epochen kritisch nach dem Zusammenhang von Spiel und Glück. Es soll den Nebel des Ungesagten etwas lichten. Dabei wird es sich, unbelastet von den bekannten wissenschaftlichen Deutungen und Kontroversen um „Glück" und Glücksspiele, mit großer Offenheit dem Phänomen „Glücksspiel" annähern. Die wissenschaftliche Glücksforschung ist sehr breit aufgefächert, historisch versiert und interdisziplinär aufgestellt. Umso auffallender ist es, dass innerhalb der Glücksforschung das „Glücksspiel" nur eine Randerscheinung bleibt.[4]

Hierbei wird bewusst Abstand davon genommen, „Glücksspiel" und „Glück" vorab zu definieren und den Begriff für eine bestimmte Theorie oder Vorstellung zu reservieren. Vielmehr ist „Glück" ein provisorischer und analytischer Begriff für starke Emotionen, eigene Machbarkeitsvorstellungen und Lebenskunstentwürfe. Glück ist also etwas, das von Generation zu Generation historisch jeweils neu verhandelt wird. Damit wird zugleich auch das Gewinnspiel konsequent vom Begriff „Glücksspiel" getrennt. Denn wenn man den Begriff „Glück" unter soziologi-

---

[4] Einen ersten ausgezeichneten Einblick in den gegenwärtigen Forschungsstand zum Thema Glück bietet der Herausgeberband von Dieter Thomä, Christoph Henning und Olivia Mitscherlich-Schönherr, Hrsg., *Glück. Ein interdisziplinäres Handbuch* (Stuttgart: J.B. Metzler, 2011); wegweisend ist auch der Herausgeberband von Daniel Kahneman, Ed Diener und Norbert Schwarz, Hrsg., *Well-being: The Foundations of Hedonic Psychology* (New York: Russell Sage Foundation, 1999); siehe außerdem Alfred Bellebaum und Robert Hettlage, Hrsg., *Glück hat viele Gesichter. Annäherungen an eine gekonnte Lebensführung* (Wiesbaden: VS Verlag für Sozialwissenschaften, 2010).

schem Blick historisiert, dann ergibt das überkulturelle Festhalten an einem epochenübergreifenden Begriff wie „Glücksspiel" keinen Sinn mehr.

Es lohnt sich, an die mahnenden Worte Aristoteles' zu erinnern, wonach das menschliche Glücksstreben sich wandelt: „jeder (nennt Glück) etwas anderes (...) und oft auch ein und derselbe Verschiedenes: wenn er krank ist, die Gesundheit, wenn er arm ist, den Reichtum"[5]. Wenn man nun das Verständnis von „Glück" historisiert, dann erkennt man damit auch an, dass sich nicht nur „Glück" verändert, sondern auch das, was in bestimmten Kulturen und Epochen als „Glück" erfahren, gewusst und verstanden wird. Der konservative Philosoph Robert Spaemann mahnt zurecht an, Glück müsse „von Zeit zu Zeit neu gedacht werden, da sich die realen Bedingungen und die zur Verfügung stehenden Begriffe für die Selbstverständigung wandeln"[6]. Robert Zimmer nennt zwar den wichtigsten Parameter der Lebenskunst das natürliche Streben nach Glück. Er verweist aber sofort auf den Glücksbegriff als unbestimmte Variable und zeigt das extrem breite Spektrum von geglückter Lebenskunst zwischen handwerklicher Technik und ästhetischer Gestaltung auf; letztendlich hänge die Lebenskunst vom jeweiligen kulturell-historischen Menschenbild ab.[7]

Um dieses „Menschenbild" geht es dann besonders dem Philosophen Michel Foucault. Foucault analysiert es noch radikaler und grundsätzlicher, indem er den Begriff des Glücks selbst als historischen Fehlschluss ableitet.[8] Der Mensch sei nicht nur in epistemologischen Zwängen, sogenannten Wissensordnungen, zu verorten; diese Wissensordnungen würden auch das eigentliche „Menschsein" des Menschen, also seine Essenz, überhaupt erst konstituieren. Foucault spricht sich mit dieser Humanis-

---

[5] Aristoteles, *Nikomachische Ethik* (Hamburg: Meiner, 1985).
[6] Robert Spaemann, *Glück und Wohlwollen. Versuch über Ethik* (Stuttgart: Klett-Cotta, 1989), S. 9.
[7] Robert Zimmer, „Vorwort des Herausgebers", *Aufklärung und Kritik* Sonderheft 14. Schwerpunkt: Glück und Lebenskunst (2008): 3–7.
[8] Exzellent dazu ist die theoretische Einleitung zur Macht-Wissen-Glück-Systematik bei Michel Foucault in der Promotionsschrift von Katharina Ludewig, *Von der Macht des Glücks. Eine Diskursanalyse deutscher Tageszeitungen zwischen 2007 und 2012* (Oldenburg: Universität Oldenburg, 2017), https://oops.uni-oldenburg.de/2925/1/ludvon15.pdf (zugegriffen am 28.01.2024); prägnant und knapp dazu auch der Artikel von Katrin Meyer, „Glück bei Foucault, Deleuze und Guattari. Zwischen Staatsräson, Selbsttechnologie und Subversion", in *Glück. Ein interdisziplinäres Handbuch*, hg. von Dieter Thomä, Christoph Henning und Olivia Mitscherlich-Schönherr (Stuttgart: J.B. Metzler, 2011), 291–96.

muskritik dezidiert gegen das Menschenbild der Geisteswissenschaften aus. Gleichzeitig wendet er sich grundsätzlich gegen eine humanistische Politik und Moral, die das gelingende Leben und Streben nach Glück zur Zielsetzung des Menschen erhebt: „Das Glück gibt es nicht, und das Glück des Menschen erst recht nicht"[9].

Der junge Foucault bezeichnet sich selbst noch als Archivar und seinen Forschungsansatz als den eines Archäologen; seine Mission ist eine foucaultsche Archäologie, die sich auf der Suche nach „dem" Menschen oder „dem" Subjekt tief in die Wissensordnungen von Kulturen und Epochen hineingegraben hatte. Schnell merkt Foucault jedoch auch, dass derartige Wissensordnungen nicht ohne Machtordnungen zu denken sind. Für ihn bilden alle Wissensordnungen eigene Herrschaftspraktiken, insofern sie den Raum des Sagbaren und Denkbaren strukturieren und einschränken. Diese Praktiken steuern durch indirekte oder direkte Normen das Verhalten des Menschen. Der Mensch könne sein „Menschsein" – bewusst oder unbewusst – daher nur eingebettet in komplexen historischen Herrschaftsordnungen konstituieren, die ein enges Netzwerk von Disziplinierungs- und Normierungstechniken um ihn herum ausbreiteten. In seinem denksystematischen Hauptwerk *Die Ordnung der Dinge* entwickelt Foucault daher einen Ansatz, wonach soziale Ordnungen und ihre legitimatorischen Grundlagen nicht „aus der Sicht des Glücks, sondern aus der Sicht des Funktionierens" zu beschreiben seien.[10] Der Glücksbegriff verdecke damit nur die eigentliche Geschichtlichkeit und die Kontingenz des Menschen, die sich erst über die jeweilige Wissensordnung beschreiben lasse. Der Wissens-Archäologe und Glücks-Kritiker Foucault entwickelt in seinem Buch *Überwachen und Strafen* eine eigene Mikrophysik der Macht. Er beschreibt darin das filigrane Zusammenspiel vernetzter Machtpraktiken und der ihnen zugrunde liegenden Denkweisen.

Für die anthropoludische Annäherung ist es wichtig, dass Foucault den Glücksbegriff vollständig in der Logik geschichtlicher Herrschaftsformationen auflöst. Er zeigt an entscheidenden Stellen auf, wie sich dieses

---
[9] Michel Foucault, *Schriften in vier Bänden. Dits et Ecrits. Erster Band: 1954–1969* (Frankfurt am Main: Suhrkamp, 2001), S. 791–92.
[10] Michel Foucault, *Die Ordnung der Dinge: Eine Archäologie der Humanwissenschaften*, 9. Aufl. (Frankfurt am Main: Suhrkamp Verlag, 1990), S. 410 ff.

„Funktionieren" von Herrschaft anhand unterschiedlicher Glücksdiskurse rechtfertigen lässt. So finden sich ab der Frühmoderne politische Rechtfertigungsstrategien, die Glück mit Wohlstand, Gesundheit und der Sicherung der sozialen Ordnung in ein komplexes und spannungsreiches Verhältnis setzen. Beispielsweise beschreibt Foucault, wie im 18. Jahrhundert Delinquenten und Verbrecher über staatliche Institutionen wie Gefängnisse, Hospitäler oder Zwangsanstalten diszipliniert und in die soziale Ordnung der Gesellschaft reintegriert werden sollen. Schwerkriminelle waren einige Jahrzehnte früher noch ostentativ vor den Augen vieler Menschen als abschreckendes Beispiel hingerichtet worden. Zur Absicherung derartiger Herrschaftspraktiken entwickelte der moderne Staat eine eigene Machttechnik, die der „Policey". Die „Policey" erhält als neu entstehende gouvernementale Institution im 18. Jahrhundert die Aufgabe, für das Glück der Untertanen, im Sinne eines besseren Lebens und Überlebens, zu sorgen. Bereits Ende des 18. Jahrhunderts verliert jedoch dieser staatliche Glücksdiskurs seine legitimatorische Wirkung wieder, da die „Policey" sich nun um die Sicherung des Freiheitsanspruchs des Einzelnen als neue staatliche Aufgabe zu kümmern hatte.[11]

Erst in seinem Spätwerk erweckt Foucault den Menschen wieder etwas aus seinem anthropologischen Schlaf. Mit Blick auf das Christentum spricht der späte Foucault von der Ordnungsform einer „Pastoralmacht", die nicht nur auf die christliche Gemeinschaft an sich, sondern auch auf das „Seelenheil" des einzelnen Menschen angelegt sei. Besonders bei diesem Machttypus fällt ihm auf, dass der Erwerb des „Seelenheils" an ein striktes Wahrhaftigkeitsgebot gekoppelt ist, wie etwa in der Beichtpraxis, bei der der reuige Sünder gegenüber dem Priester alle seine Fehltritte bekennt. Foucault sieht in dieser Übertragung pastoraler Praktiken eine Verbindung zwischen externer Disziplinierung und innerer Selbstführung – verbunden mit Selbstdisziplin und Selbsterkenntnis – ein entscheidendes Merkmal moderner Staatlichkeit.

---

[11] Zentrale Aussagen dazu finden sich bei Michel Foucault, „Wie wird Macht ausgeübt?", in *Michel Foucault: Jenseits von Strukturalismus und Hermeneutik*, hg. von Hubert L. Dreyfus und Paul Rabinow, 2. Aufl. (Weinheim: Beltz Athenäum, 1994); außerdem relevant ist Michel Foucault, *Sicherheit, Territorium, Bevölkerung*, Bd. 1, Geschichte der Gouvernementalität (Frankfurt am Main: Suhrkamp, 1996).

Parallel zu dieser staatlichen Entwicklung blickt er noch einmal auf die Prozesse der Selbsterfahrung des antiken Menschen. In seinem letzten Buch *Die Sorge um sich* untersucht er nun die Praktiken der Selbsterfahrung vor allem der hellenistischen Epoche. Foucault wird mit dieser Analyse einer auf sich selbst reflektierenden und sich selbst organisierenden Lebenskunst zum Ideengeber einer postmodernen Lebenskunstkultur.[12] Eine holistische Betrachtung des Glücksbegriffs ist damit nicht nur eine Frage seiner Historisierung und Verortung in den Machtpraktiken sozialer Ordnungen. Foucault geht in seiner Analyse noch einen Schritt weiter, indem er das geschichtliche Glück als Lebenskunst der antiken Selbstsorge beschreibt. Diese Erweiterung zeigt, dass der Glücksbegriff noch einer zusätzlichen analytischen Herausforderung bedarf: des aktiven Umgangs mit seiner eigenen Selbsterfahrung. Daraus lassen sich dann auch unterschiedlichste Lebensführungsstile ableiten. Die Glücksforschung und die Metaethik sprechen daher auch von einem dem Glücksbegriff prinzipiell zugrunde liegenden Dualismus.[13] Das Glück steht in einem Spannungsbogen von äußeren Umständen, den Lebensumständen sozialer Ordnungen einerseits und den persönlichen Selbsterfahrungspraktiken andererseits. Ein Eremit empfindet Glück anders als ein hellenistischer Kämpfer, ein mittelalterlicher Papst oder ein begeisterter Roulettespieler. Das Ziel jedes Einzelnen ist es dabei, Wunsch und Wirklichkeit in einem sinnstiftenden, beglückenden Lebensführungsstil zu versöhnen.

Diese Hoffnung, Wunsch und Wirklichkeit zu versöhnen, lässt sich natürlich nicht ohne eine Zeitkomponente denken. Auch hier ist ein Dualismus zwischen Glück und Zeit verborgen. Glück kann auf den Augenblick gerichtet sein, auf das Glückhaben, wie man es vor allem beim Gewinn-, besonders aber beim Geldspiel erlebt – ein Glückhaben, welches sich in unzähligen Feedbackschleifen des Spielens erfolgreich oder

---

[12] Wilhelm Schmid, *Die Geburt der Philosophie im Garten der Lüste. Michel Foucaults Archäologie des platonischen Eros*, 4. Aufl. (Frankfurt am Main: Suhrkamp, 2015); Wilhelm Schmid ist es auch, der diese „reflektierte Lebenskunst" von Foucault in zahlreichen Büchern zu einem Leitbild für die postmoderne Lebenskunst entwickelt hat. Wilhelm Schmid, *Philosophie der Lebenskunst. Eine Grundlegung*, 5. Aufl. (Frankfurt am Main: Suhrkamp, 1999), S. 51.
[13] Garrett Thomson, Scherto Gill und Ivor Goodson, *Happiness, Flourishing and the Good Life. A Transformative Vision for Human Well-Being* (Abingdon/New York: Routledge, 2021); siehe außerdem Christoph Henning, „Glück in Gesellschaft und Politik. Die fragilen Bedingungen gelingenden Lebens", in *Glück. Ein interdisziplinäres Handbuch*, hg. von Dieter Thomä, Christoph Henning und Olivia Mitscherlich-Schönherr (Stuttgart: J.B. Metzler, 2011), v. a. S. 99–100.

nicht erfolgreich wiederholen lässt. Das Glücklichsein oder die oft religiös konnotierte Glückseligkeit hingegen richten sich auf Dauerhaftigkeit und Langfristigkeit von Glückserwartungen. Hier finden sich oft teleologische Ausrichtungen, Teil einer Heilsgeschichte zu sein, oder selbstverwirklichende Formen der Lebenskunst als Glücksdefinition wieder. Die aristotelische Ethik kennt z. B. die Idee einer „Bestform" der Gattung Mensch, der zuzustreben sowohl ethisch gut als auch dem Individualwohl zuträglich sei. Hier liegt eine quasiorganische Glücksvorstellung zugrunde, der zufolge das Gedeihen und das Sich-Entfalten des Menschen in der Ausbildung von Fertigkeiten, dem Erwerb von Wissen und der Entwicklung eines moderaten, ausgleichenden Temperaments liegt.

Viele Sprachen beschreiben daher – anders als das Deutsche – auch diese Dualität mit zwei unterschiedlichen Begriffen für „Glück". Die Griechen sprechen von *tyche* (augenblicklich) und *eudaimonia* (dauerhaft), die Römer von *fortuna* (augenblicklich) und *beatitudo* (dauerhaft).[14] Die Engländer kennen *luck* (augenblicklich) und *happiness* (dauerhaft). Die Franzosen benutzen *chance* (augenblicklich) und *bonheur* (dauerhaft). Natürlich gibt es viele Möglichkeiten von Überschneidungen von kurzzeitigem Glückhaben und längerfristigem Glücklichsein. Diesem Dualismus ist aber auch eigen, dass beide zeitliche Formen die Spannung eines Vorher und Nachher kennen müssen. Damit kommt eine prozessuale Logik von Zeitlichkeit des Glücks ins Spiel: das berühmte „Streben nach dem Glück". Wichtig dabei ist aber zu erwähnen, dass beim Gewinnspiel, vor allem bei Geldspielen, der Zeitfaktor immer präsentisch ist. Der Spieler erfährt seinen Erfolg oder Misserfolg im Spiel immer gegenwärtig und sofort.

Das berühmte „Streben nach dem Glück" führt zur nächsten dualistischen Herausforderung von „Glück". Hier tritt der geschichtliche Antagonismus von deterministischer Schicksalsmacht und rationalem, autonomem Handeln des Menschen zutage (siehe hierzu im Detail Abschnitt 3.2). Gelenktes Glück durch göttliche Hand zu erfahren oder

---

[14] Das griechische Wort „tyche" ist auch der Name einer Göttin aus dem antiken Pantheon, die als kapriziöse Herrin des Zufalls gilt und die Menschen aus einer Laune heraus mal ins Verderben stürzt und ihnen mal unverhoffte Wohltaten erweist. Sie wird in Abschnitt 3.2 wieder in Erscheinung treten, wenn die für das Gewinnspiel zentralen Prinzipien von Zufall, Schicksal und Chaos in den Blick gefasst werden.

aktives persönliches Handeln zur eigenen glücklichen Lebensführung zu verwirklichen – dies sind einander widersprechende Lebensführungskonzepte. Die Situation des Spielens lässt diesen Antagonismus „spielerisch" vergessen, da gerade die Gewinnspiele immer die Eigeninitiative der Spieler voraussetzen. Selbst wenn eine lenkende göttliche Hand den Spieler führt, geht diese Aktivität von ihm selbst aus. Glück im Spiel, welches aber ausschließlich vom Himmel fiele, wäre nichts anderes als göttliches Gnadentum. Gnade hat aber nichts mehr mit einer menschlichen Eigenaktivität zu tun. Göttliche Logik widerspricht den Prinzipien des Spiels grundsätzlich, denn, um an dieser Stelle das berühmte Diktum Albert Einsteins zu paraphrasieren: Gott würfelt nicht. Wer dennoch – in der Annahme einer universellen Gnadenlehre – spielt, der nutzt entweder die Unwissenheit des endlichen Menschen gegenüber Gott aus, bewertet Spielen als reine pädagogische Übung oder unterscheidet, wie es Augustinus für die christlichen Kirchen begründet hat, zwischen einer göttlichen und einer davon abgegrenzten menschlichen Sphäre.[15] Spielen wäre bei dieser Trennung ein rein diesseitiges Handeln. Glück im aktiven Spiel fällt jedenfalls nicht vom Himmel – nicht einmal in der Religion.

Bereits seit der Renaissance findet sich verstärkt die Diskussion über die menschliche Selbstermächtigung durch eigenverantwortliches Handeln beim Spielen. „Jeder Mensch ist seines Glückes Schmied" ist ein wohlbekanntes Sprichwort, welches genau den Aspekt der aktiven Beeinflussung von Glück durch eigenes Handeln anspricht. Die antike Idee eines durch göttliche Hand geführten Schicksals, die allerdings schon in der hellenistischen Epoche keinesfalls das alleinige, unhinterfragte Paradigma darstellte, sie tritt zusehends in den Hintergrund. An ihrer statt steht nun der Mensch als autonomes Subjekt, welches sein Schicksal selbst in die Hand nimmt. Das Spielen ist dazu ein geeigneter, wenn auch durch Spielregeln geordneter sozialer Raum. Nur wer extra freie Zeit oder Muße hat, beginnt zu spielen und schafft so einen außeralltäglichen Moment. Spielen hat etwas Luxuriöses, da es weder unter Stress, in Hektik oder bei sozialen Herausforderungen noch in Angst oder Furcht eine gangbare Option darstellt. Wer sich bewusst in ein Spiel stürzt, der will überschüs-

---

[15] Aurelius Augustinus, *Vom Gottesstaat. Vollständige Ausgabe – Buch 1 bis 10, Buch 11 bis 22*, übers. von Wilhelm Thimme (München: dtv, 2007).

sige Kräfte freisetzen; und jeder Spieler entscheidet selbst, wie lange, wie oft und wie intensiv er spielen möchte. Dieser Entscheidungsprozess bildet die Grundlage für eine positive Grundstimmung beim Spielen. Der daraus resultierende Interpretationszusammenhang von Spiel und Glück wird vor diesem Hintergrund – historisch unterschiedlich strukturiert – beschreibbar.

Eine aktive Entscheidung zum Spielen ist aber oft keine Einzelentscheidung, sondern eine Gemeinschaftsentscheidung vieler Spieler. Auch gemeinschaftlich will man trotz Wettbewerb untereinander die positive Erfahrung von Spaß und Freude machen. Bisher kam nur der komplexe Zusammenhang von Spiel und Glück auf der Ebene des persönlichen Handelns zur Sprache. Viele Spielerfahrungen sind jedoch auch kollektiv, und sie eröffnen eine emotional positive Perspektive auf den gemeinsamen Gewinn. In teleologisch geprägten Wissensordnungen ist die Unterscheidung zwischen dem persönlichen Gewinn auf der einen Seite und dem gemeinsamen Gewinn auf der anderen Seite noch nicht trennscharf bzw. nur graduell; der Einzelne wird stets als irreduzibler Teil eines sozialen Ganzen mitgedacht. Rationalistische und aufgeklärte Wissensordnungen stehen hier indes vor einer Herausforderung: Sie bewerten den Unterschied zwischen einzelnem und kollektivem Siegen als kategorisch; der Einzelne steht in einem klaren Gegensatz, ja in einer potenziellen Interessenkollision zur Gemeinschaft. Ebendieser Dualismus zwischen dem persönlichen oder dem gemeinsamen Gewinn wird jedoch im Spiel – und wahrscheinlich nur im Spiel – überwunden. Daher rührt auch die enge, konzeptionelle Verknüpfung zwischen Spiel und Fest. Gewinnspiele sind oft zentraler Bestandteil von Festveranstaltungen. Beide Aktivitäten sind daher auch mit außeralltäglichen Situationen verbunden, die durch ihre eigenen Spielregeln diese Außeralltäglichkeit begründen.

Ebenso wie das Spiel ist das Fest, in den Worten des Kulturwissenschaftlers Jan Assmann, „der Ort des Anderen. Das ‚Andere' ist dabei verstanden als das Andere des Alltags."[16] Beides sind außeralltägliche Ausnahmesituationen, die sich durch eine eigene Regelmäßigkeit und Struktur mit einem spezifischen Spannungsbogen auszeichnen. Um zu verste-

---

[16] Jan Assmann, „Der zweidimensionale Mensch: das Fest als Medium des kulturellen Gedächtnisses", in *Das Fest und das Heilige. Religiöse Kontrapunkte zur Alltagswelt*, hg. von Jan Assmann und Theo Sundermeier (Gütersloh: Gütersloher Verlagshaus G. Mohn, 1991), 13–30, S. 13.

hen, worin die gesellschaftliche Ausnahmestellung von Festen und Gewinnspielen besteht, lohnt es sich, die Unterscheidung vom Alltag scharf zu stellen und davon ausgehend ihre Gemeinsamkeiten und Unterschiede zu skizzieren.

Alltäglichkeit ist ein derart facettenreiches Phänomen und ein so unmittelbarer, unauflöslicher Teil der Existenz, dass eine erschöpfende Definition wenig aussichtsreich erscheint. Man kann es bei der Diskussion von drei zentralen Merkmalen belassen:[17] Kontingenz, Routine und Zwang. Die Kontingenz des Alltags erweist sich darin, dass dieser immer wieder durch unberechenbare Wechselfälle und Sorgen (z. B. vor der nächsten Gasrechnung, der Matheklausur oder dem Mitarbeitergespräch) bestimmt wird, für deren Bewältigung keine expliziten Spielregeln existieren; der Alltag verlangt beständig neue Problemlösungskompetenz.

Ungeachtet dieser Kontingenzerfahrung ist das Alltagsleben – und hierin liegt fraglos eine schwer erträgliche Widersprüchlichkeit – durch gleichförmige, habitualisierte Handlungsweisen strukturiert, die Personen unbewusst und ohne reflektierte Absicht erledigen, so etwa die Fahrt zur Arbeit, das Trennen des Hausmülls, das samstägliche Betanken des Familienautos, das Wässern des Gartens und so fort. Die Automatisierung solcher Prozesse schafft in ihrer Gesamtheit zwar kognitive Entlastung, aber in ihrer grauen Monotonie können sie das menschliche Bedürfnis nach Sinn und Erfüllung ebenso wenig stillen wie die Lust auf Nervenkitzel.

Das dritte und letzte Element des Zwangs manifestiert sich schließlich darin, dass Menschen – insofern sie nicht in einer Gesellschaft unendlicher Ressourcen leben, sondern unter Bedingungen des Mangels – genötigt sind, der Erwerbstätigkeit nachzugehen, mit Geld zu haushalten und kontinuierlich Neigungen und Affekte zu steuern, zurückzustellen oder vollkommen zu negieren. Der Zwangscharakter des Alltags kommt dadurch zum Vorschein, dass sie sich immer und immer wieder selbst zu etwas zwingen müssen (wie zum Begleichen von Rechnungen, zum Anhalten vor einer roten Ampel, zum freundlichen Grüßen des insgeheim verhassten Kollegen etc.) und dass sie durch externe Regelwerke wie Gesetze, Etikette, Geschäftsordnungen, Verträge, Religionen und Mo-

---

[17] Assmann.

ralvorstellungen mit Sanktionsdrohungen zu bestimmten Handlungen (oder deren Unterlassen) gezwungen werden.

Kurzum: Einerseits überfordert sie der Alltag mit seinen ungeplanten Herausforderungen und Zwängen, und andererseits unterfordert er sie mit seiner Sinnleere und Bedeutungslosigkeit. Freilich, und dieser Punkt ist entscheidend, wird jene Ödnis des Alltäglichen erst in der Polarität zu Festen und Spielen überhaupt ersichtlich und manifest.[18] Nur weil Spiel und Fest der Kontingenz des Alltagslebens eine ästhetische Inszenierung entgegensetzen, in Form einer ritualisierten Dramaturgie vom Auftakt bis zum Schluss, und seinen Zwangscharakter durch die bewusste Aufhebung der Affektkontrolle unterlaufen, wird der Alltag gewöhnlich – und Feste und Spiele werden außergewöhnlich. Festgesellschaften und Spieler dürfen über die Stränge schlagen, ihre Selbstkontrolle ablegen, ihre Emotionen zeigen und ausleben; mehr noch, eine solche affektive Ekstase (im ursprünglichen griechischen Wortsinne von *ex-hístasthai*, „aus sich heraustreten") ist gerade gewollt.[19] Nichts ist schlimmer – oder zumindest aus der Teilnehmer- oder Beobachterperspektive unangenehmer – als unterkühlte und steife Feierlichkeiten oder eine leidenschaftslose Spielpartie.

Dennoch und vielleicht gerade deshalb zeichnen sich Feste und Spiele durch ein klar kodifiziertes und explizites Regelwerk aus, das in seiner bewussten Befolgung einen Kontrapunkt zum Routineverhalten des Menschen in seiner Alltagsexistenz bildet. Ganz gleich, ob man eine Karnevalssitzung, ein Kirchweihfest oder eine Betriebsfeier betrachtet, hat man es stets mit Praktiken zu tun, deren Ablauf und Inhalt – von Grußformeln über die Zustimmungsbekundungen des Publikums bis hin zum geselligen Umtrunk und dem Ausbringen von Toasts – einer geordneten Choreografie mit entsprechenden Normen unterliegt.[20] Würde man

---

[18] Siehe Lars Deile, „Feste – eine Definition", in *Das Fest. Beiträge zu seiner Theorie und Systematik*, hg. von Michael Maurer (Köln/Weimar/Wien: Böhlau, 2004), 1–18.

[19] Siehe Émile Durkheim, *Die elementaren Formen des religiösen Lebens* (Frankfurt am Main: Suhrkamp, 1981); Walter Leimgruber, „Feste: Rhythmus des Lebens", *NIKE-Bulletin* 25, Nr. 1–2 (2010): 10–15.

[20] Dies gilt offenkundig nicht für Partys, die aus einer Laune heraus abgehalten werden oder sich unter dem Eindruck eines freudigen Ereignisses, wie z. B. des unerwarteten Sieges der Heimmannschaft, spontan ergeben. Um das Phänomen des Fests nicht zu einem semantisch konturlosen Sammelbegriff für jedwede Form ausgelassenen, geselligen Beisammenseins aufzublähen, schlägt Deile konsequent vor, das Fest-Konzept von dem des „bloßen Feierns" abzugrenzen; siehe Deile, „Feste – eine Definition".

z. B. den Regelkanon eines Hochzeitsfests ethnografisch notieren, dann käme man auf eine dicke Broschüre, die es in puncto Komplexität und Regelungsdichte mit anspruchsvollen Konfliktsimulationsspielen aufnehmen könnte. Und wehe dem, der sich nicht an die Regeln hält: Spiele wie Feste sind trotz ihres ekstatischen Ausnahmecharakters „ernste" Angelegenheiten. Spielverderber und Partymuffel müssen nicht selten soziale Sanktionen in Kauf nehmen: Sie werden beschämt, von weiteren Veranstaltungen ausgeschlossen und müssen in der einen oder anderen Form Abbitte und Buße tun.

Insofern also Feste und Spiele inszenierte Praktiken darstellen, in denen Personen bewusst zusammenkommen, sich durch die Befolgung eines kollektiven Regelsystems als Gruppe konstituieren und die geteilte Erfahrung der lustvollen Grenzüberschreitung machen, schaffen sie ein Gemeinschaftsbewusstsein. So entsteht nach Einschätzung Yashar Mohagheghis ein „Ort der Metareflexion, an dem die Gemeinschaft einen Sinn produziert, der für die Funktionsfähigkeit des menschlichen Lebens konstitutiv ist, weil er sich nicht in der Alltagsreproduktion erschöpft."[21] Freilich sind Feste und Spiele sicher nicht derart zentral für die menschliche Existenz, dass sie die kulturelle Einstufung als „konstitutiv" verdienen. Man sollte nicht vergessen, dass es sich um Überflussphänomene handelt, die erst möglich werden, wenn menschliche Gemeinschaften ein gewisses Maß an Sicherheit, Versorgung und Stabilität gewährleisten können; wer um sein Leben bangt, hat wenig Zeit für Spiel und Spaß. Dessen ungeachtet ist der Verweis auf das Gemeinschaftsgefühl, das bei spielerischen und festlichen Praktiken (wenn nicht zwangsläufig, so doch oft) entsteht, vollkommen zutreffend: Sie stillen für den großen Ethnologen und Soziologen Émile Durkheim das gesellschaftliche Bedürfnis danach, „die Kollektivgefühle und die Kollektivideen in regelmäßigen Abständen zum Leben zu erwecken und zu festigen."[22]

---

[21] Yashar Mohagheghi, *Fest und Zeitenwende. Französische Revolution und die Festkultur des 18. Jahrhunderts bei Hölderlin* (Stuttgart: J.B. Metzler, 2019), S. 65.
[22] Durkheim, *Die elementaren Formen des religiösen Lebens*, S. 571; siehe hierzu auch Roger Caillois, *Der Mensch und das Heilige* (München: Hanser, 1988), S. 132.

Diese positive und bewusste Erfahrung des Außergewöhnlichen ist sowohl Spielen als auch Festen, und vermutlich nur diesen beiden Phänomenen, gemein.[23] Sie schaffen aber nicht nur eine positive Gemeinschaftserfahrung, sondern zudem Entlastung vom Alltag. Denn: Beide Praktiken sind präsentisch; sie sind ein aktives, gegenwärtiges Tun, dessen Bedeutung ausschließlich im Vollzug der Tätigkeit selbst liegt – und nicht in einem externen Ziel oder einer instrumentellen Funktionsbestimmung. Wer spielt und feiert, der kann sich in diesem Tun verlieren und den Alltag im positiven Sinne aus den Augen verlieren. Die essenzielle Bedeutung dieser Entlastungsfunktion hat Assmann in ungewohnter Drastik und mit den Gewaltexzessen der Weltkriege vor Augen auf den Punkt gebracht: Fehlt sie, dann „breitet sich eine Art von Langeweile, ‚ennui', Zivilisationsmüdigkeit aus, die aus purem Durst nach ‚Wirklichkeit' in Zerstörungswut umschlagen kann."[24] Mit „Wirklichkeit" meint Assmann freilich nicht Realität oder schiere Existenz. Feste und Spiele sind als soziale Konstrukte, deren Existenz nur im konkreten Vollzug besteht, nicht realer oder irrealer als der Alltag. Hinter dem Ausdruck versteckt sich vielmehr ein Verweis darauf, dass der Mensch sich oft erst im Außeralltäglichen als „wirkmächtig", als selbstbestimmt und authentisch erlebt, weil er hier das enge Korsett von Routine, Zwang und Kontingenzsorgen ablegen kann – wenn auch nur für eine Nacht oder eine Stunde.

So bedeutsam Feste und Spiele auch für individuelle Regeneration und Sinnstiftung sowie für ein kollektives Wirgefühl und die Stabilisierung gesellschaftlicher Ordnung sein mögen, so subversiv können sie auch in Ausnahmefällen werden. Im feierlichen Unernst des Außeralltäglichen gewinnen eigentlich alltägliche Handlungen eine vollkommen andere Grundierung; das Wesen solcher Praktiken liegt dem Philosophen Giorgio Agamben zufolge gerade

> „darin, das, was wir gewöhnlich machen, auf andere Weise zu machen, das heißt zunichtezumachen oder unwirksam zu machen. Wenn man isst, dann nicht, um Nahrung aufzunehmen; wenn man sich kleidet, dann

---

[23] Eventuell ließe sich noch das gemeinschaftliche Hören eines Konzerts in diese Rubrik einordnen, aber gerade im Hinblick auf ikonische Konzertgroßereignisse, man denke nur an das Woodstock-Festival von 1969, wird die Abgrenzung zum Fest fließend.

[24] Assmann, „Der zweidimensionale Mensch: das Fest als Medium des kulturellen Gedächtnisses", S. 13.

nicht, um sich vor Kälte zu schützen; wenn man Gegenstände tauscht, dann nicht, um zu kaufen oder zu verkaufen."[25]

Diese „Geschäftslosigkeit", wie Agamben sich auch ausdrückt, ist nicht mit bloßem Müßiggang oder unproduktivem Zeitvertreib zu verwechseln, sondern bedeutet eine Infragestellung und Außerkraftsetzung des Gegebenen (oder eben Alltäglichen), die den Weg für Reflexion und Neuerung bahnt.[26]

Diesem Überschusscharakter von Spielen und Festen korrespondiert zuletzt auch eine überraschende Unplanbarkeit. Die entscheidende affektive Voraussetzung gelingender außeralltäglicher Praktiken – nämlich Feierlaune und Spielspaß – kann weder erzwungen noch gezielt produziert werden. Sie sind ephemer und unkalkulierbar, bisweilen so rasch verflogen, wie sie aufgekommen sind. Dass sie sich zudem bis hin zu Rausch und Exzess steigern können, macht sie für die Wächter gesellschaftlicher Ordnungen auch zu einer steten Herausforderung.

Bei derart vielen Gemeinsamkeiten und analogen Funktionen erstaunt es nicht, dass Feste und Spiele oft mit der gesellschaftlichen Realität eng verwoben sind. Festliche Veranstaltungen bilden einen Rahmen für die Durchführung von Spielen, vor allem Gewinnspielen, man denke nur an die obligatorische Tombola als Höhepunkt des Gemeindefests, an Losbuden auf Kirmessen oder an das berühmt-berüchtigte Hochzeitsbingo. Innerhalb des Festverlaufs bilden Spiele eine abgeschlossene Einheit mit einer eigenen Systematik und Spiellogik, die mitunter auch zu Reibungen mit der Logik des Fests führen kann.

Denn de facto weisen Feste und Spiele neben den genannten Parallelen auch signifikante Unterschiede auf, die solche Reibungen erklärlich machen. Während Spiele, zumindest aus ihrer internen Logik heraus, immer und jederzeit begonnen und beendet werden können – die Entscheidung darüber obliegt den Spielern allein –, sind Feste anlassgebunden und an einem Rhythmus oder Zyklus orientiert. Im Fest wird stets *etwas* gefeiert, z. B. der eigene Geburtstag, die Wiedervereinigung des deutschen Volkes oder die Geburt Christi. Der Veranstaltungszeitpunkt und/oder Ort

---

[25] Giorgio Agamben, „Europa muss kollabieren'. Interview: Iris Radisch", *Die Zeit*, 27. August 2015.
[26] Agamben.

hat nicht selten eine große symbolische Bedeutung, der die räumliche und zeitliche Flexibilität wenn nicht ganz verhindert, so doch zumindest massiv einschränkt. Am wichtigsten ist jedoch ein singulärer, unmittelbar augenfälliger Unterschied, der dennoch einmal explizit benannt werden soll: Feste kennen keine Spielsystematik. Das kompetitive ebenso wie das kooperative Element des gemeinsamen Hinfieberns auf den Sieg und die bange Furcht vor der Niederlage, sie sind Festveranstaltungen fremd. Ohne Gewinn und Verlust, die an die regelkonforme Ausübung einer Handlung oder Handlungssequenz (Würfeln, Karten ziehen, Spielfiguren verschieben etc.) gekoppelt sind, gibt es kein Spiel. Hierin liegt die *differentia specifica* des Spielens in der Welt des Außeralltäglichen.

Nach dieser wichtigen Unterscheidung von Fest und Spiel soll der Fokus wieder ganz auf die Praktik des Spielens und insbesondere auf das Prinzip des individuellen und des gemeinschaftlichen Gewinns gerichtet werden. Ein gemeinsamer Gewinn von Spielern in aufgeklärten und rationalistisch strukturierten Wissensordnungen stellt somit stets ein Phänomen dar, das sich nicht auf die Summe individueller Nutzenbilanzen und persönlicher Beiträge reduzieren lässt. Das Gefühl der Leidenschaft im gemeinsamen Gewinnen ist eben kein additiver Gewinn einzelner Spieler, sondern ein gemeinschaftlicher Gewinn aller Mitglieder der siegreichen Gruppe; in der Sprache der Sozialphilosophie würde man von einer holistischen Eigenschaft sprechen.[27] Der Dualismus zwischen Einzelperson und Kollektiv scheint in einer spielerisch begründbaren Auszeit moderner sozialer Ordnung kurzfristig und begrenzt aufgehoben. Die Alltäglichkeit des Einzelnen erfährt eine ungeahnte und einzigartige Kollektivbestimmung im gemeinsamen Spielgewinn. Vor diesem Hintergrund lässt sich auch der Zusammenhang zwischen Spielgewinn und Glück als gemeinschaftlich erfahrbares positives Kollektiverleben beschreiben.

Diese gemeinschaftliche Lust- und Leidenschaftserfahrung einer siegreichen Gruppe zeigt die Außeralltäglichkeit des Spiels vor allem in den sozialen Ordnungen der Moderne. Modernen sozialen Ordnungen gelingt es – anders als den Spielordnungen – in ihrer Alltagsgebundenheit

---

[27] Siehe Christian List und Kai Spiekermann, „Methodological Individualism and Holism in Political Science: A Reconciliation", *American Political Science Review* 107, Nr. 4 (2013): 629–43.

1 Das Wesen des Gewinnspiels

nicht, den Subjekt-Objekt-Dualismus zu überwinden.[28] Der berühmteste Versuch der politischen Vertragstheorie von Jean-Jacques Rousseau in der Moderne, die Bestimmung eines gesellschaftlichen Allgemeinwillens, der *volonté générale*, gegenüber einem bloßen Aggregat aus zusammengefügten Einzelwillen, *volonté de tous*, scheitert letztlich in seiner praktischen Umsetzung. Die neu gewonnene Freiheit des Einzelnen steht im Widerspruch zu einem kollektiven Gesellschaftsideal einer *volonté générale*. Schnell zeigt diese rousseausche politische Theorie Ende des 18. Jahrhunderts in der Schreckensherrschaft der französischen Jakobiner zum ersten Mal ihr totalitäres Gesicht. Aber gerade in dieser Herrschaftssystematik einer *volonté générale* werden die Gegensätzlichkeit von Subjekt und Objekt moderner sozialer Ordnungen und die Besonderheit der Spielsituation explizit erkennbar. Das Prinzip menschlicher Freiheit konstituiert politisches Handeln und nicht mehr ein Streben nach einem dauerhaften Glücksumstand in einer teleologisch oder göttlich bestimmbaren Ordnung.

Letztlich ist es der deutsche Philosoph Immanuel Kant, der mit seiner Transzendentalphilosophie den Bruch mit einem teleologischen Verständnis von Wirklichkeit für alle offensichtlich begründet. Damit prägt Kant bis heute die Grundlagen des modernen Denkens mit. Seine Philosophie bestreitet prinzipiell und konsequent ein natürliches Streben nach Glückseligkeit als zentrales ethisches Prinzip. Gut, so Kant, könne nur ein guter Wille sein; und letzterer besteht im Wollen des kategorischen Imperativs um seiner selbst willen. Rationalismus und teleologische Zielsetzungen, wie sie die Tugendethik vorsieht, schließen sich für Kant kategorisch aus. Nicht mehr die Glückseligkeit, sondern die menschliche Freiheit bestimme die Sittlichkeit und damit die praktische Vernunft der Menschen. Für Kant wird das Handeln aus Pflicht und nicht aus persönlicher Neigung, welche von außen fremdbestimmt sei, zum Grundstein einer Selbstgesetzgebung aus Vernunftgründen.[29] Diese befreiende Wirkung

---

[28] Allenfalls bei großen Musik- oder Sportereignissen, die durch den schieren emotionalen bzw. ästhetischen Sog des Geschehens ein Gefühl des Aufgehoben-Seins des Individuums im Kollektiv erzeugen, lässt sich ein ähnlicher Effekt feststellen. Gleichwohl ist dieser wie auch im Falle des Spiels stets temporär und kann ebenso schnell verklingen, wie er aufgekommen ist.
[29] Immanuel Kant, „Kritik der reinen Vernunft", in *Werkausgabe. Bd. 3–4*, hg. von Wilhelm Weischedel (Frankfurt am Main: Suhrkamp, 1983).

der Entmoralisierung von Glückseligkeit durch die Selbstbehauptung des vernünftigen Menschen wirkt bis in die heutige Gegenwart fort. Diese kantianische Bruchlinie zum traditionellen teleologischen Denken ist oft beschrieben worden. Sie nimmt in der Glücksforschung einen breiten Raum ein.

Die modernen sozialen Ordnungen verorten dementsprechend den Begriff „Glück" neu. Befreit von jeglicher Form einer göttlichen (Teleo-)Logik, übernimmt das Prinzip einer kalkulierbaren und berechenbaren Wahrscheinlichkeitslogik die diskursive Macht über den Begriff des „Glücks". Zwar lassen sich weiterhin in der *eudaimonia* oder der *beatitudo* der Sinn und die Wahrheit eines erfüllten Lebensglücks wiederfinden, jedoch vollzieht sich dieses „Streben nach Glück" unter der Prämisse einer auf persönlicher Freiheit beruhenden menschlichen Selbstbestimmung. Die Auswirkungen einer derartigen vernunftbasierten Lebensführung verändern nicht nur die politische Theoriebildung, sondern auch den diskursiven Gebrauch der Begriffe „Glück" und „Spiel". Die Nutzung des Begriffs „Glücksspiel" findet ihre neue Entsprechung in einer veränderten Narrativbildung, in der das Gewinn- und besonders das Geldspielen denksystematisch neu verortet werden. Der Begriff des „Zufalls" erfährt eine kleine spielsystematische Revolution, indem er nun eine mathematische Basis zur Berechnung von Wahrscheinlichkeitsoptionen von Gewinnsituationen darstellt. Mit der Berechnung des Zufalls beginnen Mathematiker, Mechaniker, Kaufleute oder auch Politiker alle Formen des Gewinnspiels auf der Grundlage klar definierter Spielregeln in Wahrscheinlichkeitsoptionen aufzulösen. Im Verlauf des 18. Jahrhunderts ereignet sich eine entscheidende Wende in der Entwicklung von Gewinnspielen, besonders von Geldspielen. Ein derart „berechenbares Glück" stellt eine neue Dimension in der Entwicklung von Gewinnspielen und ihrer Spielordnungen dar. Verbunden mit der Entwicklung dieser Gewinnspiele, vor allem von Geldspielen, und der Berechenbarkeit ihres Gewinnzufalls verändern sich auch die gesellschaftlichen und politischen Herangehensweisen, diese neuen Formen des Gewinnspiels zu begründen und zu steuern. Die Herrschaftseliten reagieren mit neuen Spielregeln, der Veränderung von Spielzugängen und -abläufen, einer angepassten Kontrolle und Sanktionierung von Gewinnspielen oder mit der Neuformulierung fiskalischer Rahmenbedingungen bei den Gewinneinnahmen.

Ein erstes Zwischenfazit kann daher lauten: Der Begriff des Glücks ist nicht nur schillernd und nuancenreich, sondern – wie die Mehrheit der Glücksforscher konstatiert – nur in seinem jeweiligen historischen, soziokulturellen Verwendungskontext verständlich. Ein universelles, transhistorisches Verständnis von Glück trägt dieser Vielfältigkeit nicht adäquat Rechnung. Wenn es jedoch nicht „das Glück" gibt, dann kann es auch nicht das „Glücksspiel" geben. Michel Foucault treibt die Dekonstruktion von „Glück" auf die Spitze, wenn er den „glücklichen Menschen" als humanistischen Fehlschluss kritisiert und aufzeigt, wie dieser „glückliche Mensch" in Wissensordnungen mit filigranen diskursiven und machtpraktischen Linien und Vernetzungen „verschwindet". Diese radikale Kritik von Foucault hat natürlich zu heftigen wissenschaftlichen und gesellschaftlichen Debatten geführt, die eine stetige Weiterentwicklung der interdisziplinären Glücksforschung in den letzten 20 Jahren zur Folge hatten.[30] Jedoch bleibt erstaunlicherweise die Verbindung von Glück und Spiel in diesem Forschungsgebiet bisher ein Randthema.

Aus der analytischen Debatte der gegenwärtigen Glücksspielforschung lassen sich drei wesentliche Prämissen für die anthropoludische Annäherung an das Gewinnspiel übernehmen: Der Begriff des Glücks ist: (1) historischen Bedeutungsvariationen unterworfen, die sich nicht zugunsten einer Universaldefinition auflösen lassen; (2) notwendig Gegenstand machtlogischer Steuerungs- und Disziplinierungsmechanismen, die eine grundsätzliche Fraglichkeit des Strebens nach Glück aufwerfen; und (3) oszilliert zwischen subjektiven und objektiven sowie deterministischen und autonomistischen Elementen, die eine kontinuierliche semantische Friktion erzeugen. Aufgrund dieses enormen begriffssystematischen und -geschichtlichen Ballasts bzw. des zweifelhaften analytischen Mehrwerts der entsprechenden Begriffsverwendung soll von Beginn der Analyse an konsequent auf den Gebrauch des Begriffs „Glücksspiel" verzichtet werden. An seine Stelle rückt der Begriff des Gewinnspiels, und zur präzisen Begriffsbestimmung von Zufallsspielen, bei denen der Gewinn meistens aus materiellen Ressourcen besteht, bietet sich der Begriff des Geldspiels an.

---

[30] Amitava K. Dutt und Benjamin Radcliff, Hrsg., *Happiness, Economics and Politics. Towards a Multi-Disciplinary Approach* (Cheltenham: Edward Elgar, 2009); Eric A. Posner und Cass R. Sunstein, Hrsg., *Law and Happiness* (Chicago: University of Chicago Press, 2010).

Die These, dass es „Glücksspiel" weder in der Vergangenheit noch in der Gegenwart in einer abstrakten oder substanzhaften Form gab bzw. gibt, verwundert sicherlich auf den ersten Blick. In vielen Texten sprechen Menschen explizit vom „Glücksspiel" und erst recht vom „Glück" im Spiel. Damit begibt man sich aber in eine analytische Falle, indem man einen Begriff nutzt, der an sich, abgelöst von einem spezifischen Verwendungskontext, keinen Bedeutungsgehalt hat. Zielführender ist es, sich über das Phänomen Spielen und den Begriff „Glück" behutsam an diese Verdinglichung dieses Begriffs heranzutasten. „Glücksspiele" werden zunächst einmal als Gewinnspiele bezeichnet. Als Zufallsspiele, die meistens auf materiellen Gewinn ausgerichtet sind, sind sie Geldspiele. Alle Spiele unterliegen in allen Epochen und Kulturen präzisen Spielordnungen. Damit gelten diese Spielordnungen auch für alle sogenannten „Glücksspiele". Die besondere Bedeutung von Spielordnungen wird anhand ihrer anthropologischen Prinzipien und der Logik des Spiels aufgezeigt. Spielordnungen folgen diesen Prinzipien und dieser Logik in allen Epochen und Kulturen oder sie sind keine Spiele.

Spiele sind auch kein Teil der Alltagsrealität einer sozialen Ordnung, sondern bilden einen besonderen sozialen Raum der sozialen Auszeit. Diese anthropologische Logik des Spiels kennt keinen substanziellen „Glücksbegriff", da Spielordnungen auf eine andere positiv begründete Denksystematik zurückgreifen. Anhand des Bauplans von Spielordnungen soll der Begriff „Glücksspiel" unter der Systematik von Gewinn- bzw. Geldspiel historisiert werden. Den Kontext bilden die Diskurse und Praktiken, mit denen soziale Ordnungen in unterschiedlichsten historischen Kontexten auf diese politischen und gesellschaftlichen Herausforderungen von Gewinnspielen reagieren. Diese historisch-vergleichende Analyse legt offen, wie unbestimmt und irreführend der Begriff „Glücksspiel" für die Beschreibung komplexer Spannungsverhältnisse zwischen Alltagsrealität und sozialer Auszeit in den unterschiedlichsten Kulturen ist. Menschliche Kulturen kennen verschiedenste Wissensordnungen und Stile von Lebensführungen, die vertraut erscheinende Begrifflichkeiten dennoch hinter einem Schleier der semantischen Ambiguität verbergen. „Glück" und davon abgeleitet „Glücksspiel" gehören dazu.

Die Analyse folgt hierbei einem praxeologischen Ansatz,[31] insofern Diskurse über Glücksspiele immer eng mit den Machtpraktiken in allen sozialen Ordnungen verknüpft sind. Aus der gegenwärtigen Glücksforschung ergibt sich die machtpolitische Bedeutung der Definitionsbestimmungen von „Glück" in Politik, Recht und Ethik. Das „Glücksspiel" stellt letztlich eine extreme Verdichtung diskursiver historischer Auseinandersetzungen um die wahren, guten oder richtigen Lebensführungsstile dar. Ein praxeologischer Ansatz erlaubt es, die Diskurse zu Spiel und Glück im engen Zusammenspiel mit seinen machtpolitischen Umsetzungspraktiken zu beschreiben. Hier gilt es, vorab die entscheidenden Fragen zu stellen. Denn wer in den Herrschaftseliten die Definitionen von Glück bestimmt, entscheidet in einer komplexen diskursiven Vernetzung auch, was „Glücksspiel" in seinem jeweiligen historischen Zusammenhang bedeutet. Die Auseinandersetzungen um Glücksvorstellungen sind damit auch immer Auseinandersetzungen um die Bedingungen, „Glücksspiel" zu ermöglichen, einzuschränken oder zu verbieten. Welches institutionelle Gefüge definiert und entscheidet, was unter dem Begriff „Glücksspiel" jeweils zu verstehen ist? Welche Spiele und Spielordnungen fallen in unterschiedlichsten sozialen Ordnungen unter den „Glücksspiel"-Begriff? Welche Ordnungsstrukturen und Eliten entscheiden, wie Glücksspiel umgesetzt werden darf, wie die Gewinnmöglichkeiten bestimmt werden oder wie die Zugangsregeln zum „Glücksspiel" gestaltet sind? Letztlich richten sich diese Fragen nach den Kontroll- und Sanktionsoptionen von „Glücksspiel".

Auffallend bei der Untersuchung der Verbindung von „Spiel" und „Glück" ist die machtpolitische Verzahnung beider Begriffe. Entscheidungsträger bewerten diese Verbindung als eine politische Herausforderung, die Disziplinierung und Kontrolle verlangt. Das wird deutlich, wenn man sich die unterschiedlichsten historischen Regulierungsversuche von Gewinn- und vor allem Geldspielen ansieht. Regulatoren fassen epochen- und kulturübergreifend unter „Glücksspiel" Machtkonzeptionen innerhalb ihrer sozialen Ordnungen zusammen. In diesem engen Zusammenhang wird der Begriff meistens durch die Weltgeschich-

---

[31] Dominik Meier und Christian Blum, „Mut zur Macht. Politische Praxeologie als Lehre vom erfolgreichen Machtgebrauch", *Politikum* 6, Nr. 4 (2020): 62–67.

te weitergetragen. Daher kann man gerade mit Blick auf den Begriff „Glücksspiel" die Machtfähigkeit sozialer Ordnungen entschlüsseln – eine analytische Möglichkeit, die erstaunlicherweise in der Glücksspielforschung bisher nur marginale Beachtung erfährt. Mehrheitlich subsumiert die Glücksspielforschung den Begriff „Glücksspiel" unter dem Aspekt der Rationalisierung und Mathematisierung des Zufalls.[32]

Wenn man aber den Begriff „Glücksspiel" nicht nur historisiert, sondern in seiner Machtlogik beschreibt, erkennt man eine konzeptionelle Verbindung, die „Glück" und „Spiel" umfasst. Diese beruht auf drei Annahmen: Die Spielordnung mit ihren anthropologischen Prinzipien besitzt zum Ersten wohl einen singulären, universellen Charakter, der zweitens auf die Alltäglichkeit der sozialen Ordnung trifft und den Sonderraum einer sozialen Auszeit bildet. Zur Überbrückung dieses gesellschaftlichen und politischen Spannungsgefüges zwischen sozialem Alltag und Auszeit im geregelten Gewinnspiel benötigt es drittens eine eigene, sehr flexible „Steuerungssystematik" innerhalb jeder sozialen Ordnung. Diesen Rahmen gilt es zu finden und zu beschreiben. Nur unter den singulären Bedingungen einer Spielordnung, die anthropologischen Prinzipien folgt und universell auf alle Kulturen und Epochen anwendbar ist, lässt sich eine derartige Systematik überhaupt finden. Diese muss eine regelsystematische Steuerungsfunktion übernehmen, um das gesellschaftliche und vor allem politische Spannungsfeld zwischen Alltagswelt und sozialer Auszeit beim Gewinnspiel zu strukturieren – eine Rahmenstrukturierung, die sich aufgrund der Ich-Zentriertheit des Spielens in allen Kulturen und Epochen in verschiedensten historischen Kontexten sehr unterschiedlich in Diskursen und Machtpraktiken manifestieren muss. Im Folgenden soll näher in den Blick gefasst werden, welche Formen und Systematiken das Gewinnspiel in seiner geschichtlichen Entwicklung durchlaufen hat.

---

[32] Siehe exemplarisch Zimmer, „Vorwort des Herausgebers".

1.2 Eine kurze Geschichte des Gewinnspiels

1.2.1 Die Antike: Brot und Spiele?

Das Bild, das sich aus unterschiedlichen Quellen für das Gewinnspiel in der Antike ergibt, ist bruchstückhaft.[33] Dies liegt nicht zuletzt daran, dass Materialien wie Holz und Leder die Jahrtausende oft nicht überdauert haben. Dennoch liegen einige wichtige Erkenntnisse vor. Bereits vor 5000 Jahren spielten Menschen und forderten dabei auch den Zufall immer wieder heraus. Dies lässt sich aus dem Vergleich von archäologischen und kunstgeschichtlichen Funden mit literarischen und völkerkundlichen Quellen erschließen. Archäologen entdeckten bei Ausgrabungen im heutigen Iran, Irak und Ägypten verschiedene Spielbretter und Würfelformen aus Stein, Terrakotta oder Knochen, die sich auf das dritte Jahrtausend v. Chr. datieren lassen.

Aus demselben Zeitraum gibt es ähnliche Funde auch aus China und Mesopotamien. Ab dem zweiten Jahrtausend v. Chr. nehmen die Funde auch über diese Region hinaus vermehrt zu. Nach archäologischer Überzeugung haben Brettspiele ihren Ursprung im nahöstlichen bzw. (vorder-)asiatischen Raum. Von dort breiteten sich diese vor knapp 4000 Jahren zunehmend aus.[34] Zu diesen ältesten bekannten Spielen überhaupt gehört das „Senet", ein ägyptisches Brettspiel, das Ähnlichkeit mit Backgammon aufweist und bis heute gespielt wird.[35] Aber auch Würfelspiele müssen sich in der antiken Welt bereits großer Beliebtheit erfreut haben. Ab rund 2000 v. Chr. häufen sich die Funde geschnitzter Knochen über das antike Persien hinaus. Unter diesen Funden befinden sich bereits sechsseitige Würfel, die zudem die heutige Nummerierung aufweisen.[36] Literarische Quellen aus dem Mittelmeerraum ergänzen die Funde durch

---

[33] Einen exzellenten Überblick bieten u. a. Roland de Mecquenem, *Mémoires de la Délégation en Perse*, Bd. 29 (Paris, 1943); Ulrich Schädler und Anne-Elizabeth Dunn-Vaturi, „Board Games in Pre-Islamic Persia", in *Encyclopaedia Iranica*, 2009.
[34] Alexander J. de Voogt, *New Approaches to Board Games Research. Asian Origins and Future Perspectives* (Leiden: IIAS, 1995); Schädler und Dunn-Vaturi, „Board Games in Pre-Islamic Persia".
[35] Claus Hattler, „‚… und es regiert der Würfelbecher' – Glücksspiel in der Antike", in *Volles Risiko! Glücksspiel von der Antike bis heute*, hg. von Badisches Landesmuseum (Karlsruhe: G. Braun Buchverlag, 2008), 26–34.
[36] Mecquenem, *Mémoires de la Délégation en Perse*.

zahlreiche Erwähnungen; so sind sogar ganze Traktate über das Würfelspiel erhalten. Bereits Aristoteles schreibt im vierten Jahrhundert v. Chr. in seiner Erziehungslehre über das Spielen als soziales Phänomen, in dem der Mensch sich mit Muße von der Mühsal der Arbeit erholt. Auch der römische Kaiser Claudius – selbst ein begeisterter Spieler – hat umfassende Betrachtungen über die gesellschaftliche Bedeutung des Würfelspiels verfasst.[37]

Diese sozialen Beobachtungen des leidenschaftlichen Spielens gibt es in allen Kulturen und geografischen Räumen – in Süd- und Lateinamerika, Asien, Afrika und Europa –, und die Begeisterung ist auf keine singuläre Spielform beschränkt. Wie oben erwähnt, war das Würfelspiel in Germanien bereits um die Geburt Christi fester Teil der Kultur, während sich die Stämme in Eritrea oder Ghana die Zeit mit „Mancala", einem bis heute beliebten Brettspiel, vertrieben. Einer Legende zufolge soll das Spiel so fesselnd gewesen sein, dass es eine Frau und einen Mann zur Heirat trieb, um endlich dem ewigen Spielkreislauf zu entkommen.[38] Andere Völker wetteiferten dagegen vorwiegend in Ballspielen. Bei den Berbern gibt es das „Ta kurt om el mahag", einen Wettkampf, der dem heutigen Baseball ähnelt. Als eigentliche Erfinder des Ballspiels gelten aber die mesoamerikanischen Völker, wie die Azteken und Maya, die mit dem Spiel nicht nur pures Vergnügen, sondern religiöse und kriegerische Praktiken verbinden. Spiele weisen damit auch einen rituellen Charakter auf. Ihr ultimativer Spieleinsatz war bisweilen nichts Geringeres als das Leben der Teilnehmer.[39]

Auch wenn heute viele antike Spielregeln nicht mehr rekonstruierbar sind, lassen sich dennoch einige Grundprinzipien des Spiels aus den

---

[37] Schädler und Dunn-Vaturi, „Board Games in Pre-Islamic Persia"; Sueton, *Kaiserbiographien. Caesar, Augustus, Tiberius, Caligula, Claudius, Nero, Galba, Otho, Vitellius, Vespasian, Titus, Domitian*, hg. von Ursula Blank-Sangmeister, übers. von Ursula Blank-Sangmeister u. a. (Ditzingen: Reclam, 2018).
[38] Mary Flanagan, *Critical Play. Radical Game Design* (Cambridge, Massachusetts: The MIT Press, 2009), S. 64; Sally E. D. Wilkins, *Sports and Games of Medieval Cultures* (London: Greenwood Press, 2002), S. 22.
[39] David Block, *Baseball Before We Knew It. A Search for the Roots of the Game* (London: University of Nebraska Press, 2005), S. 95; Walter Krickeberg, „Das mittelamerikanische Ballspiel und seine religiöse Symbolik", *Paideuma: Mitteilungen zur Kulturkunde* 3, Nr. 3/5 (1948): 118–90; Mary E. Gutierrez, „The Maya Ballgame as a Metaphor for Warfare", *Mexicon* 12, Nr. 6 (1990): 105–8; Gerard W. van Bussel, *Der Ball von Xibalba. Das mesoamerikanische Ballspiel* (Wien: Kunsthistorisches Museum Wien, 2022).

Fundstücken und Quellen erschließen. Was ist über das Spiel und den Zufall beim Spiel in der Antike bekannt?

Die verbreitetsten Spielarten sind Würfel-, Brett- und Ballspiele. Ob „Senet", „Mancala" oder „Ta kurt om el mahag", im antiken Spiel vermischen sich Spielmotive wie Glückserfahrung, die Vergewisserung einer göttlichen Gunst oder die Geschicklichkeit im Kräftemessen. Spiele lassen die Grenzen zwischen religiösen Ritualen und sportlichen und spannungsreichen Wetten verschwimmen. Oftmals gleichen sich die für Spiel- und Orakelzwecke verwendeten Gegenstände über Kontinente hinweg, wie Zeugnisse von altchinesischen „Liubo"-Spielbrettern und Wahrsagebrettern oder nordamerikanische Wurfstäbchen aus indianischen Spielen und Opferritualen nahelegen.[40] Der Archäologe Ulrich Hübner stellt daher folgerichtig fest: „[I]m Prinzip konnte jedes Spiel kultisch als Ordal, Orakel, Votivgabe o. ä. benutzt werden [und] in Ritualen die Grenze zwischen Spiel und Kult leicht verschwimmen"[41]. Der Kulturhistoriker Rainer Buland geht sogar noch einen Schritt weiter und dreht die Beziehung zwischen Ritual und Zufallsspiel gänzlich um. In seiner Beobachtung sind Orakelspiele die „wohl älteste [...] menschliche Spielform. Lange Zeit", so Buland, „wurde der Zufall lediglich für Orakelspiele eingesetzt. Erst nachdem das Eigentum erfunden wurde und gesetzlich gesichert worden war, konnte der Zufall auch dazu verwendet werden, das Eigentum aufs Spiel zu setzen, es zu verspielen oder zu vermehren."[42]

Gerade die antiken Orakel- und Kultspiele sind beispielhaft für den Umgang mit diesem Topos. Die griechischen Stadtstaaten kennen die Göttin Tyche, sie gilt als unberechenbar in der Verteilung von Glück und Pech.[43] Ähnliches findet sich im Römischen Reich. Dort liegt das Schicksal der Menschen in den Händen der weithin verehrten Staatsgöttin Fortuna, die ebenso unvorhersehbar und für den Menschen will-

---

[40] Ulrich Schädler, „Von der Kunst des Würfelns", in *Volles Risiko! Glücksspiel von der Antike bis heute*, hg. von Badisches Landesmuseum (Karlsruhe: G. Braun Buchverlag, 2008), S. 21.
[41] Ulrich Hübner, *Spiele und Spielzeug im antiken Palästina*, Bd. 121, Orbis Biblicus et Orientalis (Freiburg/Göttingen: Universitätsverlag/Vandenhoeck & Ruprecht, 1992), S. 6–7.
[42] Rainer Buland, „Die Kultur des Spiels. Einige Aspekte zur Einführung", in *Volles Risiko! Glücksspiel von der Antike bis heute*, hg. von Badisches Landesmuseum (Karlsruhe: G. Braun Buchverlag, 2008), S. 11.
[43] Jo Reichertz u. a., *Jackpot. Erkundungen zur Kultur der Spielhallen*, 2. Aufl., Bd. 16, Erlebniswelten (Wiesbaden: VS Verlag für Sozialwissenschaften, 2010), S. 16–17; siehe zur Vertiefung Abschnitt 3.2.

kürlich über sein Los bestimmt.[44] Die römischen Quellen beschreiben Fortuna oft auch als große Verführerin, die die Menschen dazu verleitet, Risiken einzugehen.

Die mythologische Verbindung von Glück und Zufall im antiken Mittelmeerraum verbindet sich oft mit dem erhofften Sieg oder der schicksalhaften Niederlage beim Spiel. So geht das Würfelspiel auf Hermes (bei den Römern: Merkur) zurück, der es zur Götterbefragung und Weissagung einsetzt.[45] Seinem Vorbild folgend, würfeln die Menschen in unterschiedlichen Ritualen über tausend Jahre, werfen Steine oder ziehen Lose, um den Willen der Götter zu ermitteln und die Zukunft vorherzusagen. Dies praktizieren nicht nur Seher in Tempeln und Heiligtümern. Menschen jedes Standes spielen täglich auf der Straße und in ihren Häusern. Besonders im geregelten Spiel um Sieg oder Niederlage eröffnen religiöse und kultische Praktiken Deutungsmuster und Orientierungsanleitungen gegen die Ungewissheit und Unplanbarkeit des Lebens. So bieten sie die Aussicht darauf, über Spielordnungen die nahe Zukunft (be-)greifbar zu machen, die Gunst der Götter zu erlangen oder unbekannte Mächte zu entschlüsseln – all dies in der Hoffnung, Handlungsautonomie zu gewinnen. Rituale bewahren aber nur ihren Spielcharakter, solange der Moment der Zufälligkeit und Ungewissheit bleibt und der Moment des Zweifelns nicht ganz verloren geht.[46]

Unabhängig davon, ob das Spiel mit dem Zufall ein Produkt kultischer Praktiken ist oder kultische Rituale lediglich *eine* Form antiker Zufallsspiele sind, lässt sich festhalten: Die Lebensrealität des antiken Menschen ist eng mit seiner Faszination für Spiel und Zufall verwoben. Je mehr jedoch religiöse, kultische oder herrschaftsstabilisierende Praktiken den Moment des Zufalls und der Ungewissheit im Spiel zurückdrängen, desto stärker verfestigen sich soziale Ordnungen zu autoritären Herrschaftsformen.

Der spielerische Umgang mit dem Zufall nimmt allerdings nicht nur eine kultische Rolle ein, sondern ist auch für die politische Ordnung von

---

[44] Reichertz u. a., *Jackpot. Erkundungen zur Kultur der Spielhallen*; Rainer Buland, „Fortuna – Die Ikonographie des Glücks", in *Volles Risiko! Glücksspiel von der Antike bis heute*, hg. von Badisches Landesmuseum (Karlsruhe: G. Braun Buchverlag, 2008), S. 13.
[45] Buland, „Fortuna – Die Ikonographie des Glücks", S. 17.
[46] Hattler, „‚… und es regiert der Würfelbecher' – Glücksspiel in der Antike".

zentraler Bedeutung. Im fünften Jahrhundert ist es in der attischen Polis üblich, politische und juristische Institutionen, wie die Ratsversammlung und die Gerichtshöfe, über ein Losverfahren zu besetzen. Das berühmte partizipatorische Prinzip der Volksherrschaft, welches innerhalb dieser Institutionen zum Tragen kommt, fußt gleichsam auf Grundprinzipien, die man aus dem Spiel kennt. Denn hier wie dort kommen freie Menschen ohne Zwang als Gleiche zusammen, um politische Entscheidungen zu treffen und Ämter zu besetzen. Die griechische lebt ebenso wie die römische Kultur vom Kräftemessen im gemeinsamen Wettkampf, dem *agon*. Der Ausgang eines solchen Wettbewerbs ist freilich nicht nur Ausdruck des Zusammentreffens von Glück und Geschick, sondern lässt sich auch symbolisch deuten. Triumph und Niederlage implizieren die stete Möglichkeit einer göttlichen Intervention; für Menschen des antiken Griechenlands waren Götter keine entrückten, abstrakten Wesenheiten, sondern anthropomorphe Gestalten, die aus Lust am Spiel beständig in die Auseinandersetzungen der Sterblichen eingriffen – bisweilen um dem Tollkühnen den sicher geglaubten Sieg wieder zu entreißen, bisweilen um dem Außenseiter den unerwarteten Erfolg zu bescheren.

Es lässt sich also generalisierend festhalten: Es sind gerade jene Herrschaftsordnungen, die sich – wie die Athens oder auch der römischen Republik – durch demokratische Entscheidungs- und Wahlverfahren auszeichnen, die auf Grundprinzipien des Spiels angewiesen sind, auf das freie, gleiche, zwanglose Spiel mit offenem Ausgang. Jedes Kräftemessen, jedes „Besser-Sein" als andere kennt noch den Moment des Zufalls. Es ist das „Quäntchen" planvollen Schicksals oder planlosen Glücks, welches das Geheimnis jedes Gewinns mit begleitet.[47] Diese Ambiguität ist im griechisch-römischen Pantheon begründet: Während kapriziöse Göttinnen wie Tyche und Fortuna den unvorhergesehenen, unvorhersagbaren Glücksfall verkörpern, repräsentieren ihre gleichermaßen göttlichen Cousinen Atropos und Lachesis das vorherbestimmte Geschick; im Spannungsfeld dieser himmlischen Mächte spielt sich nach antiker Vorstellung die menschliche Existenz ab.

---

[47] Egon Flaig, *Die Mehrheitsentscheidung. Entstehung und kulturelle Dynamik* (Paderborn: Verlag Ferdinand Schöningh, 2013), S. 30–45.

Spielen ist nicht nur politisch, sondern auch für die Muße und die Entspannung der Menschen wichtig. Sie entkommen im Spiel der Langeweile und erleben den Reiz des anderen. Das Spielen um der Muße willen findet sich nicht nur in der griechischen und römischen Mythologie, sondern auch in den biblischen Glaubensgeschichten. So findet sich im alttestamentarischen Buch Jesus Sirach (ca. 2. Jh. v. Chr.) eine explizite Aufforderung zum Spielen zur psychophysischen Regeneration: „Eile rasch in dein Haus, erheitere dich dort, spiele dort und tue, was dir in den Sinn kommt".[48]

Der Geschichtsschreiber Herodot erklärt im fünften Jahrhundert v. Chr. schließlich die Entstehung von Astragal- und Würfelspielen mit ihrem praktisch-funktionalen Nutzen: Das Volk der Lyder erfand beide Spiele bereits im ersten oder zweiten Jahrtausend v. Chr., um sich während einer 18 Jahre andauernden Hungersnot von der „Eßlust" abzulenken – eine durchaus „plausible Erklärung für die nützliche Funktion von Spielen"[49].

Zahlreiche Quellen weisen außerdem darauf hin, dass Menschen bereits vor Tausenden von Jahren um materielle Gewinne spielten, unabhängig davon, um welche Arten von Gewinnspiel es sich handelte und nach welchen Regeln gespielt wurde. Als Einsatz kamen „Vermögen, [...] Freiheit, Waffen, Nutztiere, Speisen und Getränke" infrage.[50] Die christliche Ikonografie kennt die verschiedensten Darstellungen von Wett- und Losspielen. Bereits früheste Kreuzigungsdarstellungen, etwa aus dem sechsten Jahrhundert, bilden die Verlosung des Kreuzigungsgewandes Jesu ab. Sie zeigen eine Gruppe von Soldaten beim „Losen unterm Kreuz".[51] Auch außerhalb Europas finden sich ludische Elemente mit direkten Bezügen zu Gewinnspielen, z. B. in althinduistischen Legenden

---

[48] Hübner, *Spiele und Spielzeug im antiken Palästina*, 121:S. 20; Andreas H. Fischer, *Spielen und Philosophieren zwischen Spätmittelalter und Früher Neuzeit* (Göttingen: Vandenhoeck & Ruprecht, 2016), S. 96.
[49] Hübner, *Spiele und Spielzeug im antiken Palästina*, 121:S. 135–136.
[50] Ulrich Schädler, „„... Une grande poignée d'argent soit acquise ou perdue': Schach-, Backgammon- und Mühle-Probleme als Wettaufgaben im Mittelalter", in *SpielKunstGlück. Die Wette als Leitlinie der Entscheidung. Beispiele aus Vergangenheit und Gegenwart in Kunst, Wissenschaft, Wirtschaft*, hg. von Johann K. Eberlein (Wien/Berlin: Lit Verlag, 2011), S. 65.
[51] Christine Jung, „Losen unterm Kreuz", in *Volles Risiko! Glücksspiel von der Antike bis heute*, hg. von Badisches Landesmuseum (Karlsruhe: G. Braun Buchverlag, 2008), S. 35.

von Shiva und Parvati, die im ewigen Wettstreit miteinander stehen.[52] Die Kultur der Maya kennt den ultimativen Einsatz, um das eigene Leben zu spielen.[53] Bei solch hohen Einsätzen kann es nicht überraschen, dass Menschen seit jeher dem Glück auf unlauterem Wege nachgeholfen haben: Funde gezinkter Würfel aus dem antiken Griechenland bieten etwa ein Indiz für Betrügereien und Falschspiel. Schon damals versuchten die Spieler also, Zufälligkeiten und Risiken zu „lenken", freilich ohne ihre Mitspieler davon wissen zu lassen.

Zeitgleich mit dem Aufkommen gewinnorientierter Spiele um materielle Einsätze finden sich erste religiöse und kultische Praktiken, die das Ziel verfolgten, diese zu kontrollieren und über Ritualisierung und Mythenbildung wahlweise als „hilfreich" oder als „gefährlich" zu klassifizieren. Das Ringen mit der Ungewissheit im Wettkampf- oder Zufallsspiel ist in der antiken Welt Gegenstand von Deutungs- und Machtkämpfen, in denen kultisches oder politisches Konkurrenzdenken zum Ausdruck kommt. Denn das Spiel eröffnet ein beschränktes Handlungsfeld, um durch Glück und Geschick das eigene Vermögen zu mehren oder seinen Status aufzuwerten:

> „Beim Spiel geht es um etwas, und zwar um etwas, das gerade nicht nur in der Sphäre des Spiels, sondern in der Wirklichkeit einen Wert darstellt. Im Spiel findet eine Umverteilung der Vermögenswerte statt, wobei es sich um Geld, Sachwerte [...] oder andere Leistungen (Ämter, Privilegien u. ä.) handelt. Diese Werte werden aus der realen Welt in die Welt des Spiels hinein- und wieder mit herausgenommen."[54]

Vor diesem Hintergrund überrascht es nicht, dass das Gewinnspiel bereits in der Antike von Reglementierungsdebatten begleitet wird, wenngleich beileibe nicht mit derselben Schärfe wie im Mittelalter und in der Neuzeit. Die Diskussionen drehen sich um erlaubte Spielarten und die Definition der Spielregeln. Vor allem Gewinnspiele sind gesellschaftspolitisch umkämpft, und die Auseinandersetzung um die Grenzziehungen

---

[52] Robert Perinbanayagam, *Varieties of the Gaming Experience* (Abingdon/New York: Routledge, 2017).
[53] Gutierrez, „The Maya Ballgame as a Metaphor for Warfare".
[54] Schädler, „,... Une grande poignée d'argent soit acquise ou perdue': Schach-, Backgammon- und Mühle-Probleme als Wettaufgaben im Mittelalter", S. 85–86.

zwischen erlaubten und unerlaubten, gefahrvollen und sozial zuträglichen Spielen ist intensiv.

Das berühmteste Beispiel hoch entwickelter öffentlicher Spielkultur in der Antike ist die römische Spielkultur der „panem et circenses" (Brot und Spiele).[55] Die Bedeutung des öffentlichen Spiels als eines politischen Seismografen für die Akzeptanz einer sozialen Ordnung und die Zufriedenheit der Bevölkerung zeigt sich nirgends eindrucksvoller als im römischen Kolosseum oder Circus Maximus. Dort ist das Spiel eine fest eintrainierte Dialogform freier Bürger, die unter den für alle gleichen und festgelegten Spielregeln einem ungewissen Ausgang entgegenfiebern, dessen Ergebnis letztlich vom Kaiser vor aller Augen zu legitimieren ist. Dieses unmittelbare, öffentliche Interaktionsverhältnis zwischen den Bürgern Roms und ihrem Kaiser ist maßgeblich dafür verantwortlich, welche Herrscher über Jahrhunderte hinweg das Römische Reich regieren. Der berühmte Daumen eines Imperators nach oben oder nach unten entscheidet nicht nur über Sieg oder Niederlage, sondern vor allem über die kaiserlichen Fähigkeiten, das Römische Reich zu führen.[56]

Als wichtiges Herrschaftsinstrument findet die römische Spielkultur ab dem zweiten Jahrhundert v. Chr. durch die Ausdehnung des Römischen Reichs eine schnelle Verbreitung. Im antiken Palästina löst sie jedoch eine erbitterte Auseinandersetzung zwischen Spielbefürwortern und -gegnern aus.[57] Die religiös motivierten Gegner der „panem et circenses" verurteilen sowohl die Spiele selbst als auch die regierenden Veranstalter und die Zuschauer für diese „heidnischen Lebensweisen", die sie als „verderbt" und als mit dem Gesetz nicht vereinbar betrachten.[58]

Dabei kämpfen sie an zweierlei Fronten. Die erste Front, die angestrebte Abschaffung der weitverbreiteten Gladiatoren- und Tierkämpfe, welche eine oft an kultische Verehrung grenzende Begeisterung hervorrufen, findet im antiken Palästina wenig Zuspruch, selbst unter Kritikern ande-

---

[55] Das unübertroffene Grundlagenwerk ist Paul Veyne, *Brot und Spiele. Gesellschaftliche Macht und politische Herrschaft in der Antike* (Frankfurt am Main/New York: Campus Verlag, 1988), S. 13–30.
[56] Dieses einzigartige Akzeptanzsystem römischer Herrschaft beschreibt Egon Flaig in seiner berühmt gewordenen Studie: Egon Flaig, *Den Kaiser herausfordern. Die Usurpation im Römischen Reich*, 2. Aufl., Bd. 7, Campus Historische Studien (Frankfurt am Main: Campus Verlag, 2019).
[57] Hübner, *Spiele und Spielzeug im antiken Palästina*, 121:S. 111 ff.
[58] Hübner, 121:S. 112–113.

rer Spielarten.⁵⁹ Aber wer die „panem et circenses" angreift, ist mehr als nur ein Gegner der römischen Spielkultur. Da diese Spiele einen fundamentalen Teil der imperialen Sozialordnung bilden, wird eine Attacke auf sie von den Regierenden in den Provinzen oder abhängigen Staaten des Reichs auch als Angriff auf die politische Struktur und das Herrschaftskonzept interpretiert. Demonstrativ zitiert daher der römische Statthalter und spätere König von Judäa, Agrippa I., den bedeutenden jüdischen Pharisäer Simon in ein Theater, um das Primat des Spiels über das jüdische Gesetz und die religiösen Schriften klarzustellen.⁶⁰ Schon Herodes der Große unterstützt im ersten Jahrhundert v. Chr. die „panem et circenses" mit Siegerpreisen als deutliches Zeichen der Unterwerfung unter die Führung Roms.⁶¹

Die herausgehobene Bedeutung des öffentlichen Spiels im Römischen Reich als konstitutiver Teil der gesellschaftlichen Ordnung und ihrer Herrschaftskonzeptionen ist eine weltgeschichtliche Seltenheit; die ludische Tradition der „panem et circenses" bildet eine besondere Ausnahme. Wenn Regierende Spielordnungen und deren offene Ergebnissituation von Sieg oder Niederlage explizit und vollständig in die existierende soziale Welt integrieren, wird das Spiel an sich zum Politikum. Es wird zu einem inhärenten Teil der Herrschaftskonzeption. Auf der politischen Ebene werden Spielkritiker somit grundsätzlich zu Herrschaftskritikern, und die Beurteilung des Spiels und seines Spielergebnisses symbolisiert den entscheidenden Gradmesser der Herrschaftsakzeptanz. Der oben beschriebene religiöse Widerstand in Palästina ist ein seltener Moment einer fundamentalen, ganzheitlichen Ablehnung der Spielkultur von „panem et circenses". So sind die religiösen Praktiken des Judentums kategorisch nicht mit den kultischen Herrschaftsprinzipien des Spielens im Römischen Reich in Einklang zu bringen. Der dadurch mitprovozierte jüdische Krieg gegen Rom von 66 n. Chr. endet mit der Zerstörung des Jerusalemer Tempels und dem Fall der Wüstenfestung Masada.⁶² Der

---

⁵⁹ Hübner, 121:S. 114.
⁶⁰ Hübner, 121:S. 114.
⁶¹ Hübner, 121:S. 114.
⁶² Freilich war die römische Spielkultur beileibe nicht der einzige und aller Wahrscheinlichkeit nach auch nicht der entscheidende Anlass für die Rebellion. Durch den kaiserlichen Kultus, der die Aufstellung von Feldzeichen und das Errichten von Statuen in Jerusalem umfasste, sah sich die

römische Sieg – und damit verbunden die Wiederherstellung der ludischen Spielkultur als Herrschaftskonzept – ist somit ein bemerkenswertes geschichtliches Momentum. Er veranschaulicht in drastischer Weise, in welchem Maß die soziale Ordnung und die verfasste Spielordnung gegenüber anderen Herrschaftskonzepten aufeinander angewiesen sind.

In Abgrenzung dazu lässt sich eine zweite Front feststellen: die bereits bekannte Ablehnung einzelner Spielarten von Gewinnspielen wie Würfel- oder Wettspielen. Nicht nur in Palästina, sondern auch in Rom ist der Gesetzgeber in steter Sorge vor der vermeintlichen Zügellosigkeit beliebter Gewinnspiele und vor den Ausschweifungen, die solchen Freizeitvertreib begleiten – aber auch vor den Gewinnchancen, die glücklichen Spielern die rasante Mehrung ihres Vermögens versprechen.[63] Diese Gewinnspiele haben mit den ordnungserhaltenden Spielen der „panem et circenses" nichts gemein – ganz im Gegenteil: Da die römische Standesordnung hermetisch geschlossen ist und auf die Verteilungskontrolle des materiellen Vermögens achtet, ist es aus der Perspektive der Herrschaftselite vorteilhaft, gewinnorientierte Glücks- und Geldspiele zu verbieten.[64] Genau dies geschieht seit dem dritten Jahrhundert. So stellt das „lex alearis" das Würfelspiel gesetzlich unter Strafe – mit Ausnahme weniger Festtage im Jahr.[65] Im politischen Machtkampf findet sich oft der taktische Einsatz einer glücksspielkritischen Argumentation. Berühmt geworden ist die Karikatur Senecas in seiner „Apocolocyntosis" (XIV, 4-XV, 1), in der er die Spielbesessenheit des römischen Kaisers Claudius anprangert und ihn in der Unterwelt beim Spielen mit einem durchlöcherten Würfelbecher darstellt.[66] Cicero wiederum diffamiert seine politischen Rivalen, indem er sie als Spieler und Würfler bezeichnet.[67]

---

jüdische Bevölkerung in ihrer religiösen Selbstbestimmung massiv eingeschränkt; siehe hierzu Reza Aslan, Zelot. *Jesus von Nazaret und seine Zeit* (Reinbek: Rowohlt Verlag, 2013).
[63] Michael Maaß, „Wie haben die Griechen und Römer gewettet? – Zur antiken Sportwette", in *Volles Risiko! Glücksspiel von der Antike bis heute*, hg. von Badisches Landesmuseum (Karlsruhe: G. Braun Buchverlag, 2008), 148–52.
[64] Hattler, „‚... und es regiert der Würfelbecher' – Glücksspiel in der Antike", S. 29–30.
[65] Hattler, S. 29–30; siehe auch Ulrike Näther, *Zur Geschichte des Glücksspiels* (Hohenheim: Forschungsstelle Glücksspiel der Universität Hohenheim, 2005), S. 15 ff.
[66] Schädler, „Von der Kunst des Würfelns", S. 22.
[67] Hattler, „‚... und es regiert der Würfelbecher' – Glücksspiel in der Antike", S. 29–30.

Trotzdem ist das Spielen mit dem Zufall aus dem antiken Rom nicht wegzudenken. Die Bürger aller Standesschichten, einschließlich der Senatoren und späteren Imperatoren, frönen dem Würfeln und schließen Wetten mit hohen Einsätzen ab. Das Gewinnspiel bleibt also fester Bestandteil des Alltags und Stadtbildes – allen Versuchen zum Trotz, Glücks- und insbesondere Würfelspiele als „Zeitverschwendung [...], als schändlich, [...] ruinös [...], als lasterhaft, verderblich, geistesverwirrend" zu moralisieren:[68]

> „Überall wurde gespielt, sei es zum reinen Vergnügen oder um Geld: nicht nur in finsteren Kaschemmen, sondern auch auf öffentlichen Plätzen wie dem Forum, im familiären Kreis und in allen Gesellschaftsschichten."[69]

Der Rückblick auf die Antike zeigt: Das Spiel mit dem Zufall und der Ungewissheit, vor allem in Gestalt gewinnorientierter Spiele mit Einsatz, ist omnipräsent – im Alltag ebenso wie in der Hochkultur. Jedoch sind Glücksspiele, ihre Regeln und Grenzen permanenter Gegenstand der politischen Diskussion. Je mehr Spielordnungen zum konstitutiven Teil einer sozialen Ordnung werden, desto rigider werden auch die öffentlichen Kontroll- und Sanktionsmechanismen. Politische Eingriffe in die antike ludische Kultur sind damit stets auch Machtfragen, die keine finale Antwort zulassen, sondern immer wieder neu gestellt werden. Die Grundprinzipien des Spielens – so das erste Fazit – erscheinen weithin immun gegen ausgefeilte politische Steuerungs- und Kontrollsystematiken; dies gilt gerade auch für materielle Gewinnspiele. Mit dieser Schlussfolgerung im Hinterkopf soll es nunmehr um das Mittelalter gehen.

1.2.2 Das Mittelalter: von Teufelswerk und abgekartetem Spiel

Zu den bereits aus der Antike bekannten Würfel- und Brettspielen kommen im Mittelalter weitere Spielarten hinzu. Dazu gehören vor allem neue Wettspiele sowie Kartenspiele, die sich schnell großer Beliebtheit erfreuen. Mit den Kreuzzügen verbreiten sich diese Spiele rasch in ganz Europa

---

[68] Hattler, S. 30.
[69] Hattler, S. 30.

und darüber hinaus. Erste mechanisch-technologische Fortschritte, vor allem ab dem Spätmittelalter, schaffen die Voraussetzung für das Aufkommen von Losspielen und legen einen Grundstein für eine neue Art von automatisierten Gewinnspielen.[70] Auch im Mittelalter begeistern sich die Menschen für Gewinn-, Wett- und Gesellschaftsspiele. Gespielt wird weiterhin über alle sozialen Schichten und Stände hinweg. Wie in der Antike finden auch hier Auseinandersetzungen über die definitorisch-regulatorische Abgrenzung und die Gefahren von Gewinnspielen statt. Die wirkmächtigste Kritikerin ist, wenig überraschend, die katholische Kirche, die vor allem die sittliche Verwerflichkeit von Würfel- und Geldspielen tadelt. Die weltlichen Eliten der Ständegesellschaft kommen wiederum mit zwei entscheidenden Grundprinzipien des Spiels kaum zurecht: der Freiheit und der Gleichheit der Spieler.

Gerade die Bedeutung von Gleichheit und Freiheit als Spielprinzipien beim gewinnorientierten Spiel mit dem Zufall birgt stets eine latente, subversive Gefahr für die weltliche und klerikale Obrigkeit. Diese ständisch strukturierte Obrigkeit sieht sich direkt und indirekt mit einem Regelsystem von Spielen konfrontiert, dessen Logik auch der strikt hierarchischen Gesellschaftsstruktur der Zeit widerspricht. Im Mittelalter beginnt diese Obrigkeit daher erstmals, sich systematisch und intensiv mit den unterschiedlichen und sich kontinuierlich erweiternden Spielarten auseinanderzusetzen und diese systematisch nach sozialen und politischen Kriterien zu klassifizieren. „Gefährliche", also unzulässige, und „ungefährliche", damit zulässige Spiele gilt es somit nach politischen Kriterien in Ordnungssysteme zu integrieren. Während die Obrigkeit anfangs eher versuchsweise vereinzelte Restriktionen auferlegt oder einzelne Spiele unter Strafe stellt, entwickelt sich über die nächsten Jahrhunderte ein immer detaillierteres System aus Regulierungen und Sanktionsmechanismen, welches – je nach Land und Epoche – in einem umfassenden Glücksspielverbot gipfeln kann.

Dieses Geflecht von Praktiken und Diskursen, welches den Gewinnspielen in der jeweiligen Gesellschaft ihren Platz zuweist, lässt sich angelehnt an Foucault als Dispositiv bezeichnen.[71] Dispositive

---

[70] Näther, *Zur Geschichte des Glücksspiels*.
[71] Siehe Michel Foucault, *Dispositive der Macht. Über Sexualität, Wissen und Wahrheit* (Berlin: Merve Verlag, 1978); Gilles Deleuze, „Was ist ein Dispositiv?", in *Spiele der Wahrheit. Michel Foucaults*

sind Ordnungssysteme, die aktuelle Wissensbestände, Sprachregelungen und Handlungsweisen in einem gesellschaftlichen Themenfeld – hier: dem Spiel – bündeln. Dabei ist es unerheblich, ob Menschen diesem Ordnungssystem bewusst oder unbewusst folgen. Derartige Dispositive sind keine festgefügten Einheiten, sondern einem permanenten gesellschaftlichen und historischen Wandel unterworfen; sie sind von feinen Machtlinien, also Formen subtiler Einflussnahme durch die beteiligten Akteure, die diesen Wandel antreiben, durchdrungen. Dispositive geben Menschen einen Handlungsrahmen vor, in dem sie sich „sozialkonform" bewegen können. Die Steuerungsmechanismen dieser Dispositive lassen sich anhand ihrer Machtlogiken detailliert beschreiben. Die Machtlogik von Regelspielen, vor allem von den hier entscheidenden Gewinnspielen, lässt sich ab dem Mittelalter zunehmend besser erfassen, da immer mehr Wissens-, Kontroll- und Regulierungsmechanismen auftreten, die sich auf Gewinnspiele beziehen.[72]

Der mittelalterliche – wie schon der antike – Spieler lässt sich offensichtlich nur sehr schwer von seiner Spielleidenschaft abbringen. Hier lässt sich also die bereits in der Antike erkennbare Machtlogik wiedererkennen und weiter bis in die Spätmoderne verfolgen.

Mit der Zunahme der Diskussion über die „Gefährlichkeit" zufallsbasierter Gewinnspiele, die zunehmend explizit als „Glücksspiele" bezeichnet werden, verstärkt sowohl die kirchliche wie auch die weltliche Obrigkeit deren Regulierung – vor allem durch weitreichende Verbote und harte Strafen. Dabei entwickelt sie ein abgestuftes System zur Klassifizierung von Verstößen. Je nach Schwere reicht das Strafmaß von einfachen Geldbußen über den Verlust einzelner Rechte bis zum Ausschluss aus der Stadtgemeinschaft. Auch drakonische Sanktionen wie Prügelstrafen, Handabschlagen oder das Untertauchen werden praktiziert.[73]

Denken, hg. von François Ewald und Bernhard Waldenfels (Frankfurt am Main: Suhrkamp, 1991), 153–62.
[72] Entsprechende Maßnahmen erstrecken sich in den vergangenen Jahren allein in Deutschland von einer verschärften Abstandsregelung für Spielhallen über die Einrichtung eines bundesweiten Sperrsystems für durch Spielsucht gefährdete Personen (OASIS) bis zur Einrichtung einer Gemeinsamen Glücksspielbehörde der Länder (GGL); für eine Übersicht siehe Justus Haucap, „Glücksspielregulierung aus ordnungsökonomischer Perspektive", in *Zur Ökonomik von Sport, Entertainment und Medien. Schnittstellen und Hintergründe*, hg. von Oliver Budzinski u. a., Bd. 108, Schriften zu Ordnungsfragen der Wirtschaft (Berlin/Boston: De Gruyter Oldenbourg, 2021), 201–36.
[73] Haucap, S. 97.

Wie bereits in der Antike steht das Würfelspiel zunehmend im politischen Fokus. Frank Meier fasst die religiös grundierte Missbilligung dieses Zeitvertreibs prägnant zusammen: „Der Teufel schuf das Würfelspiel".[74] Gerade dort lässt sich anschaulich nachvollziehen, wie schwierig sich diese Regulierungsdiskussion in der mittelalterlichen Praxis gestaltet. Während das Würfelspiel im neunten Jahrhundert nur Gegenstand vereinzelter politischer Auseinandersetzungen ist, steigt es bis zum Ende des Hochmittelalters zu einem wesentlichen Verbotsthema auf.[75]

Zuerst sind es vor allem weltliche Instanzen und nicht die katholische Kirche, die erste Gesetze gegen das Würfelspiel erlassen. Interessanterweise verbietet Otto der Große im Jahr 952 explizit dem Klerus das Würfelspiel. Im zwölften Jahrhundert untersagen die Könige Heinrich II., Richard Löwenherz und Philipp August den englischen und französischen Kreuzfahrern das Würfeln.[76] Erst im 13. Jahrhundert schließt sich die katholische Kirche zusehends den zahlreichen Glücksspielverboten an. Hundert Jahre später sind Ordensangehörigen nahezu sämtliche Spielformen untersagt, und die Würzburger Synode stellt abschließend fest: „Das Würfelspiel, das Kartenspiel, das Spiel mit kleinen Würfeln, mit Ringen und mit Kugeln verbieten wir Mönchen und Nonnen strikt."[77]

Im 13. Jahrhundert entsteht eine eigenständige Ikonografie, welche die gesamte gesellschaftlich-sittliche Ambivalenz des Gewinnspiels illustriert. In zeitgenössischen Anthologien existieren zahlreiche Abbildungen, auf denen Spieler ausgelassen würfeln oder sich bei Karten- oder Brettspielen vergnügen. Ein Teil der Darstellungen ist neutral gehalten, aber andere Abbildungen unterstreichen die Sündhaftigkeit des Gewinn- und vor allem des Geldspiels. Zieht man weitere historische Quellen wie Lied-, Dramen- oder Gesetzestexte hinzu, zeigt sich, dass mit dem 13. Jahrhundert eine Hochzeit der mittelalterlichen Sittlichkeits- und Gefährdungs-

---

[74] Haucap, S. 97; siehe auch Dagmar M. Schumacher, „‚Des Teufels Spiel' – Glücksspiel in Mittelalter und früher Neuzeit", in *Volles Risiko! Glücksspiel von der Antike bis heute*, hg. von Badisches Landesmuseum (Karlsruhe: G. Braun Buchverlag, 2008), 85–92.
[75] Schumacher, „‚Des Teufels Spiel' – Glücksspiel in Mittelalter und früher Neuzeit".
[76] Walter Tauber, *Das Würfelspiel im Mittelalter und in der frühen Neuzeit. Eine kultur- und sprachgeschichtliche Darstellung* (Frankfurt am Main/New York: Peter Lang, 1987), S. 27, 60.
[77] Frank Meier, „Der Teufel schuf das Würfelspiel … Brett- und Glücksspiele im Mittelalter", in *Glück – Zufall – Vorsehung. Vortragsreihe der Abteilung Mediävistik des Instituts für Literaturwissenschaft im Sommersemester 2008.*, hg. von Simone Finkele und Burkhardt Krause (Karlsruhe: KIT Scientific Publishing, 2010), 77–101.

debatte über Gewinn- und Geldspiele beginnt. Immer mehr historische Quellen warnen die Menschen vor den „negativen" Folgen des Glücks-, insbesondere des Würfelspiels: vor „allzu große[r] Waghalsigkeit [, die] den finanziellen Ruin bedeutet", vor den „Vergehen des Fluchens, des Lügens und Betrügens, des Diebstahls, des Streitens und des Totschlags" sowie vor den allgemeinen Lastern der „Spielsucht, Geldgier und Trunkenheit".[78]

Der erste umfassende Regulierungskatalog ist weltlichen Ursprungs. Als Vorreiter für viele andere europäische Staaten erlässt der spanische König Alfons X., genannt der „Weise", im Jahr 1276 mit den „Ordenamiento de las tafurerías" (wörtlich etwa „Bestimmungen über Spiele und Spielhäuser") die erste spanische Gesetzessammlung und Spieleregulierung.[79] Darin enthalten sind konkrete rechtliche Vorgaben und Vorschriften für Spielhäuser, Kirchendiener und einzelne Spielarten wie das Würfelspiel.

Eine derart umfassende Erfassung und strukturierte Regulierung bestehender Spielformen, wie sie die „Ordenamiento" vornehmen, ist ein Novum und markiert einen historischen Wendepunkt. Die „Ordenamiento" beeindrucken vor allem durch ihre methodisch organisierte Herangehens- und Argumentationsweise. Im 13. Jahrhundert findet damit zum ersten Mal eine rechtliche Kategorisierung und Klassifizierung von Regelspielen statt. Die „Ordenamiento" lassen nicht nur darauf schließen, dass Glücks- und Geldspiele weit verbreitet sind, sondern zeigen auch, wie die mittelalterliche Ständegesellschaft auf unterschiedliche Weise von diesen Regulierungen profitiert. Zudem gibt der Gesetzestext Aufschluss darüber, welche Vorschriften zum Eindämmen von Chancen und Risiken des Glücksspiels die spanische Krone definiert und wie das Königshaus diese durchsetzen will. Beide Aspekte der „Ordenamiento" – Profitchancen und die Spezifika der Geldspielregulierung – sollen im Folgenden näher betrachtet werden.

Während die „Ordenamiento" eine Teilnahme an Gewinnspielen für das einfache Volk und junge Menschen als bedenklich einstufen, unterstreicht der Gesetzestext die Angemessenheit derselben zur Erholung des

---

[78] Meier, S. 89.
[79] Ulrich Schädler, „Organizing the Greed for Gain. Alfonso X of Spain's Law on Gambling Houses", in *Religions in Play. Games, Rituals, and Virtual Worlds*, hg. von Philippe Bornet und Maya Burger (Zürich: Pano Verlag, 2012), S. 23.

Königs.[80] Bei Verstößen müssen Adlige lediglich mit unterschiedlichen Geldbußen rechnen, von körperlichen Züchtigungen sind sie ausgenommen. Niedrigeren Standesschichten bleiben harte Strafen wie körperliche Züchtigung oder Freiheitsentzug jedoch keineswegs erspart. Als Spielorte erwähnen die „Ordenamiento" neben Tavernen und Spielhäusern auch Gerichtshäuser sowie Kirchen. Interessanterweise unterscheidet der Gesetzestext zwischen professionellen Spielern und Laien. Außerdem trennt er Geldspiele von nicht gewinnorientierten Spielen, wobei er die unterschiedlichen Spielformen differenziert aufführt und eine genaue Beschreibung vornimmt. Für Würfelspiele gelten im Gesetzestext z. B. andere Vorschriften als für Brettspiele. Und selbst diese Oberkategorien werden in weitere Unterarten eingeteilt und systematisch erfasst (bei Brettspielen unter anderem in Schach, Backgammon etc.).[81] Neben Strafbestimmungen für Fehlverhalten und Rechtsverstöße kennen die „Ordenamiento" Vorschriften für die korrekte Herstellung und Verwendung von Spielobjekten und -brettern.[82] So dürfen ausschließlich königlich lizenzierte Spielhäuser bestimmte Spielarten anbieten, um dem Falschspiel vorzubeugen. Ebenso sollen strenge Vorgaben für die Herstellung von Würfeln gleiche Gewinnchancen gewährleisten und den Einsatz gezinkter Würfel verhindern.[83]

Die Verfasser dieser Glücksspielregulierung stipulieren zudem einen Zusammenhang zwischen Gewinnspielen, vor allem Geldspielen, und Betrug, Falschspiel und anderen Formen der Kriminalität, darunter Diebstahl und Mord. In diesem Kontext fordern sie zudem mit großer Dringlichkeit einen Jugend- und Spielerschutz ein.[84] Am Thema des Spielerschutzes zeigt sich zugleich die moralische Dimension des staatlichen Vorstoßes gegen das Geldspiel; dieser sei ein Kampf gegen Verrohung, Verbrechen, Gotteslästerung und Tugendlosigkeit.[85] Diese

---

[80] Schädler, S. 29.
[81] Schädler, S. 30.
[82] Michael A. Conrad, „Randomization in Paper: Shuffling as a Material Practice with Moral Implications in the Late Middle Ages and Early Modern World", in *Pleasure and Leisure in the Middle Ages and Early Modern Age*, hg. von Albrecht Classen, Bd. 23, Fundamentals of Medieval and Early Modern Culture (Berlin/Boston: De Gruyter, 2019), S. 555 ff.
[83] Schädler, „... Une grande poignée d'argent soit acquise ou perdue': Schach-, Backgammon- und Mühle-Probleme als Wettaufgaben im Mittelalter", S. 85.
[84] Schädler, S. 29.
[85] Schädler, „Organizing the Greed for Gain. Alfonso X of Spain's Law on Gambling Houses", S. 31.

1 Das Wesen des Gewinnspiels 39

Argumentation, die – systematisch zu Ende gedacht – eigentlich in einem Totalverbot münden müsste, steht freilich in einem Spannungsverhältnis zu der zweiten Regulierungsform (neben Strafmaßnahmen), die in den „Ordenamiento" angelegt ist: einer finanziellen Abgabenverordnung über Steuersätze für Geldspiele. Professionelle Spieler und Betreiber von Spielhäusern entrichten nun auch Gebühren und Abgaben an das spanische Königshaus.[86] Schon damals lässt die Obrigkeit ihre Untertanen für deren Spielleidenschaft teuer bezahlen bzw. nutzt diese zur Auffüllung der Staatskassen. Obwohl das spanische Herrschaftssystem die mittelalterliche Geldspielkultur moralisch verdammt, profitiert sie finanziell erheblich von ihr – ein Phänomen, das sich auch in Zukunft weiter beobachten lässt.[87]

Belege für die Verrechtlichung von Gewinnspielen durch die Zunahme von Glücksspielverboten finden sich im 13. Jahrhundert auch in anderen Teilen Europas. Auch radikalere Regulierungen kommen zustande. 1255 verbietet Ludwig IX. in Frankreich gleich die komplette Herstellung von Würfeln. Ludwig IX., der den Beinamen „der Heilige" trägt, ahndet neben dem Würfelspiel konsequenterweise auch die damit verbundene Blasphemie strengstens. So soll er „wegen Fluchens beim Spiel einem armen Sünder die Lippen mit einem heißen Eisen [haben] spalten" lassen.[88]

Im deutschsprachigen Raum des 13. Jahrhunderts erlebt die moralische Argumentation für die Eindämmung und Kontrolle des Geldspiels eine Blütezeit. Vor allem die Regulierung und das Verbot des Würfelspiels, das als Angriff auf die soziale Ordnung des Mittelalters eingestuft wird, breiten sich aus. Zahlreiche Quellen belegen die schon bekannte Ambivalenz zwischen der wachsenden Verbreitung und Beliebtheit von Geldspielen einerseits und ihrer Verteufelung andererseits.[89] Erziehungsratgeber, Ge-

---

[86] Schädler, S. 27 ff.
[87] Die in den „Ordenamiento" verwendete Klassifizierung und regulatorische Systematisierung von Spielen findet sich im späteren „Buch der Spiele" wieder, welches der spanische Hof Alfons X. 1284 fertigstellte. Diese umfassend gestaltete kulturgeschichtliche und spielhistorische Abhandlung dokumentiert detailliert bestehende Würfel- und Brettspiele. Alfons X. „der Weise", *Das Buch der Spiele. Übersetzt und kommentiert von Ulrich Schädler und Ricardo Calvo*, Bd. 1, Ludographie – Spiel und Spiele (Wien: Lit Verlag, 2009).
[88] Meier, „Der Teufel schuf das Würfelspiel ... Brett- und Glücksspiele im Mittelalter", S. 89.
[89] Meier, S. 78–80.

setzestexte, Briefkorrespondenzen oder Liedersammlungen sind in dieser Zeit voll von mahnenden Worten. Obwohl sich die regulatorischen Vorgaben und Verbote rasch vermehren und auch an Schärfe zunehmen, können sie der Leidenschaft am Spiel nie auf Dauer Einhalt gebieten. Archäologische Funde, etwa von Spielbrettern in der Latrine eines Klosters, belegen, dass die Menschen des Mittelalters sich über die geltenden Restriktionen hinwegsetzten. Dies trifft nicht nur auf den einfachen Klerus oder die ländliche und kleinstädtische Bevölkerung zu, sondern in besonderem Maße auch auf die Vertreter der weltlichen und geistlichen Obrigkeit. So entsteht eine Bigotterie, die viel Angriffsfläche bietet: Auf der einen Seite würfeln Fürsten, Herzöge, Pröpste und Bischöfe mit inbrünstigem Eifer oftmals um hohe Summen, aber auch um Ämter, Ländereien und sogar die Höhe von Geldstrafen. Auf der anderen Seite verurteilen sie als Vertreter ihrer Stände die Spielversessenheit. Sie ahnden Missbräuche zum Teil streng, ob durch Handabschlagen, Anprangern oder die Verhängung hoher Geldbußen. Der Kantor Eustach Schildo kritisierte daher Mitte des 16. Jahrhunderts heftig die moralische Heuchelei und mangelnde Vorbildrolle vieler Fürsten und sparte dabei auch nicht den Sittenverfall in den Klöstern aus.[90]

Auffallend bleibt im Mittelalter die Ambivalenz zwischen stetig zunehmenden Vorgaben und neuen systematischen Regulierungsversuchen von Gewinnspielen und dem offensichtlich durch machtstrategisches Kalkül geprägten praktischen Umgang mit den Regulierungen. Dies wird noch verstärkt durch die gesellschaftliche Ungleichbehandlung von verschiedenen Spielarten und gesellschaftlichen Gruppen von Spielern. Woher kommt diese Ambivalenz? Und wie geht das Mittelalter damit um?

Die in den bisherigen Ausführungen aufgezeigten Prinzipien des Spiels, wie die Chancengleichheit, die gleiche Ausgangslage aller Spieler im Rahmen des Regelwerks oder die Freiwilligkeit des gemeinsamen Spiels, sind den mittelalterlichen sozialen Ordnungen fremd. Die Alltagswirklichkeit des Einzelnen und die politischen Realitäten jener Zeit sind mit der Ausnahmesituation des Spiels und seinen Regeln nicht vereinbar. Diese unauflöslichen Widersprüche muss die mittelalterliche Welt nicht nur aushalten. Innerhalb der sozialen Ordnungen entwickeln sich darüber hinaus

---

[90] Meier, S. 78–80.

komplexe interne Mechanismen und Austauschprozesse, um diese Widersprüchlichkeit von Alltag und Spielgeschehen zu überbrücken oder zumindest abzufedern. Im Folgenden soll es um jene Praktiken und Diskurse gehen, die eine solche „Überbrückungsfunktion" leisten. Die beschriebenen politischen Auseinandersetzungen und die Regulierungspraktiken des Gewinnspiels helfen, sich der Systematik dieser „Überbrückungshilfen" anzunähern. Sie geben eine Antwort auf die strukturelle und unvermeidbare Ambivalenz, mit der die Herrschaftseliten das gesellschaftspolitische Phänomen des Gewinnspiels, besonders des Geldspiels, in die soziale Ordnung integrieren wollen.

Als erstes sind die Praktiken der Repression zu nennen, also Formen der direkten Machtausübung. Bis ins Hochmittelalter sind bürokratisch-administrative Prozesse in vielen Ländern noch unterentwickelt, die flächendeckende Durchsetzungskraft des Staatsapparats, wie sie in der Neuzeit entsteht, fehlt noch. Deshalb greifen die Herrschenden oft zu symbolischen Einzelstrafaktionen und hoffen auf deren abschreckende Wirkung. Beispielhaft sind die Strafkataloge des spanischen Königs Alfons X., die Prügelstrafen, Abtrennen von Körperteilen oder sogar den Verlust des eigenen Lebens enthalten. Typisch für Standesgesellschaften des Mittelalters ist außerdem die Ungleichbehandlung der Stände bei der Durchsetzung von Spielverboten und Strafmaßvergaben bzw. eine Privilegierung höherer Stände. Was in der Spätmoderne skandalös und widersprüchlich erscheint, ist integraler und akzeptierter Teil der mittelalterlichen Denklogik und erfährt erst in der frühen Neuzeit maßgebliche Veränderungskritik. Diese Ungleichbehandlung der Stände hält die Herrschaftselite jedoch nicht davon ab, untereinander kontrovers über die Sinnhaftigkeit von Gewinnspielverboten, die Definitionen von Glücksspiel *sui generis* oder über deren Regulierungs- und Durchsetzungspraktiken zu streiten. Die territoriale Zersplitterung Europas in Kaiser- und Königreiche, Fürstentümer und Bistümer führt zu einer komplexen, widersprüchlichen und fast undurchschaubaren Diskurslage; es gibt mithin nicht den einen europäischen Glücksspieldiskurs. Dies zeigt auch die gesellschaftliche Diskriminierung einzelner Spielformen bei gleichzeitiger Akzeptanz oder gar Förderung anderer. Selbst das unter hohen Adligen und Kirchendienern beliebte Schachspiel steht unter kritischer Beobachtung. Ist es zuerst nur vereinzelter Kritik ausgesetzt – viele spätmittelalterliche Städte wie Nürnberg, Marseille, Verona und Bologna erlauben das Schachspiel –[91], setzen sich letztlich auch hier Beschränkungen und Verbote durch, die mit dem Schutz der Öffentlichkeit und des Gemeinwohls gerechtfertigt werden.

Interessanter noch als die Strategien der Repression sind die mit dem Gewinnspielverbot verbundenen finanziellen Praktiken, die sich im Mittelalter weiterentwickeln. Die mittelalterlichen Herrscher finden legitimierte Handlungsmöglichkeiten, um vom Gewinnspiel als Herrschaftsorganisation selbst finanziell zu profitieren. Diese Abgaben- und Steuerpraktiken entstehen in aller Regel unabhängig von den jeweiligen Restriktionen und Verboten.[92] Viele Herrschende innerhalb Europas folgen dem Beispiel von Alfons X. und erlassen Regulierungssysteme für Gewinnspiele, vor allem Geldspiele. Sie definieren, in welchem Rahmen welche Spiele erlaubt sind, und führen schrittweise Systeme von Konzessionen und Lizenzen ein. Diese erste strukturierte Reglementierung beschränkt das Gewinnspiel auf festgelegte legale Orte und schafft Rahmenbedingungen für ein erlaubtes Spielgeschehen. Frank Meier fasst diese Entwicklung mit Blick auf das Würfelspiel zusammen:

> „Um das Laster des Spiels zu kontrollieren und auf bestimmte Plätze zu beschränken, richteten die Städte Spielbanken, Spielhäuser und -stuben ein und verpachteten diese an Privatleute, die am Gewinn beteiligt waren."[93]

Durch diese erstmalige und zugleich einnahmeorientierte Regulierung von Gewinnspiel entsteht ein neues soziales Phänomen: das unerlaubte, illegale Gewinnspiel, das aus den herrschaftlich legitimierten Definitionen und Klassifikationen von legalem Gewinnspiel herausfällt. Der Tatbestand des illegalen Gewinnspiels entfacht den politischen Streit um Kriterien und Definitionen von Gewinnspielen auf den Territorien der Landesfürsten. Jede historische Form der Gewinnspielsteuerung beschreibt somit ein spezifisches und einmaliges Ensemble von Machtpraktiken und Diskursen, in denen das unendlich variantenreiche Spiel von herrschaftlich legitimierter Legalität und Illegalität in politischen Systemen erfahrbar wird.

---

[91] Meier, S. 84–85, 90.
[92] Näther, *Zur Geschichte des Glücksspiels*; Schädler, „Organizing the Greed for Gain. Alfonso X of Spain's Law on Gambling Houses".
[93] Meier, „Der Teufel schuf das Würfelspiel … Brett- und Glücksspiele im Mittelalter", S. 93.

Die legalen Orte des Gewinnspiels etablieren sich quer durch die Welt des Mittelalters, von Würzburg, Frankfurt und Mainz bis Straßburg und Speyer. Für das implizite und potenziell paradoxe Ziel der mittelalterlichen Glücksspielregulierung, sowohl dem Sittenverfall Einhalt zu gebieten als auch Gewinnbeteiligungen abzuschöpfen, spricht auch der geregelte und kontrollierbare administrative Prozess des Gewinneinzugs, der sich am Beispiel des Würfelspiels veranschaulichen lässt. Legale Einkünfte ergeben sich hier unter anderem für Würfelhersteller, Würfelverleiher, Zähler und Pfandleiher, Wirte und Spieler. Gleichzeitig versuchen Falschspieler und Würfelfälscher auf illegalem Weg, daran zu verdienen. Diese komplexen, aber geregelten Einnahmestrukturen eröffnen den Staaten zahlreiche Optionen, über Vorgaben, Konzessionen, Steuer- und Strafbestimmungen öffentliche Einnahmen zu generieren.[94]

Um im Rahmen der Gewinnspielsteuerung diese Einnahmen langfristig zu sichern und entsprechende Abgaben politisch zu rechtfertigen, bedarf es aber einer strukturierteren Herangehensweise und Evaluation der neuen finanziellen Praktiken. Ab Mitte des 13. Jahrhunderts gelingt den Herrschaftseliten erstmals ein substanzieller Fortschritt bei ihren qualitativen und quantitativen Kategorisierungsbemühungen von Gewinnspielarten; für die Historikerin Dagmar Maria Schumacher liegt dem auch der „Aufbruch zu einer neuen Denkweise" zugrunde.[95] Diese unterscheidet sich von jener der Antike in einer entscheidenden Hinsicht: Der christliche Schöpfergott gewährt Autonomie. In diese zunächst sehr zaghaften Formen menschlicher Eigenständigkeit fallen nun auch mehr Möglichkeiten, Güter und Werte auf der Grundlage eigener Verstandesurteile gegeneinander abzuwägen. Dies greift schnell auf den Umgang mit Spielen über. So beginnt ein Gewichten von Herausforderungen, Chancen und Möglichkeiten besonders bei Gewinnspielen und ihren Spielordnungen. Der Mittelalter-Spielexperte Michael Conrad spricht ab diesem Zeitpunkt bereits von der Option einer persönlichen Gewinnbeeinflussung und blickt auf die abwägbaren Chancen einer öffentlichen Gewinnbeteiligung.[96] Auf jeden Fall zeugt eine beträchtliche Anzahl spätmittelalter-

---

[94] Meier, S. 94–95.
[95] Schumacher, „‚Des Teufels Spiel' – Glücksspiel in Mittelalter und früher Neuzeit", S. 43.
[96] Conrad, „Randomization in Paper: Shuffling as a Material Practice with Moral Implications in the Late Middle Ages and Early Modern World", S. 555 ff.

licher Abhandlungen und ganzer Würfelbücher von zunehmenden Versuchen, Erfolgsaussichten zu beschreiben und Gewinnchancen zu deuten.[97] Schon damals ergeben sich für die Menschen jene Fragen, die inzwischen sattsam bekannt sind: Wie mit dem Zufallsmoment umgehen? Lässt sich die Ungewissheit im Spiel durch Abwägung von Chancen oder eigene Geschicklichkeit eingrenzen? Die mittelalterlichen Herrscher beginnen mit ersten Klassifikationssystemen zu experimentieren, die zwischen Glücks-, Geschicklichkeits- und gemischten Spielen unterscheiden, wie Ulrike Näther feststellt.[98]

Selbst wenn es primär finanzielle Aspekte der Gewinn- und Abgabensystematik sind, die bei diesen Klassifikationsversuchen im Vordergrund stehen, rechtfertigt man das Vorgehen nicht finanzpolitisch. Sie greifen durchweg auf die Begründung des moralischen Kampfs gegen das lasterhafte Geldspiel zurück. Vor allem das Würfelspiel gilt als Zufallsspiel, bei dem der Teufel seine sprichwörtliche Hand im Spiel habe und das deshalb nicht irdisch kontrollierbar sei.[99] Dagegen regulieren die Herrscher des Mittelalters Brettspiele wie beispielsweise das Schachspiel, die eine stärker ausgeprägte Strategie- und Taktikkomponente aufweisen, erst sehr spät und weniger stark. Mitte des 14. Jahrhunderts favorisieren die Menschen zudem immer mehr Kartenspiele. Dies bringt neue, umfassende Diskussionen darüber ins Rollen, nach welchen Anteilen beim Kartenspiel die Faktoren Zufall, Logik oder Geschick verteilt sind.[100] Schnell entscheidet sich die Herrschaftselite dafür, das Kartenspiel wie das Würfelspiel zu behandeln: Es wird als laster- und sündhaft definiert und erhält die moralische Bewertung, als „Gebetsbuch des Teufels" zu dienen.[101] Herrschende in ganz Europa erlassen entsprechende Auflagen und Verbote, und sie erweitern das Narrativ der Gewinnspielsteuerung um zwei weitere wichtige und bereits erprobte Diskurse: den Schutz vor den Risiken

---

[97] Conrad, S. 555 ff.; siehe auch Meier, „Der Teufel schuf das Würfelspiel ... Brett- und Glücksspiele im Mittelalter", S. 83.
[98] Näther, *Zur Geschichte des Glücksspiels*.
[99] Meier, „Der Teufel schuf das Würfelspiel ... Brett- und Glücksspiele im Mittelalter".
[100] Annette Köger, „Spielkarten und Glücksspiel", in *Volles Risiko! Glücksspiel von der Antike bis heute*, hg. von Badisches Landesmuseum (Karlsruhe: G. Braun Buchverlag, 2008), 62–84; Schumacher, „,Des Teufels Spiel' – Glücksspiel in Mittelalter und früher Neuzeit".
[101] Köger, „Spielkarten und Glücksspiel", S. 63.

der Spielsucht und die Gefahr einer zu großen Verschuldung durch das Kartenspiel qua reinem Geldspiel.

Zur Annäherung an dieses Themenfeld sollen nicht nur die vielen Gesetzestexte und ethischen Abhandlungen herangezogen werden, sondern auch zwei intellektuelle Schwergewichte der mittelalterlichen Theologie. Beide setzen sich intensiv mit dem sozialen Stellenwert des Spiels auseinander, und zwar vor dem Hintergrund eines unauflösbaren Zusammenhangs zwischen weltlicher, diesseitiger Ordnung und ewiger, jenseitiger Ordnung:[102] Thomas von Aquin und Nikolaus von Kues fragen im 13. bzw. im 15. Jahrhundert jeweils nach dem Sinn und der Funktion von Spielen; sie sind damit zwei der prominentesten Vertreter einer philosophisch-theologischen Erschließung dieses Themenfelds und zählen noch heute zu den Vorvätern der Spieleforschung.

Ganz der mittelalterlichen Rezeptionsgeschichte der aristotelischen Philosophie verhaftet, unterscheidet Thomas von Aquin zwischen gänzlich „schändlichen" Spielen und den „ludi liberales" (freien Spielen); Thomas versteht unter letzteren solche Spiele, die unter Wahrung der Tugend und der richtigen Umstände moralisch vertretbar seien, jedoch einer sorgfältigen Regelung bedürften.[103] Gemäß Thomas erfüllen die „ludi liberales" eine gesellschaftliche Funktion als Ausgleich zu den Verpflichtungen des Alltags. Sie dienen – in geregeltem Maße – der Erholung von der alltäglichen Arbeit. Zwei zentrale Punkte fallen bei dieser Argumentation auf. Zum einen benutzt Thomas für die „guten" Spiele den Begriff „ludi liberales". „Libertas", das entsprechende lateinische Substantiv, lässt sich als „Freiheit" übersetzen. Damit erkennt Thomas ein wesentliches Grundprinzip des Spielens als entscheidend an. Zum anderen ist die Trennung zwischen Spielsituation und Alltagssituation bemerkenswert. Eine derartige Unterscheidung von Arbeit und arbeitsfreier Zeit, einem privaten und öffentlichen Raum, kennen die mittelalterlichen Gesellschaften anders als die heutigen grundsätzlich nicht. Die Trennung zwischen privat und öffentlich entwickelt sich erst zu Beginn der Neuzeit im Zusammenhang mit dem erstarkenden Bürgertum.[104]

---

[102] Siehe Fischer, *Spielen und Philosophieren zwischen Spätmittelalter und Früher Neuzeit*.
[103] Fischer, S. 97.
[104] Siehe Näther, *Zur Geschichte des Glücksspiels*.

Dass Thomas bereits diese Trennung argumentativ derart zentral heraussstellt, zeigt, wie stark das Mittelalter zwischen der alltäglichen Lebensrealität und dem Spielereignis als eigenständigem konstruierten Raum sozialen Erlebens unterscheidet. Dieser Ambivalenz liegt jedoch die Gefahr sozialen Sprengstoffs zugrunde, weshalb die Theologie versucht, sie moralisch argumentativ in „gut" und „böse" aufzulösen. Dabei schafft die mittelalterliche Theologie auch eine entscheidende Grundlage für die politisch notwendige moralische Rechtfertigung staatlich-öffentlichen Handelns in dieser entscheidenden Machtfrage. Zeitlich geht diese theologische Entwicklung nahezu Hand in Hand mit der bereits besprochenen zunehmenden Kategorisierung und Reglementierung akzeptabler und nicht akzeptabler Spiele in Gesetzestexten. Nach Thomas sind nur Spiele akzeptabel, die der Erholung von der Alltagsarbeit dienen. Das Ziel einer solchen Klassifizierung und Legitimierung einzelner Spiele besteht in der Sicherung der Arbeitsfähigkeit und Produktivität der Bevölkerung;[105] hier sieht man zugleich, wenn auch unter anderen Vorzeichen, die römischen „panem et circenses" wiederauftauchen.

Diese Kategorisierung und die damit verbundene Regulierung bringen jedoch bei Weitem nicht den gewünschten Erfolg bei der Eindämmung des Geldspiels. Gegen Mitte des 15. Jahrhunderts kritisiert der Kardinal und Theologe Nikolaus von Kues (Cusanus) die katholische Kirche für ihre Inaktivität gegenüber dem vermeintlichen Sittenverfall, den Cusanus auf die weitverbreiteten Sünden der Habgier und Gewinnsucht zurückführt. In seinen Reformvorschlägen setzt sich Cusanus mit der Funktion des Spiels auseinander, zentral ist für ihn der Grundsatz der „richtigen christlichen Lebensweise". Im Gegensatz zu Thomas von Aquins Argumentation einer Spielklassifikation von „schändlichen Spielen" und „ludi liberales" dreht Cusanus den Spieß um. Für Cusanus ist Spielen primär eine intellektuelle, philosophische und moralische Übung, die dem Menschen helfen soll, den eigenen Lebensweg zu überdenken und an die christlichen Werte anzupassen.[106] Da Cusanus gerne mit Rätselbildern und Metaphern arbeitet, erfindet er ein eigenes „ludo globi" zur Vermittlung von theologischen Inhalten. Beim Globusspiel handelt es

---

[105] Fischer, *Spielen und Philosophieren zwischen Spätmittelalter und Früher Neuzeit*, S. 92.
[106] Fischer, S. 91; vgl. dazu vielleicht v. a. auch Kurt Flasch, *Nicolaus Cusanus*, 3. Aufl. (München: C.H.Beck, 2007).

sich um eine Holzkugel mit einer Delle. Je nach Wurf und Ausrichtung ist die Kugel immer spiralförmig unterwegs und erreicht niemals ihren anvisierten Zielpunkt in der Mitte; ein solcher Treffer, so Cusanus, sei allein dem Gottessohn Jesus Christus vorbehalten. Nur so könne das Verhältnis des Menschen zu Gott verstanden werden: begreifbar, aber doch unerreichbar. Cusanus deutet den Sinn von Spielen also zu einer christlich-pädagogischen Übung um.

Mit dieser Umdeutung der theologischen Argumentation des Thomas und der gänzlichen Aufgabe der Ambivalenz bzw. semantischen Unschärfe von „guten" und „bösen" Spielen radikalisiert Cusanus das moralische Narrativ zur Rechtfertigung der Steuerung und Sanktionierung von Spielen – auch als eindeutige religiöse Antwort auf die „Sündenkrise" von Staat und Kirche im Mittelalter. Nur tugendhafte Spiele, die als Übung helfen, Gott zu finden, seien pädagogisch wertvoll und somit überhaupt erlaubt.

Sind derartige pädagogische Übungsspiele noch klassische Spiele oder verweisen sie nur noch auf ein spielerisches Verhalten, das hilfreich sein kann, um das Mysterium des Christentums nachzuvollziehen? Bei näherer Betrachtung kommt nur letztere Antwort infrage. Faktisch impliziert die praktisch-weltliche Umsetzung von Cusanus' Argumentation ein Totalverbot jeglicher Form von Spielen, da Gott bekanntlich nicht würfelt. Spiele, die vom Zufall leben, und christlicher Glaube schließen sich prinzipiell aus. Da nach christlichem Weltverständnis Gott allmächtig, allgütig, aber eben auch allwissend ist, also den Weltverlauf vom Anbeginn der Schöpfung bis zu seinem Ende kennt, muss der Gang der Geschichte von bedeutenden Großereignissen, wie Revolutionen oder Kriegen, bis zum einzelnen Würfelwurf oder dem Ziehen einer Karte vorherbestimmt sein. Mit dieser kosmologischen Einordnung nimmt Cusanus die Grundlagen vieler zukünftiger Verbotsargumentationen vorweg, die auch den Weg bis in die Prohibition finden.

Mit Thomas von Aquin und Nicolaus Cusanus lässt sich das moralische „Kern-Narrativ" des Mittelalters zur Rechtfertigung staatlicher Regulierung und Sanktionierung von Gewinnspielen in all seinen moralisch-sittlichen Schattierungen nachverfolgen. In der politischen Alltagsdiskussion jener Zeit gibt es unzählige Abwandlungen und Erweiterungen – mal einfach und mal hochkomplex – dieser Argumentationsgrundlage der beiden Großtheologen. Zwischen Thomas und Cusanus liegen fast 200 Jahre, in denen sich der Trend von einzelnen Spielrestriktionen hin zu umfassenden Verboten im ausgehenden Mittelalter konsequent fortsetzt. Im Rahmen dieser Verschärfungen und Totalverbote kommt es in einer Vielzahl von Städten zu öffentlichkeitswirksamen und symbolträchtigen Verbrennungen von Spielgegenständen. Historische Quellen dokumentieren diese Verbrennungen z. B. für Erfurt, Halle, Magdeburg, Meißen, Nürnberg, Regensburg und Wien. Allein die Stadtregierungen in Wien sollen Mitte des 15. Jahrhunderts 20.000 Würfel und 3612 Spielbretter zerstört haben.[107]

Diese aufgeheizte Gemengelage bildet die Ausgangsbasis für die einsetzende Neuzeit und Reformation. Die überall verbreitete Spielleidenschaft und die Beliebtheit verschiedenster Gewinnspiele sind weder durch eine strenge Morallehre noch durch die begleitenden Tugend- und Sittlichkeitsdiskurse oder repressive Machtpraktiken aufzuhalten. Die Ambivalenz von Alltagswelt und Spiellogik spaltet die Ständeordnung des Mittelalters vertikal und horizontal in Befürworter und erbitterte Gegner. Die Ausnahmesituation des (Gewinn-)Spiels und die Alltagsrealität in den sozialen Ordnungen des Mittelalters „zu versöhnen" und die Gegensätze gesellschaftlich zu entschärfen, gelingt nicht. Gewinnspiele, die die einen als verwerflich erachten, gelten für andere – unter gewissen Rahmenbedingungen – als gesellschaftlich akzeptabel. Die mittelalterliche Herrschaftselite findet keinerlei gemeinsames Vorgehen. Während sie einige Spielformen vollständig verbietet, sind andere unter strengen Auflagen oder Konzessionen zulässig und werden geduldet. Gleichzeitig haftet nahezu allen Gewinnspielen konsequent der Ruf des Sünd- und Lasterhaften an. Die Geschichte des mittelalterlichen Gewinnspiels bringt weder ansatzweise die Ambivalenzen und argumentativen Widersprüche noch die soziostrukturellen Diskrepanzen des Spielens in ein Gleichgewicht. Zudem kommen neue Spielformen und -varianten hinzu, die dem Umgang mit dem Spiel in der Neuzeit ein noch variantenreicheres Gesicht geben werden. Dieses Ergebnis ist freilich wenig überraschend, wenn man bedenkt, dass die Neigung zum Spiel eine anthropologische Konstante ist, die dem Menschen weder aberzogen noch durch moralisch-sittliche

---

[107] Meier, „Der Teufel schuf das Würfelspiel ... Brett- und Glücksspiele im Mittelalter", S. 90.

Reflexion ausgetrieben werden kann. Sie bleibt ein wesentlicher Teil der *conditio humana* und damit auch eine kontinuierliche Herausforderung für weltliche und geistliche Machteliten gleichermaßen.

1.2.3 Neuzeit: Übergangszeit und bürgerlicher Neubeginn

Zu Beginn der Neuzeit, die mit der Wende vom 15. zum 16. Jahrhundert anhebt, ist Europa noch politisch in viele Territorien zersplittert, religiös tief verunsichert und sozial noch in einem mittelalterlichen Ständesystem gefangen. Dreihundert Jahre später steht der zivilisationsdynamische Sprung in die Moderne – ausgelöst durch die amerikanische und französische Revolution. Die Neuzeit ist mehr als eine Übergangszeit. Sie verhilft der Aufklärung zum Triumph, führt die wissenschaftliche Rationalität zu einer neuen Blüte, befreit den Menschen aus dem Korsett von Gilden, Leibeigenschaft und Standesdenken und schafft durch die Entfesselung des Bürgertums die Voraussetzung für ein marktzentriertes Wirtschaftssystem.

All diese Veränderungen begleiten und verändern auch den Umgang mit Spielen und ihren Regelwerken. Gerade Geldspiele wecken weiter die Begehrlichkeiten einer Herrschaftselite, die sich langsam, aber stetig transformiert. Der Zugang von Menschen und Schichten zu Gewinnspielen verändert und vergrößert sich. Die territoriale Zerstückelung und staatliche Neustrukturierung Europas kostet viel Geld und verhilft Lotterien zum Durchbruch. Die Reformation hinterfragt das moralische Narrativ zur Rechtfertigung der Gewinnspielregulierung. Das Zeitalter der Rationalität professionalisiert den machtstrategischen Umgang mit Gewinnspielen, ebnet der Wahrscheinlichkeitsrechnung den Weg und fördert neue Technologien der mechanischen Automatisierung von Gewinnspielen.

Dennoch bleiben Gewinnspiele auch in dieser Epoche Gegenstand moralischen Tadels. Besonders im Zuge der Reformation wächst die religiös motivierte Kritik zu einer Grundsatzfrage, die sich prinzipiell gegen alle Arten von Gewinnspielen, insbesondere aber gegen Geldspiele richtet. Dennoch befassen sich Regierungen intensiv mit der Gewinnspielsteuerung. Sie verschärfen die Regulierungen sowie die Kontroll- und Strafmechanismen. Sie entwickeln die Steuer- und Abgabenpolitik über Geldspiele weiter und füllen damit die notorisch leeren Staatskassen immer wieder auf. Über verfeinerte Klassifizierungssysteme, eine vermehrte Standardisierung von Geldspielen und eine gezielte Förderung bestimmter Spielarten lassen sich beträchtliche Steuereinnahmen aus der Spielfreude der Menschen generieren. Kriegsführung, Schlösserbau, Verwaltungsbesoldung oder auch soziale, kirchliche oder kulturelle Vorhaben werden über solche finanziellen Zuwendungen finanziert. Gerade die in der Neuzeit neu geschaffenen Lotterien leisten einen nicht unwesentlichen finanziellen Beitrag für die öffentlichen Finanzen. Im Gegenzug helfen diese Einnahmen, staatliches Handeln verwaltungstechnisch zu rationalisieren und machtstrategisch zu optimieren.

Mit den Einführungen der Lotterien ändert sich vor allem die Zugangsfrage zu Gewinn- und Geldspielen. Bereits im 16. und 17. Jahrhundert gelingt es den neuen spielbegeisterten Bürgerschichten, die komplexen und hierarchischen Ständestrukturen langsam aufzubrechen und Zugangs- und Regulierungsprivilegien des Adels und Klerus zu Gewinnspielen für das Bürgertum selbst zu öffnen bzw. entsprechende Beschränkungen abzuschaffen. Mit der Einführung von Geldspielen wie Lotto erweitert sich diese Öffnungspolitik noch einmal beträchtlich, denn Lottospiele begeistern vor allem die unterprivilegierten Schichten, wie etwa Kleinhandwerker, Lohnarbeiter, selbstständige Nichtzünftige, Gesellen, Gesinde etc. Mit dem Aufkommen der Lottospiele gibt es nun erstmals Geldspielarten, die für alle Bewohner einer Stadt oder eines Territorialstaates zugänglich sind. Daher stellt sich die Frage: Wie geht die Herrschaftselite der Neuzeit mit diesen gesellschaftlichen Veränderungen um, und welche Lehren zieht sie aus den machtstrategischen Erfahrungen des Mittelalters im Umgang mit Gewinnspielen? Wie integriert diese Elite eine zunehmende Ambivalenz von Spielen als Ausnahmesituation in ihre sozialen Ordnungen? Verändern sich die „Überbrückungsfunktionen" von Praktiken und Diskursen, um diese Ambivalenz einzuhegen und eine größere Akzeptanz zu schaffen, als sie im Mittelalter Bestand hatte?

Die Reformation und das Aufkommen des Bürgertums verändern die Konstellation der gesellschaftspolitischen Akteure, die über den Umgang mit und die Bewertung von Gewinnspielen entscheiden. Zum einen verbreiten sich die moralischen Argumentationslinien unter den katholischen und reformatorischen Akteuren. Zum anderen treffen die kirchlichen Moralvorstellungen auf ein wachsendes bürgerliches Selbstverständnis und ein langsam erwachendes Freiheitsgefühl der unterprivilegierten Schichten. Entscheidende Stimmen in den komplexen und sehr kontrovers geführten Diskussionen um Gewinnspiele kommen dabei nicht nur aus dem kirchlichen oder staatlichen Raum, sondern aus den unterschiedlichsten, meist bürgerlichen Teilen der neuzeitlichen Gesellschaft. Oft überschneiden und vermischen sich rationale Argumentationsmuster mit gesellschaftspolitischen Wunschvorstellungen der Befürworter und Kritiker von Gewinnspielregulierungen. Vor allem geschieht dies, wenn wirtschaftliche und fiskalische Interessen auf religiöse und moralische Überzeugungen treffen. Schnell stehen dann die Verfechter von egalitären Bürgerrechten den Verteidigern einer hierarchischen Gesellschaftsordnung mit ihren politischen, ökonomischen und rechtlichen Privilegien gegenüber. Fasst man diese Diskussionen zusammen, dann stößt man schnell auf die aus der Antike und dem Mittelalter bekannte Kernherausforderung: die Ambivalenz einer spielerischen Ausnahmesituation, die sich durch Chancengleichheit, Freiheit und Leidenschaft auszeichnet, aber in den alltäglichen Gegebenheiten einer monarchistischen Ständeordnung situiert ist, die ihre Legitimität aus dem Gottesgnadentum bezieht.

Was das erstarkende Bürgertum in der Neuzeit als maßvolle Erholung und Ausgleich zu Arbeit und Alltag im Gewinnspiel erlebt, stellt sich für große Teile der weltlichen und klerikalen Herrschaftselite weiterhin als gefährlicher, verschwenderischer Exzess oder sogar als Ausdruck systemsprengender Subversion dar. Die tiefen Gräben der neuzeitlichen Gewinnspielbefürworter und -kritiker verlaufen daher oftmals entlang der sehr gut erforschten gesellschaftspolitischen und sozioökonomischen Bruchlinien jener Epoche.

Diese tiefen sozialen und politischen Verwerfungen offenbaren sich in der Epoche der Reformation. Im 16. und 17. Jahrhundert versuchen Staat und Kirche, über das gemeinsame Bekenntnis von Glauben und staatlicher Einheit (*cuius regio, eius religio*) im Heiligen Römischen Reich Deutscher Nation diese politische Krise des Reichs zu überwinden: Jeder Landesfürst, so das verheerende Rechtsprinzip, das später in den Dreißigjährigen Krieg führen wird, könne seinen Untertanen ihre Religion vorschreiben. Verändert diese politisch-religiöse Bekenntnispolitik die aus dem Mittelalter übernommene moralische Argumentation zur Rechtfertigung der Gewinnspielsteuerung?

Die katholischen Länder tragen eher die mittelalterliche moralische Argumentation im Sinne Thomas von Aquins weiter. Sie plädieren zusehends für eine Trennung von Arbeit und Erholungszeit, was grundsätzlich ein Nein zu „bösem" Gewinnspiel bedeutet, aber „gutes" Gewinnspiel weiterhin ermöglicht. Reformistisch geprägte Länder lassen diese Unterscheidung in „gute" und „böse" Gewinnspiele nicht gelten. Die von der Reformation geprägte Elite beruft sich auf die spätmittelalterliche Argumentation von Cusanus. Spiele seien nur als pädagogische „Übungsspiele auf dem Weg zu Gott" legitim. Damit bleibt Gewinnspiel grundsätzlich sündig.[108]

Die protestantischen Ideale einer Berufspflicht bzw. einer moralischen Pflicht, arbeitstätig zu sein, sowie der Mäßigkeit und Sparsamkeit stehen im Widerspruch zur spielerischen Leidenschaft und Inkaufnahme materieller Verluste durch Wagnisse im Spiel.[109] Der am strikten Wortlaut der Bibel orientierte Puritanismus, der seinen größten Einfluss zunächst Mitte des 17. Jahrhunderts unter dem englischen Militärdiktator Oliver Cromwell und später in den amerikanischen Kolonien entfaltet, ist ein unbeugsamer Gegner des Spiels – und wird dies auch bis in die Gegenwart bleiben. Dasselbe gilt für die schweizerische Reformationslinie des Calvinismus, jene auf den Theologen Johannes Calvin zurückgehende Kirchenfamilie, die Wirtschaftlichkeit und Produktivität als Ausdruck der Begünstigung durch Gott begreift.[110] Einer der Väter der Soziologie, Max Weber, beschreibt diesen Phänomenkomplex später im Zusammenhang mit dem aufkommenden Kapitalismus als „protestantische Arbeitsethik": Das Phänomen der Arbeit wird zum zentralen Wegweiser zu Gott und zum Pfad zur Erfüllung des menschlichen Daseins.[111]

---

[108] Mark Lutter, „Konkurrenten auf dem Markt für Hoffnung: religiöse Wurzeln der gesellschaftlichen Problematisierung von Glücksspielen", *Soziale Probleme* 22, Nr. 1 (2011): 28–55.
[109] Reichertz u. a., *Jackpot. Erkundungen zur Kultur der Spielhallen*, 16:S. 29–30.
[110] Siehe Lutter, „Konkurrenten auf dem Markt für Hoffnung: religiöse Wurzeln der gesellschaftlichen Problematisierung von Glücksspielen".
[111] Max Weber, „Die protestantische Ethik und der ‚Geist' des Kapitalismus", in *Die protestantische Ethik und der „Geist" des Kapitalismus. Neuausgabe der ersten Fassung von 1904-05 mit einem Ver-*

Gewinnspiele haben in diesem reformistischen Denken keinen Platz. „Weil Glücksspiele Gewinne leistungsfrei verteilen, widersprechen sie einer asketisch-rationalen bürgerlichen Lebensführung", so der Wirtschaftssoziologe Mark Lutter.[112] Kurzum: Materiellen Wohlstand muss man sich verdienen und nicht erspielen. Wer sich zudem ohne guten Grund bzw. aus reiner Lust am Nervenkitzel ins Risiko des Gewinnspiels stürzt, der missachtet bewusst die von Gott verliehene Gabe rationaler Entscheidungsfindung. Alles auf Rot zu setzen ist deshalb nicht nur unvernünftig – es ist auch verantwortungslos und damit unsittlich.

Lutter zeichnet in einer empirischen Erhebung eindrucksvoll nach, dass die protestantisch grundierte Gewinnspielfeindlichkeit in der Bundesrepublik den schleichenden Niedergang der Kirchen als moralische Leitinstanzen überraschend intakt überstanden hat.[113] Gerade im bürgerlichen Milieu ist auch unter jenen Personen, die sich nicht als dezidiert fromm bezeichnen, eine tiefe Abwehrhaltung gegen das Gewinnspiel verwurzelt. „In Deutschland bedeutet demnach höheres Einkommen auch verstärkte Opposition gegenüber dem Glücksspiel […]. Dies deutet darauf hin, dass die Opposition in Deutschland sich stärker aus materiellen, leistungsbezogenen Werten speist", resümiert Lutter.[114] So lebt die religiöse Doktrin auch in zunehmend säkularen Zeiten implizit fort.

Freilich ist zu Beginn der Neuzeit auch explizit die Diskursmacht des Klerus noch lange ungebrochen. Liberale, gewinnspielfreundliche Gegenpositionen wie die von William Shakespeare finden wenig Resonanz. Der große Dramatiker schreibt: „Arbeit, Gebet, Mahl, Schlaf, Spiel: das sind die fünf Finger unserer Lebenshand"[115], doch seine Haltung ist in der Neuzeit noch nicht konsensfähig. Dem Mittelalter folgend, bleibt das moralische Narrativ zur Rechtfertigung der Glücksspielregulierung weiter vorherrschend und akzeptiert. Damit bietet die Neuzeit auch keine neue Option für eine gesellschaftlich akzeptable „Überbrückungsfunkti-

---

zeichnis der wichtigsten Zusätze und Veränderungen aus der zweiten Fassung von 1920, hg. von Klaus Lichtblau und Johannes Weiß (Wiesbaden: Springer VS, 2016), 27–173.
[112] Lutter, „Konkurrenten auf dem Markt für Hoffnung: religiöse Wurzeln der gesellschaftlichen Problematisierung von Glücksspielen", S. 32.
[113] Lutter, S. 32.
[114] Ibid.
[115] Institut für Ludologie, „Zitate und Sprüche zum Spielen", 2020, https://www.ludologie.de/multiplayer/detailansicht/news/zitate-zum-spielen (zugegriffen am 30.07.2020).

on" zwischen der Ambivalenz der Ausnahmesituation des Spiels und der Alltagsrealität der sozialen Ordnungen der Neuzeit an. Für die Mehrheit der religiös geprägten Eliten stellt das Gewinnspiel weiterhin eine gefährliche Herausforderung für die sozialen Ordnungen dar. In den Vereinigten Staaten wird sogar noch bis 1915 eine religiös motivierte Rechtfertigung von Gewinnspielregulierung – die Verurteilung des Gewinnspiels als individuelle Sünde – dominieren.[116]

Doch die Saat der Veränderung ist längst gesät. Die Entwicklung vom „Bekenntnis zu Gott" zum „Prinzip der Vernunft" vollzieht sich mit der Aufklärung in allen gesellschaftlichen Machtfeldern – von der Wissenschaft über die Kunst bis zur Politik und Religion. Zwar verschwinden weder die Kritiker noch die moralisch-religiösen Argumentationsstrukturen gegen das Gewinnspiel, doch die politischen, wirtschaftlichen und philosophischen Entwicklungen revolutionieren die sozialen Ordnungen der Neuzeit. In diesen Veränderungsstrudel geraten zugleich der Umgang mit dem Phänomen des Spielens und seine Konzeptionalisierung und gesellschaftliche Einordnung.

Mit dem Aufstieg des Bürgertums verbinden sich in ganz Europa viele Hoffnungen auf Freiheit und Fortschritt. Diese Hoffnungen erfüllen sich beim Gewinnspiel aber zunächst überhaupt nicht. Die Reformation bringt weitere strenge Regulierungen und Strafmaßnahmen für Gewinnspiele. Die legalen Spielorte erhalten weitreichende Konzessionierungsvorgaben. Zusehends versucht die Herrschaftselite, die Gewinnspielsteuerung mit ihren stetig wachsenden Verwaltungsapparaten zu kontrollieren und die Effizienz der Gewinnspielregulierung zu steigern. Das fiskalische und regulatorische Interesse der Regierenden geht in der Neuzeit nicht verloren. Im Gegenteil, die Neuzeit stellt einen neuen Höhepunkt in der politischen Gewinnspielsteuerung dar, insofern Regierungen im 17. Jahrhundert zum ersten Mal staatliche Monopole für Gewinnspiele einführen und durchsetzen.[117] Zum Symbol dieser neuen Machtpraktik

---

[116] Bo Bernhard, Robert Futrell und Andrew Harper, „,Shots from the Pulpit:' An Ethnographic Content Analysis of United States Anti-Gambling Social Movement Documents from 1816–2010", *UNLV Gaming Research & Review Journal* 14, Nr. 2 (2010): S. 18–22.

[117] Manfred Zollinger, *Geschichte des Glücksspiels. Vom 17. Jahrhundert bis zum Zweiten Weltkrieg* (Wien: Böhlau, 1997); Ulrike Näther, „,Das große Los' – Lotterie und Zahlenlotto", in *Volles Risiko! Glücksspiel von der Antike bis heute*, hg. von Badisches Landesmuseum (Karlsruhe: G. Braun Buchverlag, 2008), 99–140.

wird das Lotteriespiel. Erste Vorformen von „Los-Lotterien" beschreibt Gerald Willmann bereits in der biblischen Zeit, in den Büchern Numeri, Jonas und den Sprüchen. Über die Orakel-Lose der Griechen, die Los-Verteilungen in der römischen Republik und im Kaiserreich und ein eher juristisches „Losvergabeverfahren" in der germanischen Stammeskultur („Gottesurteile") überlebt der Grundgedanke des Lotteriespiels bis in die frühe Neuzeit.[118]

Weitere sehr rudimentäre Lotterieformen, die keine Geldgewinne kennen, gibt es ab dem Ausgang des 15. Jahrhunderts in Städten wie Augsburg, Straßburg, Hildesheim oder Nürnberg. Hier bieten private „Glückstöpfer" auf großen Festen „Glückstöpfe" an, aus denen man Lose mit immateriellen Gewinnen ziehen kann. Aber erst Mitte des 16. Jahrhunderts entsteht in Genua die Idee, ein Losverfahren für die Auswahl von Ratsmitgliedern zu einem Wettspiel weiterzuentwickeln. Aus dem Wettspiel entsteht im nächsten Schritt ein reines Geldspiel: Die Genuesen schreiben anstelle von Namen einfach Zahlen auf die umfunktionierten Loszettel. Mit „5 aus 90" ist das Geldspiel Lotto geboren und der Genuese Benedetto Gentile darf sich rühmen, der erste und sehr erfolgreiche Lottospielanbieter der Neuzeit zu werden. Erste große Lotterien aus England kommen hundert Jahre später auf. Unter den deutschen Staaten ist die Stadt Hamburg, die 1614 mit einer großen Lotterie startet, Vorreiterin. Im 17. Jahrhundert verbreitet sich Lotto als Gewinnspiel rasant in ganz Europa. Was als Ratsherrenlos und dann als Wettverfahren begann, begeistert vor allem die einfachen Leute. Die Hoffnung auf schnellen und unkomplizierten Wohlstand ist eng mit dem Erfolg des Lottospiels verbunden.[119] Lotterien zählen bald zu den beliebtesten Geldspielen, nicht zuletzt wegen ihrer Einfachheit. Die Veranstalter unterscheiden bei dieser Geldspielart primär zwischen Klassen- und Zahlenlotterien. Während Klassenlotterien aufgrund der hohen Geldeinsätze vor allem vermögenderen Spielern vorbehalten sind, laden Zahlenlotterien oder einfache Lotterien bereits durch den verhältnismäßig niedrigen Einsatz schicht-

---

[118] Gerald Willmann, „The History of Lotteries", 1999, http://willmann.com/~gerald/history.pdf (zugegriffen am 03.03.2024).
[119] Näther, „,Das große Los' – Lotterie und Zahlenlotto", S. 99.

übergreifend alle Interessierten ein. Mit Lotto werden Geldspiele in der Neuzeit massentauglich – und zu einer wichtigen Einnahmequelle.[120]

Im Wissen um diese Entwicklung reagiert die Herrschaftselite auch umgehend.[121] Die Regierungen in Europa beginnen schnell mit der staatlichen Konzessionierung von Lotterien. Durch weitreichende Verbote schieben sie Privatveranstaltern einen Riegel vor. Am Ende dieser Entwicklung und einer langen konfliktreichen Auseinandersetzung um das Geldspiel Lotto steht konsequenterweise die staatliche Monopolbildung des Lottospiels im 18. Jahrhundert, die sich bis ins heutige 21. Jahrhundert fortsetzt.[122] Dennoch liegen erstaunlicherweise 60 Jahre zwischen der ersten Klassenlotterie in Berlin von 1703 und der preußischen Monopolverfügung zum Verbot privater und staatsfremder Lotterien von 1763. Wichtig für die moralische Rechtfertigung eines staatlich monopolisierten Lotterieangebots wird auch die präzise Benennung des Finanzierungsziels. Neben der Sicherung des Staatshaushaltes als Daseinsvorsorge für Bürger und Gemeinwesen gibt die Herrschaftselite überall in Europa oft genaue Auskunft über die Art der zu finanzierenden Projekte. Darunter finden sich viele Infrastruktur- und Sozialvorhaben. Dieses Vorgehen greift auf die bekannte aristotelisch-thomistische Denkstruktur zurück: Lotterien seien ethisch gute Spiele, weil ihr Gewinn einem ethisch guten Zweck diene. Der württembergische Herzog Eberhard Ludwig führt 1704 eine „Leibrentenlotterie" ein, die seinen Schlossbau ermöglicht. Das Großherzogtum Baden veranstaltet Klassenlotterien zur Finanzierung seiner Infrastruktur, bei der besonders das Eisenbahnwesen profitiert, und zwar bis Ende des 19. Jahrhunderts. Reutlingen nutzt Lotterien, um den Wiederaufbau der Stadt nach einem verheerenden Feuer 1726 zu bestreiten.[123] Auf Anraten Giacomo Casanovas gründet das Königshaus Bourbon für den Bau der Pariser Offiziersschule, die École Militaire, eine eigene königliche Lotterie; aber bisweilen ist das Ziel kein anderes als das Begleichen staatlicher Schulden, so etwa An-

---

[120] Näther, S. 101.
[121] Gerhard Meyer und Meinolf Bachmann, *Spielsucht. Ursachen und Therapie* (Berlin/Heidelberg: Springer, 2000), S. 7.
[122] Reichertz u. a., 16:S. 30.
[123] Reichertz u. a., 16:S. 100.

fang des 18. Jahrhunderts, als Frankreich eine Lotterie auslobt, um die Zahlungsrückstände des absolutistischen Regimes zu kompensieren.[124]

Natürlich richtet sich das neuzeitliche regulatorische Interesse nicht nur auf die Verstaatlichung des Lottospiels, sondern integriert auch die Regulierungsmechanismen der bekannten umstrittenen Geldspiele aus dem Mittelalter in einen politischen Gesamtprozess der Gewinnspielsteuerung.[125] Innerhalb dieser komplexen und hochumstrittenen Gewinnspieldiskussion erfährt das moralische Narrativ eine politische Ergänzung. Die Herrschaftselite erweitert die Legitimationsgrundlage der Gewinnspielsteuerung um die finanzpolitische Notwendigkeit, Staatseinnahmen zu generieren, welche wiederum die Handlungsfähigkeit der administrativen Institutionen sicherstellen sollen. Damit zeigt sich eindrucksvoll, dass eine rein moralische Begründung für ein staatliches Monopolinstrument im Geldspielbereich allein nicht (mehr) ausreicht.

Wenn auch in der Neuzeit die Lotterien das prominenteste Beispiel für diese Entwicklung bieten, trifft diese Erweiterung auf alle regulierten Geldspiele zu. Bereits 1581 wird in Frankreich das Kartenspiel besteuert. Vergleichbare Steuern führen die Lombardei, Holland und Österreich ab 1606 ein. Gleiches gilt für Preußen und Kursachsen um 1700.[126] In ähnlicher Weise erlässt zur selben Zeit die französische Regierung staatliche Regeln für die Standardisierung von Spielkarten. Über die Jahrhunderte hinweg erscheinen königliche Köpfe auf unterschiedlichen Kartenblättern, und politische oder historische Ereignisse prägen ihre Gestaltung. Symbolisch aufgewertet stellt z. B. der Kreuzkönig Alexander den Großen dar, während die Figur des Herzkönigs Karl den Großen symbolisiert. Später werden die Spielfarben Kreuz, Pik, Herz und Karo die Gesellschaftsschichten zur Zeit der französischen Revolution darstellen: Bauern, Adel, Klerus und Bürgertum.[127]

Damit repräsentiert selbst die Ikonografie der neuzeitlichen Spielkarten die beiden Ebenen neuzeitlicher Gewinnspielsteuerung. So stehen die Standardisierungsprozesse der Spielkartenproduktion und ihre Vertei-

---

[124] Hirsch, „Giacomo Casanova und das Lotteriespiel im 18. Jahrhundert", S. 240–241.
[125] Hirsch, S. 103–104.
[126] Köger, „Spielkarten und Glücksspiel", S. 64.
[127] Deutscher Skatverband e. V., „Kartenbilder", 2012, https://www.deutscherskatverband.de/kartenbilder.html (zugegriffen am 03.08.2020).

lungslogistik für die Einrichtung neuer Verwaltungseinheiten und -praktiken zur Sicherung des Staatshaushalts. Die bildlichen Darstellungen untermauern hingegen die neuen Machtverhältnisse der Neuzeit, in der es nach den Wirren der Reformation um die Territorialstaatsbildung und Monopolisierung staatlichen Handelns selbst geht.

Die Lotterien haben ein umfassendes Aufgabenspektrum: Lose verkaufen, Einsätze annehmen, Ziehungen öffentlich inszenieren, die Gewinne rechtmäßig auszahlen etc.;[128] dies führt zu einem immensen Verwaltungsaufwand und einer öffentlichen Bewerbung von Lotterien. Zudem sind staatliche Monopole ohne flankierende Durchsetzungsmechanismen wenig wirkmächtig. Die Anwendung geltender Restriktionen und Strafen zur Sicherung staatlicher Lottoeinkünfte sind die Voraussetzung für das Ende eines privat bzw. gewerblich veranstalteten Lottospiels. Somit treiben die Durchführung und Durchsetzung des Lotteriemonopols die Professionalisierung und Rationalisierung staatlichen Verwaltungshandelns konsequent voran.

Bereits 1576 führt der französische Staatsrechtler Jean Bodin den Begriff der Souveränität in die politische Theorie ein, damals noch aus absolutistischer Perspektive einer zentralistischen Monarchie: Zur Führung des Staates, so Bodin, bedürfen die Regierenden sowohl der obersten Gewalt als auch der politischen Vernunft (lat. *summa potestate ac ratione moderata*). Für eine Epoche, die noch durch Fehden und Blutrachen geprägt ist, bedeutet dies eine bemerkenswerte machtpolitische Innovation. Die Monopolisierung von Geldspielen durch den Staat stellt also eine konkret fassbare Manifestation dieses Souveränitätsanspruchs dar. Thomas Hobbes ist es, der in seinem Buch *Leviathan* (1651) die Bedeutung dieses Souveränitätsprinzips als heuristisches Konzept anerkennt und es zu einem theoretischen Fundament der allgemeinen Gewaltbegründung in einem staatlichen Gemeinwesen erweitert.[129] Dieses Gewaltmonopol ist aber de facto und in der politischen Praxis immer noch auf den Monarchen und das Gottesgnadentum ausgerichtet. Erst Max Weber ordnet in seinem Werk *Wirtschaft und Gesellschaft* (1922) mit seiner Staatsdefinition das Monopol legitimer physischer Gewalt zur Durchführung der

---

[128] Näther, „Das große Los' – Lotterie und Zahlenlotto", S. 102–103.
[129] Thomas Hobbes, *Leviathan* (Stuttgart Bad-Cannstatt: Reclam, 1986).

1 Das Wesen des Gewinnspiels   59

Ordnung allein dem Verwaltungsstab eines politischen Anstaltsbetriebs zu.[130]

Nicht umsonst ist z. B. das französische „Revolutionsblatt" bis heute noch im Umlauf und zählt zu den am weitesten verbreiteten Spielblättern.[131] Die staatliche Monopolisierung des Gewinnspiels, vor allem über die Lotterien, beschleunigt aber nicht nur die Verbesserung staatlichen Verwaltungshandelns. Die Möglichkeit der Durchsetzung einer staatlichen Monopolbildung rationalisiert auch den eigentlichen Verwaltungsprozess und trägt ihren Teil zum Gelingen eines Zeitalters der „Aufklärung" im 18. Jahrhundert bei. Letztlich ist aber auch der „aufgeklärte Absolutismus" dieser Zeit, wie er im Königreich Preußen, der Habsburger Monarchie oder dem russischen Kaiserreich besteht, nur ein letzter Zwischenschritt zu einem Souveränitätsanspruch, der allein vom (Staats-)Volk und seinen Bürgern ausgeht.

Bevor es mit Blick auf Gewinnspiele um die Französische Revolution und damit um den Aufbruch zur Moderne gehen soll, gilt es noch einmal innezuhalten: Verschiedenste Machtpraktiken und Diskurse verbinden und überlagern sich gegen Ende der Neuzeit, um eine verbesserte Gewinnspielsteuerung zu ermöglichen. Dieser Prozess ist eng mit der Territorialstaatenbildung verknüpft. Erstens besteht die Ambivalenz zwischen einer spielerischen Ausnahmesituation von Chancengleichheit, Spielleidenschaft und Freiheit und der alltäglichen Durchsetzung sozialer Ordnungen unvermindert weiter. Zweitens existieren innerhalb der Herrschaftselite weiterhin die Fronten zwischen Geldspielbefürwortern und deren Gegnern; diese Auseinandersetzungen münden in den Territorialstaaten Europas über viele Jahrhunderte hinweg nicht einmal ansatzweise in einer einheitlichen Gewinnspielsteuerung. Drittens haben in der Neuzeit zum ersten Mal alle Menschen in einem Staatsterritorium die rechtliche Möglichkeit, über Lotterien an Geldspielen teilzunehmen. Viertens bleibt auch mit und nach der Reformation die Legitimation zur Gewinnspielsteuerung über ein moralisches Narrativ erhalten. Durch die

---

[130] Max Weber, *Wirtschaft und Gesellschaft* (Tübingen: Mohr Siebeck, 2000).
[131] David Parlett, *The Oxford Guide to Card Games* (Oxford/New York: Oxford University Press, 1990); Thierry Depaulis, „Farbenspiel. Spielkarten und Kartenspiele", in *Spiele der Menschheit. 5000 Jahre Kulturgeschichte der Gesellschaftsspiele*, hg. von Ulrich Schädler (Darmstadt: Primus Verlag/Wissenschaftliche Buchgesellschaft (wbg), 2007), 73–81; Jude Talbot, *Zahl Farbe Trumpf. Die Geschichte der Spielkarten* (Hildesheim: Gerstenberg Verlag, 2019).

neuen Möglichkeiten einer staatlichen Monopolbildung, durchgesetzt bei Lottospielen, erfährt dieses eine wesentliche politisch-diskursive Erweiterung. Zur Sicherung staatlichen Handelns erklären die Regierungen die finanziellen Einnahmen aus Geldspielen als notwendig für den Erhalt einer staatlichen Daseinsvorsorge. Damit rechtfertigen sie ihre Eingriffe gegenüber dem privaten und gewerblichen Sektor. Fünftens profitieren die Territorialstaaten sowohl auf der fiskalpolitischen als auch der machtstrategischen Ebene von einem Rationalisierungsprozess staatlichen Handelns. Durch neue finanzielle Einnahmen abgesichert, kann staatliches Handeln bürokratisch zentralistischer und verwaltungstechnisch effizienter gestaltet werden. Folgerichtig wird der Territorialstaat gegenüber seinen Untertanen im Inneren und seinen Nachbarstaaten nach außen erheblich durchsetzungsstärker und machtbewusster.

Diese hochkomplexen fünf Wissens- und Handlungslogiken einander bedingender, aber auch miteinander in Konflikt stehender Praktiken und Diskurse zur Durchsetzung einer neuzeitlichen Gewinnspielsteuerung lassen sich in Anlehnung an Foucault als *fiskokratisches Dispositiv* beschreiben. Unterschiedliche Wissensformen, subjektive Einstellungen und soziale Habitus, Regierungs- und Machtpraktiken verbinden sich zu einer Herrschaftssystematik. Einige Ansätze dieses Dispositivs sind bereits im Mittelalter zu erkennen. Zum Durchbruch verhilft ihm aber erst das Instrumentarium einer konsequenten staatlichen Monopolbildung bei Lottospielen. Die Entwicklung von staatlichen Gewinnspielmonopolen bildet somit das erste fiskokratische Dispositiv in der europäischen Geschichte. Dieses Dispositiv ist die neuzeitliche Antwort auf die gesuchte „Überbrückungsfunktion" der Ambivalenz zwischen der Ausnahmesituation des Spiels mit seiner eigenen Spielordnung und der alltäglichen Notwendigkeit, soziale Ordnungen zu begründen und durchzusetzen. Dieses Dispositiv ist derart erfolgreich und diskursiv anpassungsfähig, dass es sich bis ins 21. Jahrhundert bewährt – ein Erfolg, der sich vor allem durch die Veränderung der moralischen Begründung staatlicher Eingriffe in Gewinnspiele in der Zeit der Aufklärung ergibt und sich in der Moderne bestätigt.[132]

---

[132] Vgl. Virve Marionneau, Michael Egerer und Janne Nikkinen, „How Do State Gambling Monopolies Affect Levels of Gambling Harm?", *Current Addiction Reports* 8, Nr. 2 (2021): S. 231.

1.2.4 Die Moderne: Rationalismus, Industrialisierung und Totalitarismus

Moderne I: Gott ist tot – lang lebe der Staat: Rationalisierung im Zeichen der Aufklärung und die biologische Wende im 19. Jahrhundert

Wichtige anthropologische Prinzipien des Spiels und seiner außeralltäglichen Spielordnung, wie Freiheit und Gleichheit, finden großen Widerhall in den philosophischen und politischen Diskussionen des aufklärerischen 18. und 19. Jahrhunderts. Nichts anderes als eine grundlegende Neubewertung des Verhältnisses von Glauben, Vernunft und Wissen steht auf der Tagesordnung einer unter immensem Druck stehenden Herrschaftselite. Die soziale Ordnung ist mittlerweile derart strapaziert, dass sie nach einer neuen gesellschaftspolitischen Antwort auf die Herausforderungen jener Zeit verlangt. Dies zeigt auch die Entwicklung der Gewinnspielsteuerung, die bereits beim Aufzeigen des fiskokratischen Dispositivs kenntlich wurde.

Zur Erinnerung: Gerade Gewinnspiele sind jahrhundertelang ein Privileg der vermögenden Herrschaftselite. Wer Geld hat, kann sich große Verluste leisten. Das Erlernen von Spielen und Spielregeln ist Teil ständischer Erziehung und Bildung. Zu den höfischen Umgangsformen gehört auch das Spiel. Wer zur richtigen Zeit am richtigen Ort ist – etwa den Spieltischen der Herrschenden – und sich darauf versteht, Würfel und Spielkarten als strategische Mittel einzusetzen, dem gelingt es, den eigenen Status aufzuwerten und an Einfluss zu gewinnen. Bis ins 18. Jahrhundert garantieren Gesetzesregulierungen einer langsam auseinanderbrechenden ständischen Gesellschaft noch Privilegien und Vorrechte – gerade bei beliebten Gewinnspielen. In Venedig, der Stadt mit den ältesten Spielverboten, bleibt beispielsweise die Bankhaltung beim Kartenspiel ausschließlich den wohlhabenderen Patriziern vorbehalten. Bürgerliche müssen sich dagegen beim Besuch von Spielhäusern maskieren. Diese Vorschrift dient vermeintlich der Anonymität und soll den weniger wohlhabenden Schichten helfen, bei finanziellen Verlusten vor Statusverlust geschützt zu sein. Allein diese Vorschrift unterstreicht, wie komplex die

Haltung des Bürgertums zum Gewinnspiel ist. Für seine Mitglieder dient die strikte Ablehnung von Glücksspielen in der Neuzeit lange der Abgrenzung sowohl nach „oben" als auch nach „unten". Das aufstrebende Bürgertum möchte sich vom „unmündigen", nichtprivilegierten Volk genauso abgrenzen wie gegenüber dem maßlosen, ausschweifenden Lebensstil der Obrigkeit.[133]

Bezeichnenderweise fühlt sich das Bürgertum erst am Ende der Aufklärung in einer sich umwälzenden sozialen Ordnung so gefestigt, dass moralische und habituelle Distinktionen, wie sie in der Ablehnung von Glücksspiel zum Ausdruck kommen, kaum mehr Bedeutung haben. Das Bürgertum bewertet nun die Teilnahme an einer öffentlichen oder privaten Spielkultur als Symbol seiner gesellschaftlichen Aufwertung. Mit einem neuen Verständnis der eigenen Bedeutung erfüllt, gelingt es den Bürgern, den Arbeitsalltag auch mit außeralltäglichen Momenten der Spielfreude und -leidenschaft zu bereichern.[134] Je brüchiger das Ständesystem wird, desto mehr erlangt das Bürgertum Zugang zu Spielformen, die bisher für die Obrigkeit reserviert waren. Für die ärmeren und nichtprivilegierten Schichten verbindet sich erst mit dem Aufkommen der Lotterien die große Hoffnung, gerade das Geldspiel als Chance zu nutzen, um sozial und materiell aufzusteigen.[135] Die Begeisterung der ärmeren Schichten für Lotterien ist schließlich so groß, dass die Regierungen das Lottospiel zum ersten staatlich kontrollierten Geldspiel für alle erklären.

In den unzähligen kontroversen Diskussionen des 18. Jahrhunderts zwischen Gegnern und Befürwortern einer Gewinnspielregulierung – gerade über die Zugangsregeln für Geldspiele – spiegeln sich die unterschiedlichsten Interessen, Emotionen, Ängste und Argumentationen eines tiefgreifenden Veränderungsprozesses der sozialen Ordnung wider. Die Diskussionen über die Gewinnspielsteuerung konzentrieren sich viel weniger auf das eigentliche Gewinnspiel. Vielmehr kreisen die heftigsten Auseinandersetzungen um die anthropologischen Rahmenbedingungen von Spielordnungen, wie Freiheit, Chancengleichheit und gleichen Zugang aller zum Spiel. Wer „darf" an Geldspielen teilnehmen? Nur der, der mündig, frei oder wohlhabend ist? Welche Spielarten sind welchen

---

[133] Zollinger, *Geschichte des Glücksspiels. Vom 17. Jahrhundert bis zum Zweiten Weltkrieg*, S. 284–285.
[134] Reichertz u. a., *Jackpot. Erkundungen zur Kultur der Spielhallen*, 16:S. 29–30.
[135] Reichertz u. a., 16:S. 29–30.

Gesellschaftsgruppen zugänglich? Ermöglichen Spielgewinne den sozialen Aufstieg? Wer ist wem zu welcher Abgabenzahlung verpflichtet? Wer profitiert am meisten vom Geschäft mit dem Geldspiel?

Auch wenn Spielsituationen Ausnahmesituationen außerhalb der sozialen Ordnung darstellen und letztlich ein Ausbrechen aus dem Alltag symbolisieren, zeigt sich während der Aufklärung in bisher nie da gewesener Weise, wie stark sich der Freiheits- und Gleichheitsgedanke der Spielsituation im Denken der Philosophen, politischen Theoretiker, Dichter und *hommes de lettres* ausdrückt. Die Nähe von liberalen Gesellschaftsvertragstheorien zu anthropologischen Prinzipien der Spielordnungssystematik ist jedenfalls auffällig. In der Zeit der Aufklärung entsteht ein einmaliger diskursiver Transformationsprozess zwischen Spielordnung und einer neu zu gestaltenden sozialen Alltagsordnung.

Die „Epoche der Vernunft" rüttelt an den Türen eines rigiden, absolutistisch geprägten Systems mit seinen strengen sozialen Hierarchien. Das theologisch-philosophische Denkgebäude der Neuzeit löst sich aus seiner Erstarrung und schafft sich neue Wege. Die Überlegungen von Hobbes, Montesquieu, Locke, Hume, Voltaire, Rousseau und Kant legen exemplarisch den Grundstein für eine auf Rationalität, Partizipation, Freiheit und Gewaltenteilung beruhende Rechtsordnung. Von der robusten göttlich-teleologischen Weltordnung, in der jeder seinen vorgegebenen Platz hat, befreit, eröffnet sich für die Völker Europas erstmals eine Zukunftsperspektive, deren Verheißung die freie, rationale Selbstbestimmung des Individuums ist. Diese neue selbstbestimmte Zukunft bietet Chancen und Risiken, denn sie ist ungewisser und unvorhersehbarer als die alten sozialen Ordnungen der Antike, des Mittelalters oder der Neuzeit; vielleicht lässt sie sich sogar spielerisch gestalten. Die Werte der Gleichheit, Freiheit und Solidarität beflügeln die Menschen im 18. Jahrhundert.[136] Bald darauf setzt sich der Gedanke unantastbarer und gleicher Menschen- und Bürgerrechte für alle durch. Für die Höhepunkte dieser Entwicklung stehen die Amerikanische und die Französische Revolution. Die amerikanische Unabhängigkeitserklärung spricht von der Gleichheit aller Menschen „mit gewissen unveräußerlichen Rechten", zu denen sie

---

[136] Reinhold Zippelius, „Die Entstehung des demokratischen Rechtsstaates aus dem Geiste der Aufklärung", *JuristenZeitung* 54, Nr. 23 (1999): 1125–31.

Leben, Freiheit und das Bestreben nach Glückseligkeit zählt.[137] Nur zehn Jahre später macht die Französische Revolution Freiheit, Gleichheit und Brüderlichkeit zu ihren Leitgedanken.[138]

Ob mittels rationalen Denkens, philosophischer Überlegungen, blutiger Kämpfe – oder, wie so oft, einer Kombination aus allen dreien –, die Aufklärung stellt die festgefahrenen sozialen Ordnungen des 18. Jahrhunderts mit ihren Gesellschafts- und Machtstrukturen auf den Kopf. Für die anthropoludische Annäherung ist dieser Moment des Umbruchs von entscheidender Bedeutung: Er rechtfertigt die anthropologischen Prinzipien der außeralltäglichen Spielordnung als einen konstituierenden Pfeiler der liberalen, rechtsstaatlichen und demokratischen Grundordnung. Die Gewinnspiele, insbesondere die Geldspiele, gehören damit nun ausnahmslos allen.[139] Nie kam die geschichtliche Realität der Systematik des Spiels und seiner Spielordnung näher als in dieser historischen Phase. Und nie zuvor war das Spiel besser in eine soziale Ordnung integriert als in der Moderne. Die neue Herrschaftselite der Französischen Revolution ersetzt beispielsweise symbolhaft das Kartenspiel der Oberschicht „Brelan" durch „Bouillotte" – ein eigens zu diesem Zweck konzipiertes Spiel, ein Spiel, das „Brelan" ähnelt, jedoch „ohne Standesunterschied auch für diejenigen zu spielen [war], die selbst mit wenigen Münzen in der Tasche ihr Glück versuchen wollten."[140]

Die Französische Revolution öffnet nicht nur die Türen für gleiche Spielrechte für alle, sondern rationalisiert auch den Umgang mit dem Spiel an sich. Rationalisierung meint hier die Weiterentwicklung der Mathematik, die sich nun endgültig aus den Klammern der Theologie befreit. Die Mathematiker beginnen die Zufälligkeit als Spielprinzip ins Visier zu nehmen. Sie spielen mit dem Zufall. Neue Fragen warten auf Antworten, z. B. wie sich der Zufall mathematisch besser darstellen und durch Maschinen besser steuern lässt. Eine uralte Hoffnung der Spieler, dem Spiel seine Zufälligkeit zu entlocken, erfährt eine rationale Neube-

---

[137] Georg Kamphausen, „Recht auf Glück? Pragmatisches Glücksstreben und heroische Glücksverachtung", in: *Glück und Zufriedenheit*, hg. von Alfred Bellebaum (Opladen, 1992), 86–101, S. 87.
[138] Élysée – Présidence de la République, „Liberté, Égalité, Fraternité", 2020, https://www.elysee.fr/la-presidence/liberte-egalite-fraternite (zugegriffen am 13.08.2020).
[139] Hirsch, „Giacomo Casanova und das Lotteriespiel im 18. Jahrhundert".
[140] Köger, „Spielkarten und Glücksspiel", S. 65.

wertung. Diese neuen Bruchlinien im Spielgeschehen zu ermessen, ist epochal. Während die Logik des Spiels unangetastet bleibt, entsteht eine neue wissenschaftliche Herangehensweise, eine mathematisch basierte Geldspielforschung. Die Spieler beginnen, die spielerische Konfliktlinie zwischen einem „Besser-Können" durch Wissen, Training und Erfahrung im Spiel und dem „Begünstigt-Sein" durch Zufall, Schicksal, Fügung oder Glück stochastisch zu entschlüsseln. Die Geschicklichkeit, der Spielraum zwischen Können und Zufall, gerät dabei intensiv unter die Lupe der Experten. Die Spielregeln und die Spielgeräte rücken ins Zentrum des forschenden und technologischen Interesses.

Die einsetzende industrielle Revolution und der Hunger nach Fortschritt beschleunigen zudem die Spieleentwicklung. Sie sorgen erstmals für eine sukzessive Automatisierung des Gewinnspiels und haben einen fast explosionsartigen Anstieg in der Erfindung weiterer Geld- und Gewinnspiele zur Folge. Neben den klassischen Würfel-, Brett- sowie Kartenspielen und den neuzeitlichen Lotterien stehen nun auch das Roulette und erste Automatenspiele den Spielern in ganz Europa und auch in Amerika zur Verfügung. Die Automatisierung, später die Technologisierung, sowie der rationale Umgang mit dem Zufallsprinzip prägen das Verständnis vom Gewinnspiel in der Moderne stark. Auch wenn keine Maschine, Technologie oder Mathematik an der Logik des Spiels, seiner Spielordnung oder dem Prinzip des Zufalls rütteln kann, verändern sich die Einstellung zum Gewinnspiel und dessen Wahrnehmung in der Moderne grundlegend. Dies führt auch zur Anpassung der Machtpraktiken und Diskurse.

Schon für die Universalgelehrten und Dichter der Aufklärung ist das Spiel mit dem Zufall ein viel beachtetes Thema, nicht nur in literarischer oder philosophischer Hinsicht. Goethe, Ephraim Lessing, Voltaire – sie alle spielen mit Leidenschaft und mitunter um hohe Einsätze. Dabei verspielen sie teils beträchtliche Summen. Ihre Begeisterung zeugt von der Relevanz des Spiels im damaligen Zeitgeist. „Tous les gens d'esprit aiment le jeu à la fureur" – „Alle Leute von Geist lieben das Spiel, bis zum Wahnsinn", formuliert Lessing.[141] Und Voltaire bemerkt ebenfalls: „Ein ehrli-

---
[141] Gotthold E. Lessing, *Minna von Barnhelm IV, 2*, 1770, S. 70, zitiert nach Meise, Helga: Galanterie: Verhandlungen eines französischen Konzepts in Deutschland. Zeitarbeit: Aus- und Weiterbildungszeitschrift für die Geschichtswissenschaften, 2020, 2, S. 87–103; S. 98.

ches Spiel unter guten Freunden ist ein redlicher Zeitvertreib."[142] Ebenso setzen sich Kant und Schiller mit dem Stellenwert von Glücksspielen auseinander. Sie gelten „als erste neuzeitliche Heroen einer philosophischen Erschließung des Ludischen".[143] Das berechenbare Gewinnspiel mit seinem Zufallsprinzip übt eine neue Faszination aus, der es sich im Weiteren detaillierter nachzugehen lohnt.

Die Aufklärung und die Revolutionsphase sind nicht nur eine Blütezeit neuer Gewinnspiele, sondern bringen auch die Gleichheit und Freiheit aller beim Spielen zur Geltung. Getreu den neuzeitlichen Maximen von Francis Bacon, „Menschliches Wissen und menschliche Macht treffen in einem zusammen", in seinem Hauptwerk *Novum Organum* (1620) inspiriert die menschliche Begeisterung für das Spiel mit dem Zufall die kreative und mechanische Entwicklung verschiedenster Spielarten.[144] Im Zuge der Wahrscheinlichkeitsrechnung experimentiert die Herrschaftselite schnell mit ersten Versuchen, Gewinnchancen im Gewinnspiel genauer zu berechnen.[145] Der heutzutage so geläufige Begriff des Kalküls erfährt in der Moderne eine mathematische Neubewertung auf der Grundlage der rationalen Berechnung von Wahrscheinlichkeiten. Schon sehr früh beschäftigt sich Galilei mit möglichen Wurfergebnissen beim Spiel mit drei Würfeln und erstellt ganze Tabellen zu unterschiedlichen Kombinationsmöglichkeiten.[146] Der Physiker und Mathematiker Christiaan Huygens gilt als Begründer der Stochastik. Im Jahr 1656 verschriftlicht er seine umfangreichen Überlegungen zu Gewinnwahrscheinlichkeiten im Würfelspiel. Um dieselbe Zeit konstruiert Blaise Pascal angeblich eine Art von Roulettemaschine.[147] „Nirgendwo hat der Mensch mehr Scharfsinn an den Tag gelegt als in seinen Spielen", schreibt Leibniz in einem Brief an Pascal.[148] Pascal geht theologisch sogar so weit, einen der berühmtesten

---

[142] Institut für Ludologie, „Zitate und Sprüche zum Spielen".
[143] Fischer, *Spielen und Philosophieren zwischen Spätmittelalter und Früher Neuzeit*, S. 19.
[144] Francis Bacon, *Novum Organum* (New York: P. F. Collier, 1902), S. 11.
[145] Helmut Wirths, „Die Geburt der Stochastik", *Stochastik in der Schule* 19, Nr. 3 (1999): 3–30; Jörg Bewersdorff, *Glück, Logik und Bluff. Mathematik im Spiel – Methoden, Ergebnisse und Grenzen*, 6. Aufl. (Wiesbaden: Springer Spektrum, 2012), S. 1.
[146] Helmut Hirtz, „Ein Blick in die Historie der Wahrscheinlichkeitsrechnung", *Bayern in Zahlen* 20, Nr. 1 (2008): S. 36.
[147] Für eine detailliertere Vertiefung der Ursprünge des Roulettes siehe Abschnitt 1.2.4.
[148] Zitiert nach Hirtz, „Ein Blick in die Historie der Wahrscheinlichkeitsrechnung", S. 32.

„Gottesbeweise" des Abendlandes auf einer Wette zu gründen. Auch der rasante Erfolg und die Ausbreitung von Lotterien, die sehr viele Spieler nicht als Glücksspiele bewerten, trägt zusätzlich zur Rationalisierung des Zufallsspiels bei. Spieler, Hasardeure und Glücksritter setzen seit der Neuzeit auf eine stetig wachsende Zahl an vermeintlich sicheren Spiel- und Gewinnsystemen. Jedoch verlassen sich die Spieler auch weiterhin auf abergläubische, teils magische Hilfsmittel und Glücksbringer. Der Markt zur Unterstützung des eigenen Glücks ist beträchtlich: von Wahrsagerei, Geisterbeschwörung und Zaubersprüchen bis hin zu komplizierten Berechnungen der Lottozahlen, perfekten Strategien oder eigenen Gewinnchancen.[149]

Die Rationalisierungsoptionen des Zufallsprinzips beim Geldspiel mit all seinen sozialen und machtstrategischen Implikationen lassen sich an einem berühmten Beispiel eindrucksvoll beschreiben.[150] Bei der gemeinsamen Analyse einer staatlichen Lotterie des französischen Generalkontrolleurs der Finanzen entdecken der Aufklärer Voltaire und der Mathematiker La Condamine eine Fehlkalkulation in der Ausschreibung: Die Bedingungen lassen eine disproportional hohe Ausschüttung zu, wenn wenige Menschen sehr viele Lose kaufen. Voltaire und seinen Freunden gelingt dieses Husarenstück. Während Voltaire reich wird, erkennt die Regierung ihren Rechenfehler. In einem Gerichtsverfahren entscheidet sich der französische Staatsrat für Voltaire und gegen den Minister. Der Minister verliert sein Amt, und der wohlhabende Voltaire, der aus Paris geflüchtet ist, darf wieder in die Hauptstadt zurückkehren.

In diesem Beispiel lässt sich nicht nur das fiskokratische Dispositiv wiedererkennen, sondern auch die machtstrategische Integration des neuen Rationalisierungsprodukts „mathematische Kalkulation" in dieses Dispositiv. Auf der Basis dieses neuen Wissensstands über Kalkulation beginnen die Regierungen, die staatlich monopolisierten Geldspiele systematisch zu konzipieren, um möglichst hohe staatliche Gewinne, Steuern und Abgaben zu generieren. Dabei ist es im Gegenzug für die Stabilität des Dispositivs entscheidend, die eigentliche Logik des Spiels, wie z. B. Spielspaß, Gleichheits- oder Zufallsprinzip, nicht nur nicht aus den Augen zu verlie-

---

[149] Hirtz, S. 32.
[150] Siehe Frances Frankenburg, „Voltaire and Gambling", *International Gambling Studies* 22, Nr. 1 (2022): 37–44.

ren, sondern strategisch „auszubalancieren". Ein zentrales Stabilitätsprinzip dieses Dispositivs liegt in einem hochsensiblen Gleichgewicht zwischen der Attraktivität des Spiels und der Erzielung eines Höchstmaßes an staatlich kontrollierten Einnahmen. Dies beinhaltet die Wahrung der anthropologischen Prinzipien des Spiels und seiner Spielordnung. Wie Voltaire zeigt, beginnen natürlich auch die professionellen Spieler damit, dieses Gleichgewicht mathematisch zu durchdringen. Ziel ist es, mit Kreativität und Wahrscheinlichkeitsrechnung die eigenen Gewinnchancen zu ermitteln und den Gewinn zu maximieren oder aus einem unprofitablen Geldspiel schnellstens auszusteigen. Vor diesem Hintergrund sind alle Geldspiele in der Moderne grundsätzlich nach ihrem Zufallsanteil innerhalb des Dispositivs zu definieren und zu klassifizieren. Dies gilt besonders für die neu entwickelten Geldspiele: Lotterien besitzen z. B. andere Zufallseigenschaften als Roulette, Wett-, Automaten-, Würfel- oder Kartenspiele wie Poker. Damit wird ein weiteres Kriterium für das Ausbalancieren von Attraktivität und Gewinnmaximierung, einschließlich der Steuer- und Abgabensystematik, deutlich. Dieses Gleichgewicht ist von jedem Geldspiel und seiner spezifischen Spielordnung abhängig. Einen durchschnittlichen einheitlichen „Wert" für dieses Gleichgewicht gibt es nicht. Aus der jeweiligen Spielordnung des Geldspiels ergibt sich die Berechnung des Gleichgewichts – eines Gleichgewichts, das in der Konfliktlinie zwischen „Besser-Können" und „Begünstigt-Sein" austariert wird und welches die Spieler oft mit dem Alltagsbegriff „Geschicklichkeit" zusammenfassen.

Unterlaufen dem Spielentwickler keine Fehler wie dem französischen Generalkontrolleur im Falle Voltaires, sind die gesetzten Gewinner von neuzeitlichen und modernen Geldspielen ausschließlich aufseiten des Monopolinhabers Staat und der lizenzierten bzw. konzessionierten Spielanbieter zu finden. Die Spielentwickler definieren die Spielregeln, die Regierungen genehmigen diese und sind für die Gewinnspielsteuerung verantwortlich. Die Spieler, die mit diesen Machtpraktiken bewusst oder unbewusst konfrontiert sind, entwickeln unterschiedlichste rationale und emotionale Herangehensweisen, um dieser Herausforderung zu begegnen. Dabei ist aber entscheidend, dass das fiskokratische Gleichgewicht bei Gewinnspielen Bestand hat. Andernfalls entstehen umgehend Ausweichstrategien in „attraktivere" Gewinnspielmöglichkeiten. Diese umfassen aus Sicht des Monopolinhabers Staat auch illegitime oder gar illegale Aktivitäten, die eine „attraktivere" Form von Gewinnspielmöglichkeiten bieten. Dabei handelt es sich nicht um Betrugsvorgehen, wie z. B. die Manipulation von Spielordnungen oder Spielprodukten. Gegen diese Form von Ausweichstrategien versucht die Herrschaftselite mit strengen Auflagen und Strafen vorzugehen und illegale Finanz- und Gewinnabflüsse zu verhindern.[151] Es geht vielmehr um das bewusste Umgehen eines Staatsmonopols, wie z. B. durch die Nutzung illegaler Anbieter von Gewinnspielen.

Dieses Gleichgewicht ist auch nicht zu verwechseln mit dem kontrollierten Grenzübertritt als essenziellem Merkmal des Spiels *sui generis*. Ein Spiel wäre eben kein Spiel, wenn die Spielordnung nicht den Moment begrenzten Wagnisses oder des „Rauschhaften" kennen würde. Der Erfolg der Spielentwicklungen hängt von dieser Bedingung des Spiels, gerade im Gewinnspiel, ab. Ohne kontrollierten Grenzübertritt in der Spielordnung entfällt das anthropologische Prinzip von Spielfreude und -leidenschaft. Dieser begrenzte Raum des kontrollierten Grenzübertritts in der spielerischen Ausnahmesituation erlaubt der Herrschaftselite natürlich auch, mit solchen Grenzübertritten machtstrategische Eingriffe unterschiedlichster Art und Intensität zu rechtfertigen. Das fiskokratische Dispositiv zeigt sich dabei sowohl in Form von Verbotspraktiken als auch von Konzessionierungsvergaben, wie das Beispiel der Lotterien eindrücklich belegt.

Jedes derartige Dispositiv ist – wie in der Neuzeit – letztlich von Diskursen und daraus abgeleiteten Machtpraktiken durchdrungen, die sich um die Rechtfertigung des Staatsmonopols und die Gefahren und Risiken von Gewinnspielen, insbesondere von Geldspielen, drehen. Insoweit ist die Frage, ob die Regierungen die Legitimationsgrundlage für ein Monopol oder das Gefahrenpotenzial direkt bzw. indirekt thematisieren oder bewusst bzw. unbewusst in Regulierungen aufgreifen, unerheblich. Spätestens die herausragende finanzielle Bedeutung von staatlichen Geldspieleinnahmen für den Staatshaushalt hat die Gewinnspielsteuerung zu einer monopolistischen Staatsaufgabe gemacht. Damit leistet das fiskokratische Dispositiv auch einen wichtigen Beitrag zu einem modernen

---

[151] Näther, „,Das große Los' – Lotterie und Zahlenlotto", S. 103–104.

Staats- und Verwaltungsaufbau. Es strukturiert auch den jeweiligen historischen bzw. aktuellen und damit möglichen Denkraum. Es steckt damit die denklogischen Grenzlinien für die zentrale gesellschaftliche Diskussion ab. Die jeweiligen geschichtlichen Ausprägungen der Antwortstrategien der Herrschaftseliten auf Gefahren und Risiken seit der Antike sind nunmehr systematisch beschrieben und lassen sich bis in die Neuzeit hinein in eine moralische Rechtfertigungsgrundlage gießen. Spätestens mit dem neuzeitlichen Diskursanspruch, Gewinn- und Steuereinnahmen aus Geldspielen als Teil einer staatlichen Daseinssicherung und -vorsorge zu rechtfertigen, wird die dominierende moralische Argumentation um eine finanzpolitische und volkswirtschaftliche Begründung der staatlichen Daseinsvorsorge ergänzt und damit auch abgeschwächt. Zudem tritt mit der Rationalisierung und Verwissenschaftlichung des Denkens im 19. Jahrhundert eine verstärkt analytische Risikobetrachtung des Spielens in den Vordergrund.

Was die Spielentwicklung radikal verändert, verändert auch die diskursive Betrachtung der Risiko- und Gefahrenargumentation zur Rechtfertigung von Machtpraktiken wie Verboten und Beschränkungen von Geldspielen. Das moralisierende Narrativ, welches prinzipiell auf einer göttlichen Vernunftordnung fußt und mit dem Begriff der „Sünde" operiert, wird rational wissenschaftlich durch das Konzept der „Suchtgefährdung" ausgeweitet, noch weiter ergänzt oder sogar umgedeutet. Die Kritiker beginnen, den Menschen nicht mehr als vom göttlichen Weg abgekommenen Sünder zu betrachten, sondern ihn als leibliche Person wahrzunehmen und zu hinterfragen. Was macht den Menschen krank, wenn er (zu viel) spielt, heißt nun vereinfacht der neue eher medizinisch-wissenschaftliche Diskurs. Diese radikale neue Fragestellung wird nur denkbar, wenn man die „biologische Wende" innerhalb der Philosophie und des Denkens Mitte des 19. Jahrhunderts betrachtet. Frustriert von der Entdeckung des „Ichs" im Zeichen der Aufklärung und der Romantik, welches sich immer noch nach dem Inkognito Gottes oder dem Inkognito des Geistes sehnt, beginnt man auf das Inkognito des Menschen selbst zu schauen.

Arthur Schopenhauer wird mit seinem Buch *Die Welt als Wille und Vorstellung* zum Wegbereiter dieser biologistischen Wende der Philosophie.¹⁵² Nicht mehr ein göttliches Prinzip oder der Geist der Vernunft seien die Quelle menschlichen Daseins, sondern der Wille des Menschen. Allein der Wille sei der Ursprung und die Bestimmung des menschlichen Lebens. Auch Leiden und Lust des Menschen seien Ausdruck dieses Willens. Aus dem kartesianischen „Ich denke, also bin ich" wird nun „Ich bin, weil ich will". Nur willentliche Entscheidungen formen die konkreten Vorstellungen des Menschen. Eine „Mitte" kennt dieser selbstbewusste Philosoph nicht. Mit dem Blick auf den Leib und Körper des Menschen läutet Schopenhauers Buch auch die Frühphase psychologischer Betrachtungen über den Menschen ein, die bei Sigmund Freud dann in der psychoanalytischen Begriffstrias von Es, Ich und Über-Ich gipfelt. Hier spielt freilich nicht länger der bewusste Wille des autonomen Subjekts die Hauptrolle, sondern unser unterbewusstes Innenleben, welches sich gleichsam hinter einem Vorhang und dem introspektiven Zugriff der reflektierenden Person entzogen vollzieht. Das kartesische Ego wird so zum Beifahrer oder zumindest zum Kopiloten seines psychologisch diagnostizierten Alter Ego.

Mit der Transformation des Willens als Ursprung des Lebens in ein unbewusstes Wirkungsprinzip menschlichen Verhaltens durch die Pioniere der Psychologie und Psychiatrie beginnt konsequenterweise nicht nur die Entdeckung psychischer Krankheitsbilder und die in einem naturwissenschaftlich-quantitativen Weltbild fundierte Trennung zwischen „normalem" und „abnormalem" Verhalten. Auch die Spielfreude fällt nun unter Pathologisierungsverdacht. Damit beginnt eine neue Ära der Disziplinierung, die Foucault etwa in seinen Vorlesungen unter dem Titel *Die Macht der Psychiatrie* eingehend diskutiert hat.¹⁵³ Denn sobald unsere Gemütsregungen, Neigungen, Wünsche, Gewohnheiten, Leidenschaften, Sorgen und Ängste nicht mehr nur einer moralischen Beurteilung, sondern zudem einer psychologisch-medizinischen Anamnese unterzogen werden können, tut sich ein neuartiger Fragekomplex für politische Entscheidungsträger, Verwaltungsfachleute, Juristen und alle anderen

---

¹⁵² Arthur Schopenhauer, *Die Welt als Wille und Vorstellung. Vollständige Ausgabe nach der dritten, verbesserten und beträchtlich vermehrten Auflage von 1859* (Köln: Anaconda Verlag, 2009).
¹⁵³ Michel Foucault, *Die Macht der Psychiatrie. Vorlesungen am Collège de France 1973–1974*, hg. von Jacques Lagrange, übers. von Claudia Brede-Konersmann und Jürgen Schröder (Frankfurt am Main: Suhrkamp, 2015).

Akteursgruppen auf, die mit Fragen der Gewinnspielregulierung befasst sind: Wo hört die politisch akzeptierbare Spielfreude auf, und wo beginnt die medizinisch definierte Gefährdung des Menschen? Zwar ist die Grenzziehung zu Rausch und Sucht der Dichotomie von „normal" und „abnormal" bzw. von „gesund" und „krank" systematisch inhärent. Aber ihre genaue Fixierung in Gestalt von Kriterien und Grenzwerten obliegt der Entscheidungsmacht einer Exekutive. Der legitimatorische Mehrwert der Pathologisierung der Spielfreude, die das traditionelle Prinzip des moralischen Tadels überformt, nicht jedoch ersetzt, liegt auf der Hand. Es entsteht eine neue Grundlage für staatliche Intervention, die von der Subjektivität und Kulturvarianz der Moral entkoppelt ist und stattdessen wissenschaftliche Objektivität für sich reklamieren kann.

Allerdings wird diese Legitimationsstrategie der eigentlichen Logik des Spiels nicht gerecht. Zufallsbasierte Spiele um Einsatz sind Ausnahmesituationen, die sich durch emotionale Grenzüberschreitungen, die Infragestellung sozialer Hierarchien und Konventionen sowie das kathartische Ausleben großer Gefühle auszeichnen. Spielfreude und Leidenschaft zu empfinden heißt, dem Rollen der Roulette-Kugel entgegenzufiebern, beim Aufdecken der nächsten Karte den Atem anzuhalten, aus Enttäuschung über den späten Einlauf seines Favoriten den Wettzettel zu zerreißen oder seine Glückswürfel vor dem entscheidenden Wurf zu küssen. Im Spiel kann nur derjenige frei sein, der sich dem Kosten-Nutzen-Kalkül praktischer Alltagsrationalität entzieht und aus einem einzigen Grund spielt: weil er spielen will – und weil er bereit ist, sich mit all seinen Gemütsregungen auf das Spiel einzulassen. Deshalb sind Verhaltensweisen, die wir im Alltag bereitwillig als bizarr oder unangemessen einstufen würden, im Spiel selbstverständlich. Dort finden sie ihren gesellschaftlich akzeptierten Ort. Diese Funktionsbestimmung eint Spiele mit liturgischen Festen, Karnevalsfeiern, Sportereignissen und anderen kulturellen Überschussprodukten, die nicht der Normierung des Menschen und der Reproduktion akzeptabler Handlungsschemata dienen, sondern der Inszenierung von Ausbruch und Subversion. Weil also die psychologisch-psychiatrische Anamnese menschlichen Verhaltens auf kategorischer Normierung – hier der Regelfall, dort die Abweichung – fußt, passt sie denkbar schlecht mit der Ausnahmesituation des Spielens zusammen.

Das wirft die Frage auf, warum die Pathologisierung der Spielfreude trotz ihrer augenfälligen methodologischen und konzeptionellen Schwachstellen bis heute ein Erfolgsmodell ist – zumal sie potenziell mit erheblichen Einschränkungen individueller Lebensführung und einer antiliberalen Stigmatisierung ganzer Bevölkerungsgruppen einhergeht. Die Antwort liegt in einer Kombination von Zeitgeist und Pfadabhängigkeit: Einerseits ist es schlicht *en vogue*, den Menschen psychologisch zu klassifizieren, und wir werden dieses Thema in Abschnitt 3.1.4 unter dem Schlagwort der *Therapeutischen Lebensform* näher beleuchten. Verhaltensformen, die aus der Sicht politisch Entscheidungsverantwortlicher und einzelner Interessengruppen, z. B. der Religionsgemeinschaften, irritierend sind, lässt sich das Siegel des Pathologischen verleihen; so spart man sich lästige gesellschaftliche Auseinandersetzungen über konkurrierende Konzeptionen von Glück und individueller Selbstbestimmung sowie über die irreduzible Subjektivität individuellen Wohlergehens. Jeder Person selbst die uneingeschränkte Deutungshoheit darüber einzuräumen, was für sie Glück bedeutet, erscheint unter diesen Vorzeichen als unkalkulierbares Risiko. Zudem hat sich infolge des Siegeszugs der Pathologisierung der Spielfreude längst ein Apparat von Fachleuten, Interessengruppen und Gremien etabliert, die ihr Lohn und Brot der Fortschreibung dieses Narrativs verdanken.

Moderne II: Industrialisierung, Automatisierung und die Bedeutung des Zufalls

Die neu entwickelten Geldspiele wie Lotterien und Roulette begeistern die modernen Menschen aller sozialen Schichten von Beginn an – eine Begeisterung, die natürlich schnell Kritiker und Gegner aktiviert und motiviert. Wie bei den Würfel- und Kartenspielen lassen sich daher auch bei diesen neuen Spielarten die Konfliktlinien von Befürwortern und Gegnern wiederfinden. Während die Unterstützer z. B. die Lotterien als soziale Chance und Durchsetzung des Gleichheitsprinzips bewerten, sehen deren Gegner darin nur die Verleitung der arbeitenden Bevölkerung zu „Müßiggang und Trunksucht".[154] Das 18. und 19. Jahrhundert bleibt

---

[154] Zollinger, *Geschichte des Glücksspiels. Vom 17. Jahrhundert bis zum Zweiten Weltkrieg*, S. 35 ff.

geprägt von einem ständigen Hin und Her von Verbotserlassen, Lotterieschließungen und Schutzmaßnahmen, die vornehmlich die „kleinen Leute" schützen sollen.[155] Wie bisher schaffen es diese Verbote und Auflagen jedoch nicht, die in der Neuzeit aufkommende, flächendeckende Spielbegeisterung einzudämmen oder maßgeblich einzuschränken. Menschen aus allen Schichten spielen leidenschaftlich weiter, würfeln, wetten, losen, spielen Karten, Brett- oder Lottospiele – ungeachtet staatlicher Verbote.

Wie die Lotterien symbolisiert auch das Roulettespiel in diesen zweihundert Jahren eindrucksvoll die komplexe Systematik von erlaubten, verbotenen und in „Grauzonen" existierenden Geldspielen. Die Herkunft des Roulettes ist umstritten. Ursprünglich stammt die Spielart wohl aus Italien und hat sich aus dem „Hoca"-Spiel entwickelt. Erste Roulettespiele besitzen 38 Zahlen einschließlich der 0 und der 00. Pascal benutzt in zwei Schriften zum ersten Mal den Begriff „Roulette", beschreibt damit aber nicht das Geldspiel, sondern eine mathematische Kurvenrechnung zwischen einem Kreis und einem Punkt. Die Spielregeln und Gewinnchancen von Roulette entwickeln eine derartige Attraktivität, dass sich das Glücksspiel bald in ganz Europa ausbreitet. Seine Popularität steigert sich mit dem Aufkommen von Casinos und Spielbanken erheblich, und es beginnt sogar den Kartenspielen ihren Rang als beliebteste Spielform streitig zu machen.[156] Im Frankreich des 18. Jahrhunderts versucht Ludwig XV. vergeblich, das Roulettespiel zu verbieten. Napoleon beschränkt es 1806 auf die Spielhäuser des Pariser Palais Royal, welche 1837 schließen müssen. Damit beginnt im Deutschen Reich die Blüte der Spielbanken von Baden-Baden, Bad Homburg bis Wiesbaden, die mit der Reichsgründung vollständig endet, da Ende 1872 alle deutschen Spielbanken schließen müssen. Gerade im Übergang von der Aufklärung in die Moderne kommt dem Roulette eine wichtige Brückenfunktion in der Geldspielentwicklung zu. Das Roulettespiel dokumentiert den Übergang zur Automatisierung des Geldspielgeräts. Die fortschreitende Industrialisierung in der zweiten Hälfte des 19. Jahrhunderts erreicht einen ersten technischen Höhepunkt und läutet die Epoche der Automatenspiele ein.

---

[155] Näther, „‚Das große Los' – Lotterie und Zahlenlotto", S. 104.
[156] Köger, „Spielkarten und Glücksspiel", S. 65.

Mit dem schnellen Aufstieg der Automatenspiele, die das gesellschaftlich hoch angesehene Roulette in den oft prachtvollen staatlichen Spielbanken zusehends verdrängen, entsteht eine neue, industriell geprägte Form des anonymisierten Massenspiels und Geldspielerlebnisses, die rasch Dominanz erlangt:

> „Die Automatenindustrie zielte von Anbeginn vor allem auf die sich herausbildende anonyme Masse der Industriegesellschaft in den Großstädten, zu denen die stetig wachsende Zahl der Arbeiter, Tagelöhner, kleinen Angestellten und Beamten gehörte."[157]

Die ersten Automaten sind noch vereinzelte „Spiel- und Schaustellungsobjekt[e]"[158]. Die fortschreitende Technisierung macht sie rasch zu (voll-)automatischen Waren- und Dienstleistungsverkäufern. Selbstbedienungsautomaten bieten alles Erdenkliche an. In diesen Automaten gibt es Zigarren, Süßigkeiten oder Obst bis hin zu Hygieneprodukten, Büchern oder Handarbeitswaren. Ebenso entstehen zunehmend Dienstleistungsautomaten, mit denen die Menschen beispielsweise Fahrkarten kaufen, Souvenirmünzen prägen oder einen Blick durch ein Aussichtsfernrohr werfen können, alles gegen Geld natürlich. Der Siegeszug der (Münz-)Automaten geht nicht nur mit der Industrialisierung und den radikalen gesellschaftlichen Veränderungen des 19. Jahrhunderts – Landflucht, rasantem Bevölkerungszuwachs, Herausbildung einer Arbeiterschaft – einher, sondern ist auch eng mit der Durchsetzung einer kapitalistischen Wert- und Wirtschaftsordnung verknüpft.

Der neue, von der Industrialisierung geformte Alltag revolutioniert nicht nur das Arbeitsumfeld des Einzelnen, sondern auch seinen Umgang mit der Freizeit. Spielautomaten prägen bald überall das Straßen- und Erscheinungsbild. Das Glücksspiel ist nicht länger auf Jahrmärkte, Spielbanken oder Gaststätten beschränkt. Automaten werden an all den Orten aufgestellt, an denen große Teile der Bevölkerung Unterhaltung und Zerstreuung suchen.[159] Ende des 19. Jahrhunderts stehen Automaten bereits an zentralen Knotenpunkten des öffentlichen Lebens: in Innenstädten, in

---

[157] Ulrike Näther, „Das mechanische Glücksspiel", in *Volles Risiko! Glücksspiel von der Antike bis heute*, hg. von Badisches Landesmuseum (Karlsruhe: G. Braun Buchverlag, 2008), S. 242.
[158] Näther, S. 242.
[159] Näther, S. 242.

der Nähe von Bahnhöfen, in Wohn- und Gewerbegebieten. Diese neuen Spielgeräte halten zusehends auch in Vergnügungsparks und eigens dafür eingerichteten Spielhallen oder Automatenspielhäusern (in den USA bekannt als „penny arcades") Einzug.[160]

Die Nutzung des breiten und stetig wachsenden Angebots an Spielmöglichkeiten erfordert kaum Vorwissen. Jeder, der ein paar Pfennig oder Penny übrig hat, kann zu jeder Zeit sein Spielvergnügen an einem der zahlreichen, sich rasch ausbreitenden Automatengeräte suchen. Roulette-, Würfel- oder Wahrsageautomaten sowie „einarmige Banditen" (sogenannte „Slot-Machines") setzen kein besonderes Können mehr voraus. Die Spieler beteiligen sich ohne Vermögen oder weitreichende Kenntnisse am mechanischen Geldspiel. Und ein Großteil der industriellen Gesellschaft spielt mit ausdauernder Begeisterung.[161]

Vergleichbar mit der früheren Entwicklung der Lotterien und Lottospiele gewinnen die Spieler zu Beginn der Automatenspielzeit vor allem Sachpreise. Oftmals sind das Zigaretten oder Alkohol, die die Inhaber oder Verwalter direkt vor Ort auszahlen.

Die Entwicklung reiner Geldspielgeräte zu Beginn des 20. Jahrhunderts steigert die Popularität des Automatenspiels noch einmal beträchtlich. Die neu entstandene Spielautomatenbranche bietet dem begeisterten Publikum des mechanischen Glücksspiels eine große Bandbreite an Vergnügungsmöglichkeiten: „von so genannten Geschicklichkeitsspielen, automatischen Glücksrädern und Lotterien bis hin zu Karten- und Würfelspielautomaten"[162].

Die rapide steigende Nachfrage nach automatisierten Geldspielen, verbunden mit wachsenden Umsätzen und Marktvolumina der Automatenbranche, bleibt den Regierenden nicht verborgen; erst im Zuge der verschärften regulatorischen Interventionen gegen Anfang des 21. Jahrhunderts gehen die Volumina zurück. Längst bewegt sich das automatisierte Geldspiel in der Logik des „fiskokratischen Dispositivs". Die Regierungsverwaltungen sind inzwischen durch die Entwicklungen der Aufklärung und frühen Moderne trainiert. Folglich übertragen sie mühelos die be-

---

[160] Reichertz u. a., *Jackpot. Erkundungen zur Kultur der Spielhallen*, 16:S. 33.
[161] Meyer und Bachmann, *Spielsucht. Ursachen und Therapie*, S. 8; Näther, „Das mechanische Glücksspiel", S. 243.
[162] Näther, „Das mechanische Glücksspiel", S. 242.

kannten Diskurse und Praktiken zur Gewinnspielsteuerung des nichtmechanisierten Glücksspiels auf die des Automatenspiels. Dies gelingt ausnahmslos: Auch das Geldspiel am Automaten bleibt der eigentlichen Logik des Spielens immer verhaftet. Wie im 19. Jahrhundert erkennt man die moralische Kritik an Automatenspielen genauso wieder wie fiskalische und volkswirtschaftliche Interessen an den Umsätzen und Einnahmen aus dem Automatenspiel.[163] Die wohlvertraute heftige Diskussion um die Verleitung zum „Lotterleben", wie sie von Lotteriekritikern ins Feld geführt wurde, findet sich genauso bei den Gegnern der mechanischen Geldspiele. Sie prangern die „gefährliche Massenbegeisterung" für Automatenspiele sowohl im Hinblick auf die negativen Folgen für jeden Einzelnen wie auch für die Gesellschaft als Ganzes an. Die Sorge um die Jugend und „die Gefahr der Spielsucht" steigt weiter an. Die Gegner mobilisieren gegen die Gefahr von exzessivem Müßiggang, Faulheit oder Demoralisierung. Sie warnen vor möglichen Verlusten, die bis zur kompletten Arbeitsscheu und zum finanziellen Ruin führen können.

Selbst in der modernen Regulierungsdebatte um Automatenspiele gibt es noch die aristotelische bzw. thomistisch-mittelalterliche Argumentationsgrundlage, welche zwischen „guten" und „bösen" Spielen trennt. Entscheidend für deren moderne Anwendung ist allerdings die moderne Definition und Zuordnung von „guten" und „bösen" Gewinnspielen. Die Regierenden trennen die Gewinnspiele anhand einer dem Rationalisierungs- und Wissenschaftsanspruch der Zeit entsprechenden Diskurslinie: auf der einen Seite die gesellschaftlich „akzeptierbaren" Geschicklichkeitsspiele und auf der anderen Seite die „verwerflich-schädlichen" Zufallsspiele, die auf den reinen materiellen Gewinn ausgelegt sind. Diese „bösen" Geldspiele gelten als „demoralisierend", „suchtgefährlich" und den gesellschaftlichen Zusammenhalt zerstörend. Reine Geldspiele sind für die Regierenden qua Definition inakzeptabel; je stärker das Zufallsprinzip den Spielausgang beherrscht und je weniger die Spieler aktiv ins Spielgeschehen eingreifen können, desto eher verbieten die Regierenden diese Zufallsspiele vielerorts flächendeckend. Kurz nach der Einführung des „mechanischen Würfelspielautomaten", eines der ersten Geldspielgeräte überhaupt, erfolgt die staatliche Konzessionierung im Deutschen

---

[163] Näther, *Zur Geschichte des Glücksspiels*, S. 15 ff.

Reich. Die Regierenden untersagen die Aufstellung oder Teilnahme weitestgehend.[164] Diese Verbote gibt es nicht nur in Europa, sondern auch in den USA, die 1910 jegliche Geldspiele verbieten. Sofern es sich um reine Geldspiele handelt, rechtfertigen die Regierenden ihre Gewinnspielsteuerung mit den negativen, unkontrollierbaren Auswirkungen auf die Spieler. Im Gegensatz zu geschicklichkeitsbasierten Gewinnspielen mit materiellen Gewinnoptionen bewerten die Regierenden in diesem Zeitraum reine Geldspielgeräte auch als eine Gefahr für den gesellschaftlichen Zusammenhalt einer zunehmend vereinzelten, fragmentierten Industriegesellschaft. Die Regierenden verbieten – gerade auch im Zusammenhang mit der aufkommenden Prohibition – insbesondere die reinen Zufallsspielarten.

Auch im 20. Jahrhundert mindern die teilweise weitreichenden Verbote oder Strafmaßnahmen die anhaltende Begeisterung der Menschen nicht. Auch in diesem Jahrhundert zeigt sich: Die Spielleidenschaft ist das zentrale anthropologische Prinzip des Spiels. Das Zufallsprinzip in jeder Spielordnung trägt zur Erfüllung dieses Prinzips maßgeblich bei. Spielverbote jeder Art greifen auch bei reinen Geldspielen zu kurz, wenn diese das fiskokratische Gleichgewicht des Dispositivs zu stark gefährden. Die Attraktivität des Gewinnspiels, vor allem des reinen Geldspiels, hängt von der Gewinnspielsteuerung ab, vor allem in Bezug auf die Steuer- und Abgabenpolitik. Der menschliche Erfindungsreichtum findet trotz zahlreicher Verbote von Geldspielgeräten oder des Automatenspiels letztlich immer Wege und Orte, um Geldspiel durchzuführen. Die Orte sind dementsprechend zahlreich. Geldspiele lassen sich in illegalen Lokalen, heimlichen Spielhallen oder direkt in aller Öffentlichkeit als modifizierte, nicht unmittelbar erkennbare Spielautomaten unter den Augen des Gesetzes nachweisen. Die Spielentwickler passen die Technik der Geldspielgeräte an, damit diese als Geschicklichkeitsspiele oder Selbstbedienungsautomaten kategorisiert oder bei Bedarf sogar schnell versteckt werden können.[165] In den USA ab 1910 und in den 1920er Jahren der Weimarer Republik setzen die Hersteller zunehmend Automaten ein, deren vordergründiger Zweck der Verkauf von Süßigkeiten ist, an denen sich

---

[164] Näther, S. 15 ff.
[165] Näther, „Das mechanische Glücksspiel", S. 243 ff.

jedoch zusätzlich im kleineren Umfang spielen lässt. Andere Strategien zielen darauf ab, vorhandene Automatenspiele derart zu modifizieren, dass sie in die Kategorie der gewinnorientierten Geschicklichkeitsspiele fallen. Die Hersteller integrieren bei „Slot-Machines" beispielsweise einen zusätzlichen technischen Bremsmechanismus, der dem Spieler das Anhalten der Walzen ermöglicht. Damit qualifizieren sich „Slot-Machines" als Geschicklichkeitsspiele – und ein Glücksspielverbot entfällt.[166]

Gerade das gewinnorientierte Automatenspiel offenbart die Widersprüchlichkeit moderner Gewinnspielsteuerung: Was macht ein Automatenspiel tatsächlich zu einem Zufalls- oder Geschicklichkeitsspiel? Wieso ist ein modifiziertes Gewinnspiel mehr oder weniger akzeptabel als ein anderes Gewinnspiel? Welche Kriterien trennen „schädliche" von „nichtschädlichen" Spielen? Die Gewinnspielsteuerung von Automatenspielen erhält in der Moderne neben der traditionellen mathematischen Dimension der Gewinnkalkulation eine neue, eng verknüpfte technologische Dimension. Diese erste rudimentäre Trennung zwischen der „Hardware" und „Software" von Geldspielgeräten ermöglicht eine neue Bandbreite an Interpretationsmöglichkeiten, um die Konfliktlinie zwischen Geschicklichkeits- und Zufallsspiel zu erweitern. So entsteht eine technischherstellende Klassifikationsvariante für Geldspiele, gerade auch um fiskalpolitische Ziele durch Mehreinnahmen zu erreichen. Diese Ausweitung der Konfliktlinie ist in zahlreichen, langwierigen Rechtsstreitigkeiten dokumentiert, die sich bis in die 30er Jahre des 20. Jahrhunderts erstrecken. Die Prozesse setzen sich intensiv mit einzelnen Automatenspielen und den Geräten auseinander, deren Gewinne sich konstruktionsbedingt entweder mehr durch Zufall oder Geschicklichkeit erzielen lassen.[167] Selbst die Nationalsozialisten mit ihrem totalitären Staatsverständnis lassen sich von der fiskalpolitischen Zielsetzung und den volkswirtschaftlichen Vorteilen des Automatenspiels nicht ganz abbringen. Nach der Machtergreifung 1933 führen sie gesetzliche Auflagen ein, welche die Automatenproduktion einschränken.[168] Jedoch zielt die Gesetzgebung zunächst auf die Einführung eines „Einheitsautomaten" ab, der auf begrenzte Gewinn- und Verlustchancen abzielt. Erst im Rahmen des nationalsozialistischen

---

[166] Näther, *Zur Geschichte des Glücksspiels*, S. 15.
[167] Meyer und Bachmann, *Spielsucht. Ursachen und Therapie*, S. 8.
[168] Näther, „Das mechanische Glücksspiel", S. 245.

Radikalisierungsprozesses verschärft sich diese Regulierung. Die Machthaber erlauben nur noch Warenautomaten und Geschicklichkeitsspiele ohne Zufallskomponenten.[169] Mit Ausbruch des Zweiten Weltkriegs kommt die Automatenproduktion ohnehin vollständig zum Erliegen, da die Rüstungsindustrie die wertvollen Rohstoffe für die Produktion benötigt.[170]

Moderne III: Das Zwischenspiel des Totalitarismus – Ideologie und Pragmatismus

Vor der Betrachtung der Spätmoderne gilt es, eine besondere Form der sozialen Ordnung in ihrem Umgang mit dem Spiel, vor allem dem Gewinnspiel, zu analysieren: den Totalitarismus. Der Methodenstreit um die Definition dieser Herrschaftsform ist kontrovers und komplex. Wichtig ist nur, dass sich totalitäre Herrschaft grundsätzlich nicht nur auf eine radikale politische Machtkonzentration bezieht, sondern den ganzen Menschen in all seinen sozialen Bindungen durchdringt und ihn zu einem „neuen Menschen" machen will. Hannah Arendt zielt in ihrer berühmten Totalitarismus-Analyse auf den entscheidenden Punkt dieser Staatsform: Jede politische Freiheit braucht einen Raum des aktiven Handelns, und das Band des Terrors verschließt diesen Raum total. Hier denkt sie ihren politischen Freiheitsbegriff strikt von der griechischen Polis aus.[171] Das zentrale Machtinstrument des Terrors unterdrückt permanent jeden Raum des Handelns und zerstört somit jede Form politischer Freiheit, die

---

[169] Winfried Schlaffke und Franz Schneider, *Lust, Frust und Gewinn. 1000 Jahre Spiel mit kleiner Münze* (München/Mainz: v. Hase & Koehler, 1995), S. 32.

[170] Näther, „Das mechanische Glücksspiel", S. 245.

[171] Maßgebliche Standardwerke zum Totalitarismus sind Eckhard Jesse, *Totalitarismus im 20. Jahrhundert. Eine Bilanz der internationalen Forschung* (Baden-Baden: Nomos, 1996); Hans Maier, *Totalitarismus und politische Religionen. Konzepte des Diktaturvergleichs*, Bd. 1: A. Referate und Diskussionsbeiträge der internationalen Arbeitstagung des Instituts für Philosophie der Universität München vom 26.–29. September 1994 [u. a.] (Paderborn u. a.: Schöningh, 1996); Hans Maier, *Totalitarismus und politische Religionen. Konzepte des Diktaturvergleichs*, Bd. 2: A. Referate und Diskussionsbeiträge der internationalen Arbeitstagung des Instituts für Philosophie der Universität München in der Akademie für Politische Bildung in Tutzing am 25. und 26. März 1996 [u. a.] (Paderborn u. a.: Schöningh, 1997); Hans Maier, *Totalitarismus und politische Religionen. Konzepte des Diktaturvergleichs*, Bd. 3: Deutungsgeschichte und Theorie (Paderborn u. a.: Schöningh, 2003); Maßgeblich ist Hannah Arendt, *Elemente und Ursprünge totaler Herrschaft. Antisemitismus, Imperialismus, totale Herrschaft*, 12. Aufl. (München/Zürich: Piper, 2008), S. 955.

nur von diesen Handlungsräumen lebt. Die totalitäre Logik dieser sozialen Ordnung muss damit auch jeden außeralltäglichen Raum der Freiheit, der außerhalb der sozialen Ordnung selbst liegt, wie der Freiraum zum Spielen, konsequent unterdrücken und verbieten. In dieser Radikalität einer totalitären Herrschaft sieht Hannah Arendt nur zwei soziale Ordnungen in der Geschichte: den Nationalsozialismus und den sowjetischen Stalinismus. Alle anderen Typologien politischer Unterdrückung in sozialen Ordnungen seit der Antike sind für sie Diktaturen oder Tyranneien.

Damit kann weder der Nationalsozialismus noch der Stalinismus die Ausnahmesituation des Spielens grundsätzlich dulden. Spiele, vor allem Spielordnungen, deren Gewinne ansteigend vom Zufallsgrad abhängig sind, stellen eine permanente Herausforderung für beide totalitäre Herrschaftssysteme dar. Reine Zufallsspiele, gerade Geldspiele, lassen sich unter diesen Bedingungen schon als anarchische Spielsituation bewerten. Das fiskokratische Dispositiv erfährt in diesen beiden Herrschaftssystemen eine extreme Verengung auf Machtpraktiken des Verbots und eine immense Verdichtung des Narrativs zur Rechtfertigung der Verbotskultur.

Zunächst zum Stalinismus: Diese totalitäre Herrschaftsform beruht auf einem als „Sozialismus in einem Land" bezeichneten radikalen und tiefgreifenden sozialen Umbau der sowjetischen Gesellschaft. Mit dem Ende der von Lenin forcierten „Neuen Ökonomischen Politik" (NEP) begrenzt der Stalinismus jede Form letzter marktwirtschaftlicher Elemente und löscht die bürgerliche Gesellschaft ebenso wie die besitzende Bauernschicht durch Enteignung, Ermordung und Terror aus. Das Bürgertum, so die Doktrin Stalins, sei nicht zuletzt durch seine Käuflichkeit, umtriebige Geschäftätigkeiten und den Betrieb von privatwirtschaftlichen und moralisch verwerflichen Einrichtungen wie Nachtclubs, Spielhallen oder Bordellen eine Gefahr für den Kommunismus. Mit Stalins Herrschaftsantritt und der Schaffung eines Staatsapparats, in dem jeder Volksgenosse nur mehr als kleines Rädchen im Getriebe gedacht wird, startet ein fundamentaler Transformationsprozess; der Staat steuert von nun an als Eigentümer, Planer und Gestalter alle wirtschaftlichen Aktivitäten.[172] Die

---

[172] Moshe Lewin, „Society and the Stalinist State in the Period of the Five Year Plans", *Social History* 1, Nr. 2 (1976): S. 139 ff.

Verbotskultur für Geldspiele erfährt in diesem verengten fiskokratischen Dispositiv nicht einmal eine leichte Lockerung durch die fiskalische Bedeutung von Gewinnspielen und deren staatlicher Abgabenpolitik zur allgemeinen Sicherung einer Daseinsvorsorge. Die bourgeoise Freizeit- und Freiheitsbeschäftigung, wie sie z. B. Gewinnspiele darstellen, widerspricht den Idealen der zu formenden Sowjetgesellschaft. Das auf umfassende Verbotspraktiken verengte Dispositiv findet in der Verknappung des Narrativs seine legitimatorische Entsprechung. Interessanterweise knüpft die Begründung stringent an das von Cusanus entwickelte, theologisch-moralische Narrativ an. Die radikalen Verbotspraktiken sind notwendig, um das „böse Lasterhafte und Tugendlose" zu besiegen und um letztlich einen Beitrag zur Verwirklichung des Kommunismus zu leisten. Gewinnspiele, vor allem Geldspiele, darf es am Horizont dieser stalinistischen Herrschaft nicht geben. Generell lassen sich die anthropologischen Prinzipien des Spielens, wie z. B. von Freiheit oder Spielleidenschaft, grundsätzlich nicht in die soziale Ordnung des Stalinismus integrieren. Die Überbrückungsfunktion des fiskokratischen Dispositivs beschränkt sich auf eine fundamentale Verbotskultur. Die Ideologie einer klassenlosen sozialistischen Gesellschaft, die sich allein auf den Aufbau eines sowjetischen Arbeiter- und Bauernstaates richten soll, kann sich im theologisch-moralischen Narrativ eines „Tugendhaftigkeitanspruchs" wiederfinden und verwirklichen. Mit dieser sich überschneidenden Rechtfertigungslogik findet eine lautlose Einfügung in die totalitäre Herrschaftsform des sowjetischen Stalinismus statt. So lässt sich von einer kommunistisch-moralischen Doktrin sprechen, die die Gewinnspielsteuerung auf das Minimum von Verbotspraktiken beschränkt.

Im Gegensatz zum stalinistischen Totalitarismus und seiner prinzipiellen und konsequenten Ablehnung von Gewinnspielen geht der Nationalsozialismus als zweites totalitäres System des 20. Jahrhunderts einen anderen Weg. Schon das komplexe Nationalstaatengebilde des 19. Jahrhunderts mit dem Deutschen Reich und der Österreich-Ungarischen Monarchie an der Spitze ist von unzähligen Verbotsdebatten um Gewinnspiele geprägt. 1868 setzt der Norddeutsche Bund schließlich ein Verbot des Gewinnspiels zum Ende des Jahres 1872 durch. Das Deutsche Reich verbietet bis zur nationalsozialistischen Machtergreifung 1933 das reine Geldspiel. Es sind schließlich die Na-

1 Das Wesen des Gewinnspiels

tionalsozialisten, die das Spielbankenverbot aufheben. Während der stalinistische Kampf auf dem Weg zur klassenlosen Gesellschaft prinzipiell Geldspiel verbietet, erstaunt es, dass das nationalsozialistische Herrschaftsideal einer „Volksgemeinschaft" nicht zu vergleichbaren einheitlichen Machtpraktiken führt.[173] Nicht nur die anthropologischen Prinzipien des Spiels sprechen eigentlich für ein Komplettverbot von Geldspielen, sondern auch die moralisierende Doktrin der Nationalsozialisten, die sich gegen Ausschweifung, Zügellosigkeit und individuelle Freiheit richtet. Das Dritte Reich entscheidet sich aber in einem 1933 erlassenen Reichsgesetz für die grundsätzliche Öffnung von Spielbanken. Dieser Schritt verlangt einen intensiveren Blick auf das Reichsgesetz zur Spielbankeneröffnung. Dieses ist eng mit der Stadt Baden-Baden verbunden, die sich seit dem Ersten Weltkrieg um eine Wiederzulassung seiner Spielbank bemüht. Das Reichsgesetz von 1933 erlaubt schließlich die Spielbankengründung in Städten, die jährlich mindestens 70.000 Gäste bei einem Ausländeranteil von 15 % nachweisen können. Diese Kriterien treffen allein auf Baden-Baden zu, und so bleibt die Stadt der einzige Ort in Deutschland, an dem eine Spielbank öffnen darf. Die Eröffnung sorgt tatsächlich für einen Aufschwung der wirtschaftlichen und kulturellen Entwicklung der Stadt. Sie steigt zu einem beliebten Urlaubsziel der nationalsozialistischen Herrschaftselite auf.[174] Als Betreiber der Spielbank setzen die Nationalsozialisten größtenteils Juden ein, die allerdings nicht öffentlich in Erscheinung treten. Dies lässt erkennen, wie bewusst die Nationalsozialisten das moralische Narrativ zur Rechtfertigung der Gewinnspielsteuerung benutzen und zugleich ihr „Volksgemeinschaftsideal" schützen, indem sie Juden als Spielbankenbetreiber eines als moralisch lasterhaft angesehenen Geldspielsystems einsetzen. Auch im Nationalsozialismus verengt sich somit das fiskokratische Dispositiv enorm auf eine Verbotskultur. Jedoch zeigen die Ausnahme der Spielbank Baden-Baden und das politische Experimentieren mit den Geldspielautomaten auch die grundsätzliche Bedeutung der fiskalischen Dimension. Angesichts

---

[173] Dagmar Kicherer, „Das mächtige ‚Vielleicht' – Die Spielbank in Baden-Baden", in *Volles Risiko! Glücksspiel von der Antike bis heute*, hg. von Badisches Landesmuseum (Karlsruhe: G. Braun Buchverlag, 2008), S. 225.
[174] Kicherer, S. 225.

leerer Staatskassen und unzähliger noch offener Reparationsforderungen schafft sich die Herrschaftselite die Möglichkeit, über Steuern und Abgaben Einnahmen zu generieren. Zudem entsteht im Dritten Reich ein sozialer Raum, in dem eine ausgewählte Elite ihrer Spielleidenschaft nachgehen kann. Letztlich ist das Gewinnspiel im totalitären System des Dritten Reichs jedoch nur ein geduldetes Randphänomen.

1.2.5 Die Spätmoderne: Spielen im World Wide Web

Die Digitalisierung hat die Lebensrealität revolutioniert und durchdringt inzwischen alle Bereiche des Alltags. Die Entwicklung des Internets lässt sich mit der Erfindung des Buchdrucks vergleichen, und die Literatur zu den Herausforderungen der Digitalisierung füllt mittlerweile Bibliotheken und Rechenzentren. Steht das Gewinnspiel während der Neuzeit und Moderne im Zeichen von Aufklärung und Industrialisierung, bestimmt in der Spätmoderne die Digitalisierung die Weiterentwicklung des Gewinnspiels. Seit Mitte der 1990er Jahre wächst im World Wide Web ein eigener geschlossener Spielraum heran, der eine völlig neue Erfahrungsdimension von Gewinnspielen eröffnet.[175] Neben den traditionellen Spielräumen und Spielstätten pokern, rubbeln, wetten oder würfeln die Spieler nun immer mehr online, und zwar immer und überall, ob in der heimischen Küche, in der Schlange beim Einkaufen, im Flugzeug, im Hörsaal oder während der Arbeit. Die Attraktivität von Internetspielen, gerade von Angeboten wie Online-Lotterien und -Casinos, macht den rasant wachsenden Bereich des internationalen Geldspielsektors verständlich.[176] Die Gewinnmöglichkeiten, die sich mit digitalen Gewinnspielen, vor allem Geldspielen, erwirtschaften lassen, sind hoch. So belegt die britische Glücksspielkommission zum Ende der Zehnerjahre des 21. Jahrhunderts die höchsten Gewinne beim Online-Gewinnspiel.[177] In

---

[175] Tobias Hayer und Gerhard Meyer, „Zocken im Internet – Online-Glücksspiele", in *Volles Risiko! Glücksspiel von der Antike bis heute*, hg. von Badisches Landesmuseum (Karlsruhe: G. Braun Buchverlag, 2008), 268–70.
[176] Mark D. Griffiths und Adrian Parke, „Internet Gambling", in *Encyclopedia of Internet Technologies and Applications*, hg. von Mário M. Freire und Manuela Pereira (London u. a.: Information Science Reference, 2008), 228–34.
[177] Gambling Commission, *Gambling Industry Statistics: April 2015 to March 2019 – Updated to Include October 2018 to September 2019* (Birmingham, 2020), S. 3.

Deutschland zählen Online-Gewinnspiele nach den Lottospielen zu den beliebtesten und meistfrequentierten Geldspielen überhaupt.[178]

Die Geschichte des Menschen ist eng mit dem Spielen verbunden, wie sich im Durchgang der Jahrhunderte gezeigt hat. Das fiskokratische Dispositiv schafft den gesellschaftlichen Rahmen, bildet die Überbrückungsfunktion, in der sich das außeralltägliche Spiel mit der sozialen Ordnung verbinden kann. Gilt dieses Dispositiv auch im digitalen Raum? Denn auch beim Spiel im digitalen Raum stellen sich die wohlbekannten Fragen nach Zugang, Teilnahme, Spielmöglichkeiten, Kontrolle und Sanktionierung in einem systematisch neu konfigurierten Spielumfeld.

Auf jeden Fall lassen sich die analogen anthropologischen Grundprinzipien des Spiels geräuschlos und vollständig in den digitalen Raum überführen. Wer heute auf seine Lieblingsmannschaft, seine Glückszahl oder einfach eine Farbe wettet, sich im Skat, Blackjack oder Baccara mit anderen oder mit einem Algorithmus messen will oder seine Leidenschaft im Automatenspiel bzw. im Lotto auslebt, bedarf dafür lediglich eines internetfähigen Endgeräts. Jeder kann von überall in der Welt an seinem Gewinnspiel der Wahl teilnehmen, um seiner Spielfreude freien Lauf zu lassen. Vergleichbar zur analogen Welt des Spiels in terrestrischen Spielstätten schafft die Digitalisierung aber eine eigene digitale und globalisierte Parallelwelt des Spiels. Die digitale Welt ergänzt die Spielordnungen und schafft über Plattformtechnologien einen eigenständigen Erlebnisraum. Spielen bedeutete seit jeher, eine bewusste Auszeit von der alltäglichen Lebensrealität und der sozialen Ordnung zu nehmen; die technologische Entkoppelung von analogem und digitalem Spiel ermöglicht nun, diese Auszeit als digitale Auszeit abseits der sozialen Ordnung zu erfahren. Diese digitale Auszeit entfernt den Menschen noch weiter von der eigentlichen sozialen Ordnung, als dies bereits im analogen Spiel der Fall ist. Der Spieler wird noch weiter entrückt aus der Welt der Hierarchien, Ressourcenasymmetrien und der Etikette, und er wird in einen egalitären Kosmos mit eigenen, gleichberechtigten Regeln transportiert.

Die große Beliebtheit von Gewinnspielen im digitalen Raum liegt auch in der grundsätzlichen Übertragbarkeit der bewährten Spiellogik aus der

---

[178] Markus Banz, *Glücksspielverhalten und Glücksspielsucht in Deutschland. Ergebnisse des Surveys 2019 und Trends* (Köln: Bundeszentrale für gesundheitliche Aufklärung, 2019), S. 12.

analogen in die digitale Welt. Der Psychologe Gerhard Meyer spricht von der „Konvergenz digitaler Medien und sozialer Netzwerke mit alten und neuen Formen des Glücksspiels"[179]. Die Übertragbarkeit der Spiellogik altbekannter analoger Spiele im digitalen Raum sieht man beispielsweise bei den „großen" und „kleinen" Casino-Spielen, beim Automatenspiel, beim Wetten, bei den Slot-Machines, beim Roulette oder zahlreichen Kartenspielen. Meistens richten private Anbieter diese Spiele im digitalen Raum aus.[180] Neben diesen „alteingesessenen" Spielen haben Spielentwickler viele neuartige digitale Spielarten geschaffen. Parallel zu den analogen Spielarten gibt es eine eigenständig agierende „digitale E-Sports-Welt". Von elektronischen Sportspielen, wie E-Soccer, E-Tennis und NBA 2K, über Shooterspiele, wie Counter-Strike oder Call of Duty, bis hin zu den berühmten Online-Strategiespielen (League of Legends, Warcraft, Dota) und Sammelkartenspielen (Hearthstone, Magic: The Gathering) existiert ein ausdifferenziertes Spektrum einer digitalen Sportspielwelt. Der analogen Spiellogik folgend, hat das Kräftemessen zwischen Spielern um Sieg und Niederlage in der digitalen Welt sein Pendant. Das Besser-Können durch Training und Geschick oder das Begünstigt-Sein vom Zufall sowie weitere Spieltypologien des Menschen kommen auch im Cyberraum zur Geltung. Neben den E-Sports-Wetten etabliert sich eine neue Geldspieloption auf reiner Zufallsbasis. Es handelt sich dabei um sogenannte „Lootboxen". Lootboxen sind virtuelle Behälter in Computerspielen, die Spieler kaufen, um zufallsbasierte Gegenstände zu erhalten, die in der Regel Vorteile verschaffen.[181] Im Gegensatz zu Internetcasinos lassen sich diese neuartigen Online-Geldspiele nicht nur über spezielle private Anbieter, sondern über alle digitalen Spielformen durchführen.[182]

---

[179] Gerhard Meyer u. a., „Simuliertes Glücksspiel. Analyse und Synthese empirischer Literaturbefunde zu Spielen in internetbasierten sozialen Netzwerken, in Form von Demoversionen sowie Computer- und Videospielen", *Zeitschrift für Gesundheitspsychologie* 23, Nr. 4 (2015): S. 155.
[180] Banz, *Glücksspielverhalten und Glücksspielsucht in Deutschland. Ergebnisse des Surveys 2019 und Trends*, S. 43.
[181] Banz, S. 49; Alexandra Puhm, *Lootboxen, Skin-Gambling & Co – Ein Hintertürl für die Glücksspielindustrie?*, 10. Fachtag der Fachstelle Glücksspielsucht Steiermark, 8. November 2019 (Graz, 2019).
[182] Banz, *Glücksspielverhalten und Glücksspielsucht in Deutschland. Ergebnisse des Surveys 2019 und Trends*, S. 49.

Zu Beginn des 21. Jahrhunderts zählen mit Internetcasinos, Online-Automatenspielen und elektronischen Sportwetten eher die analog-klassischen Spielformen zu den präferierten Spielen im digitalen Raum.[183] Spieler aus den unterschiedlichsten sozialen Schichten beteiligen sich viel mehr an den Online-Spielangeboten als bei ihren analogen Namensverwandten. Auch wenn es erst einmal erstaunt, geht es digitalen Gewinnspielern in viel geringerem Maß um die Herausforderung „Mensch gegen Maschine" oder um ein materielles Interesse. Wesentlich häufiger spielt der soziale Aspekt bzw. die Integration von Gewinnspielen in unterschiedliche digitale soziale Netzwerkkontexte eine wichtige Rolle:

> „Die Spielgenres sind ebenso zahl- wie facettenreich und umfassen neben Spielen mit Glücksspielcharakter auch Rollenspiele, Sport- oder Turnierspiele, Puzzles sowie Simulations- oder Fürsorgespiele. Schätzungen gehen davon aus, dass 81 Millionen Menschen täglich mindestens ein Spiel in sozialen Netzwerken nutzen [...]. Über die Hälfte der Facebook-Nutzer nimmt an derartigen sozialen Spielen teil."[184]

Gerade die soziale Vernetzung innerhalb digitaler Plattformtechnologien und Medien in einem zunehmend globalisierten Kontext unterstreicht, wie wichtig zwischenmenschliche Kommunikation ist. Weil dem Menschen im digitalen Raum die lebenswirkliche Begegnung analoger Spielerfahrung fehlt, sucht er diese soziale Entfremdungserfahrung über zwischenmenschliche Vernetzung zu kompensieren. Der spätmoderne Verlust an gelebter und erlebter sozialer Nähe und die Erfahrung einer „Gesellschaft der Singularitäten", wie der Soziologe Andreas Reckwitz schreibt, rufen förmlich nach der Notwendigkeit neuer Formen von Gemeinschaftserfahrung.

Soziale Netzwerk-Interaktion versucht diese Verlusterfahrung analoger Begegnung abzufedern. Vor allem Online-Spiele machen es möglich, einfache Formen von Teilhabe und Partizipation zu erfahren, und zwar unabhängig davon, ob man mit Freunden oder mit weitgehend unbekannten

---

[183] Gambling Commission, *Gambling Industry Statistics: April 2015 to March 2019 – Updated to Include October 2018 to September 2019*, S. 3.
[184] Meyer u. a., „Simuliertes Glücksspiel. Analyse und Synthese empirischer Literaturbefunde zu Spielen in internetbasierten sozialen Netzwerken, in Form von Demoversionen sowie Computer- und Videospielen", S. 154.

Nutzern derselben Plattform spielt. Norbert Bolz beschreibt diese Online-Spielformate als ein „massendemokratisches Ereignis"[185]. Dementsprechend erfreuen sich besonders Multiplayer-, Wettbewerbs- und Turnierspiele im digitalen Raum großer Beliebtheit.

Vor diesem Hintergrund lässt sich die Frage nach der Geltung des fiskokratischen Dispositivs eindeutig beantworten: Es deckt auch den digitalen Raum von Online-Gewinnspielen ab. Die anthropologischen Prinzipien des Spiels wie auch die klassische Spielordnung gelten im digitalen Raum weiter; die soziale Ausnahmesituation des Spiels in seiner Außeralltäglichkeit lässt sich auch auf die digitale Parallelwelt übertragen und sogar noch erweitern. Über Plattformtechnologien finden die Spieler ausreichende und noch nie da gewesene Möglichkeiten, soziale Vernetzungssituationen des Austausches und der Bindung zu bilden. Damit stellt sich die Frage, wie sich die Interaktionsmuster zwischen dem digitalen Spielraum und der sozialen Ordnung gestalten.

Dieser neue digitale Spielraum in seinem globalen Kontext stellt Regierungen vor enorme Herausforderungen. Oft fehlen den Entscheidungsträgern Wissen, Erfahrung, Kompetenzen und regulatorische Handlungsoptionen, um diesen Herausforderungen zu begegnen. Das Gewinnspiel im digitalen Raum bildet eine eigene Spielwelt, die sich mit der analogen Welt des Gewinnspiels zudem überschneidet. Unterschiedlichste Spielarten, Spieltypologien wie auch neuartige Simulationsspiele ergeben ein eigenständiges gesellschaftliches und politisches Interaktionsmuster im digitalen Raum, auf das das fiskokratische Dispositiv reagieren muss.

Zwei gesellschaftspolitische Konfliktlinien sind bereits aus jahrhundertelanger Praxis bekannt. Die erste Konfliktlinie der Klassifikation von Gewinnspielen fußt auf den Typologien des Kräftemessens, der Geschicklichkeit und des Zufallsprinzips. Die zweite basiert auf der alten aristotelisch-thomistischen Einteilung von „guten" und „bösen" Spielen; die Pole des Spektrums sind Sinn- und Tugendhaftigkeit einerseits und Rausch, Trance oder materieller Gewinn andererseits.

Die dritte Konfliktlinie entsteht als neue Konfrontationslinie in der Spätmoderne. Das Spannungsfeld dieser Konfliktlinie formiert sich über

---

[185] Norbert Bolz, *Wer nicht spielt, ist krank. Warum Fußball, Glücksspiel und Social Games lebenswichtig für uns sind* (München: Redline Verlag, 2014), S. 134 ff.

die Auseinandersetzung zwischen realem und fiktivem Glücksspiel. Es lässt sich, dem Denker der modernen Simulationstheorie Jean Baudrillard folgend, als Spiele der Simulation bezeichnen; der Titel seines kleinen Buches *Agonie des Realen*[186] deutet bereits auf die Erklärung hin. Inmitten einer virtuellen Umgebung digitaler (Spiel-)Räume vermischen sich sozial und individualistisch, kostenlos und kommerziell, online und offline und vor allem Gewinn und Nichtgewinn zu einer neuen Hyperrealität[187] – einer Hyperrealität, die sich von der bisherigen Spielauszeit als kurzem Ausbruch oder Sprung aus dem Alltag prinzipiell unterscheidet. Der Unterschied zu bisherigen Glücksspielordnungen der Vergangenheit liegt darin, die Differenz zur Lebensrealität in der Spielzeit als permanenten Lebenszustand wahrzunehmen. Der Spieler erfährt sein Bewusstsein des Spiels, ‚man tue nur so', seine kurze spielerische Fiktion, nun als eigene dauerhafte fiktionale Realität.

Zur Erinnerung: Spielen ist immer nur eine kurze soziale Ausnahmesituation des Ausbruchs aus der bestehenden sozialen Ordnung der eigenen Lebenswelt. In der plötzlich permanent gewordenen digitalen Simulationswelt des fiktionalen Spiels entsteht nun jedoch eine zweite virtuelle Realität, in der sich Spielordnungen zu eigenen virtuellen Sozialordnungen umwandeln können. Es handelt sich zwar nur um künstliche Ordnungsstrukturen, aber sie verdeutlichen noch einmal die gerade entstehende neue soziale Dimension im virtuellen Raum. Im gegenwärtigen virtuellen Raum verschmelzen bereits „gaming"- und „gambling"-Spielarten fluide ineinander. Mit dem Spiel „Second Life" entsteht zu Beginn des 21. Jahrhunderts ein erstes global erfolgreiches Computerspiel, welches dem Menschen die Chance eröffnet, über Avatare das gesamte wirtschaftliche Handeln und Spielen in der Parallelwelt eines „Metaversums" zu erleben.

Die Beobachtung dieser neuen Entwicklung artifizieller Lebenswelten, in denen der Mensch in seiner Interaktion auf Technologien und

---

[186] Jean Baudrillard, *Agonie des Realen*, übers. von Lothar Kurzawa und Volker Schaefer (Berlin: Merve Verlag, 1978).
[187] Daniel King, Paul Delfabbro und Mark Griffiths, „The Convergence of Gambling and Digital Media: Implications for Gambling in Young People", *Journal of Gambling Studies* 26, Nr. 2 (2010): 175–87; Mark D. Griffiths, „Adolescent Gambling via Social Networking Sites: A Brief Overview", *Education and Health* 31, Nr. 4 (2013): 84–87.

nicht mehr auf den Mitmenschen ausgerichtet ist, stellt ein wichtiges Feld der anthropologischen Forschung der Spätmoderne dar. Das Mensch-Technik-Verhältnis und der Einfluss von künstlicher Intelligenz auf die technologischen Entwicklungen im Cyberraum verändern die Denk- und Wahrnehmungsweisen des Menschen im digitalen Zeitalter. Was mit dem Menschen in dieser neuen artifiziellen Lebenswelt passiert, ist heftig umstritten. Die politisch-ethische Konfliktlinie der Auseinandersetzung über reales und fiktives Erleben im Spiel gestaltet sich dementsprechend kontrovers, da die Auseinandersetzung von unzähligen Ungewissheiten und Unplanbarkeiten geprägt ist. Jedoch gelingt es der Herrschaftselite immer weniger, zwischen realen und fiktiven Gewinnen, zwischen staatlich geschaffenen und virtuellen Währungen, zwischen Demo-, Betaversionen oder der Standardversion machtstrategisch zu unterscheiden. Für Meyer et al. handelt es sich hierbei nicht nur um „Spielformen in sozialen Netzwerken, sondern zusätzlich auch [... um] Demoversionen kommerzieller Internet-Glücksspielangebote sowie Computer- und Videospiele mit Glücksspielinhalten"[188]. Diese Verschmelzung zwischen Computerspielen, sozialen Netzwerkaktivitäten und Zufallsspielen prägt im beginnenden 21. Jahrhundert zusehends den digitalen Raum. Aber auch hier dreht sich natürlich das Rad des fiskokratischen Dispositivs. Regierende, Experten der Technikfolgenabschätzung, vor allem aber die Suchtforschung sind alarmiert. Sie schlagen Alarm, weil die digitale Integration von frei verfügbaren Online-Spielen, dem „social gaming", und dem Spiel mit virtuellen Einsätzen und gewinnentscheidenden Zufallselementen, dem „social gambling", immer schneller voranschreite.[189] Meyer et al. benutzen in diesem Zusammenhang auch den Begriff des „simulierten Glücksspiels":

> „[D]er Begriff ‚simuliertes Glücksspiel' [... lässt sich] als digitale interaktive Glücksspielaktivität definieren, die keinen direkten Einsatz von Geld

---

[188] Meyer u. a., „Simuliertes Glücksspiel. Analyse und Synthese empirischer Literaturbefunde zu Spielen in internetbasierten sozialen Netzwerken, in Form von Demoversionen sowie Computer- und Videospielen", S. 155.
[189] Rebecca Cassidy, „Partial Convergence: Social Gaming and Real Money Gambling", in *Qualitative Research in Gambling Exploring the Production and Consumption of Risk*, hg. von Rebecca Cassidy, Claire Loussouarn und Andrea Pisac (London: Routledge, 2013), 74–91; siehe auch Puhm, *Lootboxen, Skin-Gambling & Co – Ein Hintertürl für die Glücksspielindustrie?*

erfordert, aber ansonsten aufgrund des Einsatzes virtueller Währung und des als zufallsbedingt wahrgenommenen Spielausgangs strukturell identisch ist mit klassischen Glücksspielformaten."[190]

In der Spätmoderne eröffnen die Spiele der Simulation eine neue, für die Regierenden oft kaum einschätzbare und kontrollierbare politische Konfliktlinie. Zum einen verschmelzen die Grenzen zwischen sozialen Netzwerkaktivitäten und digitalem Spielgeschehen in der virtuellen Welt zu einer neuartigen Hyperrealität. Zum anderen bieten simulierte Spiele ein Ineinandergreifen von „gaming" und „gambling". Beide Verschmelzungsszenarien sind Treiber einer virtuellen Welt von übermorgen.

Auch wenn die virtuelle Dimension des Zufallsspiels der Herrschaftselite immer größere Sorge bereitet, behält sie die beiden anderen Konfliktlinien fest im Blick. Trotz vieler neuer Erfahrungen und Erkenntnisse in den ersten beiden Jahrzehnten des 21. Jahrhunderts und einer konstanten politischen Revision der Glücksspielgesetzgebung integriert das fiskokratische Dispositiv geräuschlos das unbestimmbare Gefährdungspotenzial von digitalen Geldspielen in seine Systematik, und zwar nicht nur in Deutschland, sondern in allen europäischen Staaten sowie in den USA. Die neue virtuelle und globalisierte Geldspielwelt findet ihre Gewinnspielsteuerung auch im fiskokratischen Dispositiv wieder.

Wie viel Zufall, wie viel „Rausch", wie viel fiktives Spiel sind für die sozialen Ordnungen erträglich? Antworten auf diese Fragen führen im antiken Rom und im Mittelalter zur Ächtung des Würfelspiels oder in der Neuzeit zum Verbot von Lotterien. Die Moderne kennt das neue Verbot von Automatenspielen oder Roulette. Die Spätmoderne richtet nun den Blick auf das virtuelle Gewinnspiel. Im Kern aller Gewinnspielregulierung des fiskokratischen Dispositivs steht immer die Frage nach den relevanten Machtpraktiken und seinen Begründungsstrukturen, um Gewinnspielregulierung zu ermöglichen und aus Sicht der Herrschaftselite die sozialen Ordnungen zu sichern. Jeder Eingriff in eine anthropologisch abgesicherte Spielordnung ist zu rechtfertigen. Das Endprodukt dieses offensichtlichen Herrschaftsstresses besteht in einer immer ausgeklügelteren

---

[190] Meyer u. a., „Simuliertes Glücksspiel. Analyse und Synthese empirischer Literaturbefunde zu Spielen in internetbasierten sozialen Netzwerken, in Form von Demoversionen sowie Computer- und Videospielen", S. 155.

Form der Gewinnspielsteuerung. Je mehr Spielentwickler Geldspielarten erfinden, desto größer, komplexer und intensiver gestaltet sich die Gewinnspielsteuerung.

In der Spätmoderne richtet sich nun die gesellschaftspolitische und vor allem fiskalische Debatte auf den „richtigen" Umgang mit dem virtuellen Gewinnspiel – eine Debatte, die eng mit der politischen Diskussion über eine grundsätzliche staatliche Regulierung des Internets und der sozialen Netzwerke verknüpft ist.

Getreu den Möglichkeiten des fiskokratischen Dispositivs tasten sich die Regierenden mehr oder weniger erfolgreich an eine digitale Glücksspielregulierung heran. Immer mehr Staaten weltweit sehen sich im 21. Jahrhundert dazu gezwungen, das Online-Glücksspiel zu legalisieren und konsequenterweise zu besteuern, weil eine effektive Verbotspolitik an technologischen Durchsetzungshürden sowie an den mannigfaltigen technologischen und regulatorischen Herausforderungen eines global verflochtenen Marktes scheitert.[191] Prominente Beispiele für erste Regulierungs- und Legalisierungsversuche sind Online-(Sport-)Wetten und Internetcasinos. Auch und besonders bei den virtuellen Gewinnspielen besteht für die Regierungen die Herausforderung, die Stabilität des fiskokratischen Gleichgewichts zu erhalten. Gerade Spieler im digitalen Raum reagieren äußerst sensibel, global und schnell, wenn es um das Gleichgewicht von Gewinnspielsteuerung und Attraktivität des virtuellen Gewinnspiels geht. Dabei geht es den Regierungen in einer „Gesellschaft der Singularitäten" darum, den Spieler vor sich selbst zu „beschützen". Das Narrativ von Sucht- und Präventionspolitik dominiert in der Spätmoderne die Rechtfertigungsdiskussion der Gewinnspielsteuerung. Im Zuge dessen beginnt weltweit ein regelrechter Siegeszug komplexer Interaktionsmuster zwischen Regierungen und den Sucht- und Präventionswissenschaften. Die politische Auseinanderset-

---

[191] European Commission, „Online Gambling in the EU", o. J., https://ec.europa.eu/growth/sectors/gambling_en (zugegriffen am 13.08.2020); George Miller, „How do Germany and the Netherlands' New Gaming Laws Compare to Other European Countries?", European Gaming, 2020, https://europeangaming.eu/portal/latest-news/2020/04/28/69421/new-2021-germany-and-holland-gaming-laws (zugegriffen am 13.08.2020); PricewaterhouseCoopers (PwC), *Global Gaming Outlook. The Casino and Online Gaming Market to 2015* (PwC, 2011); International Association of Gaming Regulators (IAGR), *Gambling Regulation – Global Developments 2018–19 (Markets)* (IAGR, 2019), S. 10 ff.

zung ist notwendigerweise von wissenschaftlich abgeleiteten Theorien des problematischen und pathologischen Spielverhaltens geprägt – gerade im Hinblick auf den noch unbekannten und „gefährlichen" digitalen Raum.[192]

Die biologische und zunehmend biologistische Wende treibt gemeinsam mit der Psychologie und Psychiatrie diese Diskussion weiter voran. Denn natürlich gibt es in allen geschichtlichen Epochen Spieler, die – die Spielordnung sprengend – dramatische persönliche Erfahrungen des Leidens und Unglücks mit allen Formen von Spielen kennen. Eine Spielordnung, die nicht den Hauch dieses Rausches kennt, keinen Raum der unkontrollierten Kontrolle besitzt, ist keine Spielordnung. Wie unterschiedlich die Herrschaftseliten diese menschlichen Erfahrungen des Leidens, des Unglücks oder der Tragik in den geschichtlichen Epochen systematisieren und in Denklogiken fassen, hat sich bereits am fiskokratischen Dispositiv gezeigt. Dieses Dispositiv ist ein völlig neutrales Gebilde: Es bewertet nichts, genauso wie auch das Spiel selbst immer neutral ist. Gleichwohl ist es aufschlussreich, die im fiskokratischen Dispositiv entstehenden Diskurse, wie soziale Ordnungen und ihre Herrschaftseliten mit diesen real existierenden Leidensherausforderungen umgehen, in unterschiedlichen geschichtlichen Epochen und Ordnungen zu beschreiben. Die Spätmoderne – verankert in einer zutiefst naturwissenschaftlichen Denkweise – blickt dabei auf den Menschen als körperliches Wesen, das es immer mehr vor schädlichen oder gar „bösen" Einflüssen zu schützen gilt. In den Vereinigten Staaten lässt sich parallel nachzeichnen, wie die Glücksspielregulierung von der einstigen religiös-moralisierenden Blickweise zunächst um 1915 auf eine rationalistisch-pathologisierende Rechtfertigung umschwenkt und sodann ab 1980 ein Rechtfertigungspluralismus einsetzt, in dem moralische und naturwissenschaftliche Begründungen nebeneinander existieren.[193] Wenngleich sich das Narrativ selbst auf Sucht- und Präventionsbegründungen konzentrieren mag, so verändern sich die Machtpraktiken der Gewinnspielsteuerung auch in der Spätmoderne nicht.

---

[192] Banz, *Glücksspielverhalten und Glücksspielsucht in Deutschland. Ergebnisse des Surveys 2019 und Trends*, S. 91; Griffiths und Parke, „Internet Gambling".
[193] Bernhard, Futrell und Harper, „,Shots from the Pulpit:' An Ethnographic Content Analysis of United States Anti-Gambling Social Movement Documents from 1816–2010".

Die Regierungen versuchen also, staatlich kontrollierte Monopolsysteme auch für den digitalen Raum einzuführen. Dieses Unterfangen erfolgt in den ersten beiden Jahrzehnten des 21. Jahrhunderts über Lizenzierungsverfahren privater Spielanbieter im digitalen Raum. Zudem zielt die Gewinnspielsteuerung des Online-Gewinnspielmarktes auf die Steigerung staatlicher Fiskaleinnahmen ab.[194]

Eines ist in der politischen Kontrolldiskussion erkennbar: Die Erschließung eines vollkommen neuen politischen Kontrollraums – Gewinnspiele im digitalen Raum – verkompliziert das Zusammenfügen der feinen Machtlinien innerhalb des fiskokratischen Dispositivs. In der virtuellen Realität des Gewinnspiels können die Spieler online zu jedem Zeitpunkt von überall aus um ihre Gewinne spielen. So wird die bisher wichtige machtstrategische Grenzziehung zwischen analog und digital sowie zwischen Lebensrealität und fiktiver Hyperrealität im digitalen Raum zunehmend verwischt.

1.3 Gewinnspiele: eine Frage des Zufalls?

Zum Abschluss des ersten Kapitels über das Wesen des Gewinnspiels, in dem – ausgehend von einer Kritik des „Glücksspiel"-Begriffs – seine historischen Etappen analysiert und die Entwicklung des fiskokratischen Dispositivs nachgezeichnet wurde, soll nun ein Kernelement dieser Spielform analysiert werden, ohne das ihr Reiz nicht zu verstehen ist: der Zufall. Hierfür lohnt es sich, das Gewinnspiel zunächst von anderen Spielformen, die in dieser Untersuchung keine zentrale Rolle gespielt haben, abzugrenzen, um dann die Klassifikation der zentralen Zufallskomponente durch Gesetzgebung, Verwaltung und Jurisdiktion in den Blick zu fassen.[195]

Grundsätzlich lässt sich die Praxis des Spielens *sui generis* in drei Spielformen unterteilen: Funktions-, Phantasie- und Regelspiele. Im Funkti-

---

[194] PricewaterhouseCoopers (PwC), *Global Gaming Outlook. The Casino and Online Gaming Market to 2015*; International Association of Gaming Regulators (IAGR), *Gambling Regulation – Global Developments 2018–19 (Markets)*, S. 10 ff.

[195] Das Element des Zufalls als *differentia specifica* des Gewinnspiels wird in Abschnitt 3.2 zudem erneut vertieft, wenn die historischen Denksystematiken des Spiels anhand der Grundprinzipien Schicksal, Zufall und Chaos unterschieden werden.

onsspiel interagiert der Spieler, zumeist im frühen Kindesalter, mit Alltagsgegenständen durch Schütteln, Klopfen, Reiben, Verstecken etc., um auf diese Weise die Welt, die Objekte und die eigene Körperlichkeit zu erfahren. Diese Spielform, die als die „erste" unter den Spielformen gilt, schult die Motorik des heranwachsenden Menschen in den ersten Lebensjahren.

Phantasiespiele wiederum sind darauf angelegt, jede Grenze sozialer Ordnungen zu sprengen. Sie leben von der eigenen Verwandlung und Veränderung von Rollen, Funktionen und Identitäten. Der Spieler kann sich für andere maskieren, verbergen oder sich in andere hineinversetzen. Regelspiele schließlich sind Gewinn- oder Geldspiele, insofern ihre Spielordnung auf immateriellen und materiellen Gewinn abzielt; sie stehen im Fokus dieser Untersuchung. Alle Regelspiele gründen auf einem Zufallsprinzip, das heißt, sie leben vom ungewissen Ausgang. Jedes Zufallsprinzip des Spiels fordert die Grundlogik sozialer Ordnung heraus. Soziale Ordnungen sind auf Institutionalisierbarkeit und Erwartungskontrolle bzw. die Minimierung von Unsicherheit ausgelegt. Unordnung wird somit schnell zum Gift für eine soziale Ordnung. Daher bilden Regelspiele grundsätzlich immer außeralltägliche Situationen ab, die für soziale Ordnungen eine Ausnahmesituation darstellen. Dennoch müssen die Regierenden diese Ausnahmesituationen in den Alltag sozialer Ordnung integrieren. Dies erzeugt immense Herausforderungen, wie sich bereits umfassend gezeigt hat. Die politische Konfliktlinie der Steuerung des Zufallsprinzips im Spiel kennen alle Kulturen der Weltgeschichte. Für die Analyse des Gewinnspiels ist es daher von besonderem Interesse, abschließend noch einmal tiefer in die politische Geschichte des Zufalls im Spiel einzutauchen.

„Omnia casu fiunt", besagt ein lateinisches Sprichwort. Alles sei das Werk des Zufalls. Die Geschichte zeigt, dass die regulatorische Definition des Zufallsprinzips im Spiel nur in Relation oder Abgrenzung zum Besser-Können, zur Geschicklichkeit, zur naturwissenschaftlichen Vernunft oder zum teleologischen Prinzip gebildet werden kann. Diese Definition ist entscheidend für die Rechtfertigung von Machteingriffen in das Gewinnspiel und seine Spielordnungen. Daher verknüpfen die Herrschaftseliten innerhalb des fiskokratischen Dispositivs die Akzeptabilität von Gewinnspielen vorwiegend mit solchen Klassifikations- und Zuordnungssystemen, die sich am Zufallsprinzip orientieren. Sie nutzen zudem die altbewährte aristotelisch-thomistische Logik „guten" und „bösen" Gewinnspiels. Über den Zufallsanteil bei Gewinn und Verlust definieren sie letztlich den akzeptablen, sprich „guten" Teil von Gewinnspielen, der sich neben menschlichen Fähigkeiten auch nach dem Grad der Zufallsgenerierung durch Mechanisierung und Technologisierung leiten lässt.

Beispielhaft dafür stehen die fortwährenden politischen Diskussionen in der Moderne, ob Regierungen die Lotterie- und Automatenspiele noch den vertretbaren Unterhaltungsspielen zuordnen sollen, deren Gewinnausgang durch Fähigkeiten und Geschick bestimmt wird, oder nicht. Kartenspiele kennen eine vergleichbare Verbotsgeschichte, die durch das ständige Abwägen zwischen den Kriterien von Zufall und Können geprägt ist. Die politische Entscheidung über den Zufallsanteil bei Gewinnspielen korreliert mit der Regulierungsdichte dieser Spiele. Reine Zufallsspiele lassen sich nur schwer in eine soziale Ordnungsstruktur integrieren. Die Gewinnspielsteuerung von reinen Zufallsspielen durchläuft daher von der moralischen Verteufelung bis zum Totalverbot eine immer stärker ausgefeilte Serie von Machtpraktiken. Die „Zähmung des Zufalls" in der Gewinnspielsteuerung führt so zu unzähligen regulatorischen Mischformen. Jede Epoche und jede soziale Ordnung eröffnet damit ihre einzigartige Perspektive auf die Geschichte der Gewinnspielsteuerung. Exemplarisch hierfür ist die deutsche Situation zu Beginn des 21. Jahrhunderts. Der deutsche Glücksspielstaatsvertrag definiert Glücksspiel als Gewinnentscheidung über den Zufallsgrad,

> „[…] wenn im Rahmen eines Spiels für den Erwerb einer Gewinnchance ein Entgelt verlangt wird und die Entscheidung über den Gewinn ganz oder überwiegend vom Zufall abhängt. Die Entscheidung über den Gewinn hängt in jedem Fall vom Zufall ab, wenn dafür der ungewisse Eintritt oder Ausgang zukünftiger Ereignisse maßgeblich ist. Auch Wetten gegen Entgelt auf den Eintritt oder Ausgang eines zukünftigen Ereignisses sind Glücksspiele."[196]

---

[196] § 3 Abs. 1 des Gücksspielstaatsvertrages: Bundesrepublik Deutschland, „Staatsvertrag zum Glücksspielwesen in Deutschland (Glücksspielstaatsvertrag – GlüStV) vom 15.12.2011" (2017), https://gesetze.berlin.de/bsbe/document/jlr-Gl%C3%BCStVtrBE2012rahmen/part/r (zugegriffen am 18.11.2020).

1 Das Wesen des Gewinnspiels 97

Diese überaus komplexe Definition muss im Zusammenhang mit der Berechenbarkeit von Gewinnwahrscheinlichkeiten in der hoch technologisierten Spielproduktentwicklung gesehen werden. Dabei darf man nicht vergessen, dass ab dem Aufkommen der Lotterien der eigentliche „Gewinner" des reinen Geldspiels immer der Spieleorganisator bzw. die ihn kontrollierende Institution selbst ist. Die Herausbildung der staatlichen Monopolbildung ist somit entscheidend für die Stabilität des fiskokratischen Dispositivs geworden. Die deutsche Gewinnspielsteuerung der Moderne beruft sich bei ihrer Klassifikationssystematik entscheidend auf das Kriterium Zufall.

Wie schwer diese politische Definitionsentscheidung zum Zufallsanteil bei Gewinnspielen in der Alltagspraxis durchzusetzen ist, zeigt die große Uneinigkeit der deutschen Rechtsprechung zur Bemessung des Zufallsanteils bei Gewinnspielen. Der deutsche Bundesgerichtshof legt 1989 fest, das sogenannte „Hütchenspiel" lasse sich nicht kategorisch als Geschicklichkeits- oder „Glücksspiel" einordnen, da dies immer von den Bedingungen des Spielsystems abhänge, unter denen man das Spiel spiele.[197] Mit Blick auf Pokerspiele urteilt das Finanzgericht Köln 2012, der Gewinn sei „wesentlich und überwiegend von den Fähigkeiten des Klägers und weniger vom Zufall abhängig".[198] Völlig anders bewerten dies 2014 das Bundesverwaltungsgericht und im Jahr 2015 das Verwaltungsgericht Karlsruhe. Beide Gerichte gelangen zwar zur Einschätzung, die Gewinnentscheidung bei Pokerspielen sei vielmehr stärker vom Zufall als von der Geschicklichkeit der Spieler beeinflusst. Aber im selben Urteil entscheiden sie, dass dies nicht per se für alle Pokervarianten gelte.[199] Der Bundesfinanzhof stellt wiederum in seinem Urteil 2015 fest, dass Turnierpokerspiele – insbesondere in den Varianten „Texas Hold'em" und „Omaha" – eine Mischform aus Glücks- und Geschicklichkeitskomponenten darstellen.[200] Viele weitere Urteile lassen sich in dieser unterschiedlichen Polarität finden. Was folgt daraus? Eine genuin politische Entscheidung zum Glücksspiel an Gerichte auszulagern oder von Gerichten entschei-

---

[197] Bundesgerichtshof, „Urteil vom 11.01.1989–2 StR 461/88" (1989).
[198] Finanzgericht Köln, „Urteil vom 31.10.2012–12 K 1136/11" (2012).
[199] Bundesverwaltungsgericht, „Urteil vom 22.01.2014 – BVerwG 8 C 26.12" (2014); Verwaltungsgericht Karlsruhe, „Urteil vom 12.02.2015–3 K 3872/13" (2015).
[200] Bundesfinanzhof, „Urteil vom 16.09.2015 – X R 43/12" (2015).

den zu lassen, stellt selbst ein Zufallsmoment des Glücksspiels dar. Eine juristische Abgrenzung von Zufalls- und Geschicklichkeitsspielen widerspricht den Prinzipien und Logiken des Spiels selbst. Über Spiele kann man nicht klassifikatorisch urteilen, man kann diese nur verbieten. Jede Gerichtsentscheidung zum Zufallsspiel verrät letztlich mehr über die Positionierung der Richter selbst als über die juristische Praktikabilität des Urteils.

Vergleichbare klassifikatorische Zufallsdefinitionen von „Glücksspielen" wie in Deutschland werden in vielen weiteren Teilen der Welt verwandt, z. B. in Österreich, der Schweiz, der Türkei oder in den USA.[201] Andere Länder, beispielsweise Südafrika oder Singapur, rechnen hingegen Gewinnspiele nicht eindeutig den Zufallsspielen zu.[202] Sie bestimmen den materiellen Gewinn entweder über den Zufall, die Fähigkeiten der Spieler, oder die Regierungen entscheiden sich für eine Definition über Mischformen. Bewusst verzichten beide Regierungen auf die Trennung zwischen „Glücks"- und Geschicklichkeitsspielen. Konsequenterweise können somit die beiden Staaten auch leichter neue digitale Spielarten von „gaming" und „gambling" in die Gesetzgebung integrieren. Sie schaffen sich dadurch bereits einen staatlichen Zugriff auf die spätmodernen Simulationsspiele des digitalen Raums. Eine dritte Gruppe von Länderregierungen verzichtet bei ihrer Gewinnspielsteuerung ganz auf gesonderte oder allgemeingültige Definitionen von Glücksspiel. Dies ist unter anderem in Mexiko und im Glücksspielparadies Macau der Fall. Beide Jurisdiktionen legen weder fest, was eine Spielart als Glücksspiel klassifiziert, noch grenzen diese Länder verschiedene Arten von Gewinnspielen grundsätzlich voneinander ab.[203] Dieser kurze Vergleich belegt, wie unterschiedlich Regierungen zu Beginn des 21. Jahrhunderts die Begriffsbildung von „Zufall" in der Gewinnspielsteuerung betreiben. Das

---

[201] Siehe Republik Österreich, „Österreichisches Glücksspielgesetz; konsolidierte Fassung vom 14.08.2020" (2020); Schweizerische Eidgenossenschaft, „Bundesgesetz über Geldspiele (Geldspielgesetz, BGS) vom 29. September 2017" (2017); USA, „Alabama Code § 13A-12-20" (2021); Republik Türkei, „Turkish Criminal Code No. 5237, 26.09.2004" (2004).
[202] Republik Südafrika, „South African National Gambling Act" (2004); Wai Ming Yap und Gina Ng, „Gaming in Singapore: Overview", in *Gaming Global Guide*, Practical Law (Thomson Reuters, 2020).
[203] Cesar Morales Galán und Moisés Prochovnik Alfie, „Gaming in Mexico: Overview", in *Gaming Global Guide*, Practical Law (Thomson Reuters, 2019); Rui Pinto Proença und Carlos E. Coelho, „Gaming in Macau: Overview", in *Gaming Global Guide*, Practical Law (Thomson Reuters, 2019).

fiskokratische Dispositiv hält für alle staatlichen Steuerungsvarianten entsprechende Narrative und Machtpraktiken aus jahrhundertelangen Erfahrungen bereit.

Auch in der Gewinnspielforschung existieren unzählige Modelle, um Spiele als Zufalls-, Geschicklichkeits- oder Strategiespiele zu klassifizieren. Der Spielemathematiker Jörg Bewersdorff unterscheidet beispielsweise zwischen drei Kategorien von Spielen, in denen Ungewissheit in erster Linie aus unterschiedlichen Elementen resultiert – und zwar aus dem Zufall, aus der Anzahl der Kombinationsmöglichkeiten an Spielzügen und aus Informationsasymmetrien zwischen den Spielern.[204] Im Umkehrschluss bestimmen hier also jeweils Glück, Logik oder Bluff primär den Ausgang eines Spiels. Der Spieleforscher Markus Banz zeigt die vielfältigen Spielformen im geschichtlichen Verlauf auf und bemerkt, wie schwierig ihre klare Abgrenzung und Kategorisierung ist.[205] Beide bewerten das Zufallsspiel auch keineswegs als rein objektive, mathematisch-rational begründete Angelegenheit. Die Bedeutung eines ausgeklügelten machtstrategischen Ansatzes zur Gewinnspielsteuerung sehen beide jedoch nicht. Vorsichtig schimmert dieser Aspekt einer politischen Zuordnung des Zufallsspiels bei Ulrike Näther durch, wenn sie bei ihrer Geschichte des Glücksspiels resümiert:

„[...] D]er Aspekt des Zufalls [war] bei der Beurteilung und der Durchsetzung von obrigkeitlichen Verboten nicht immer das entscheidende Kriterium. Immer wieder kam es vor, dass so genannte Glücksspiele aus diesem Bereich herausgenommen und unter die ‚unschuldigen' oder ‚uneigennützigen' Spiele, die Unterhaltungsspiele gezählt wurden."[206]

Welchen Nutzen haben dieses Wissen und Analyseraster? Wer sich die Mühe macht, das fiskokratische Dispositiv einer historischen Epoche oder der politischen Gegenwart zu beschreiben, kann als Außenstehender und als Beteiligter die inhaltlichen Aussagen und die einzelnen Regulierungsschritte zur Gewinnspielsteuerung strategisch und logisch besser verorten. In der Kombination von Aussagen und Handlungen posi-

---

[204] Bewersdorff, *Glück, Logik und Bluff. Mathematik im Spiel – Methoden, Ergebnisse und Grenzen.*
[205] Banz, *Glücksspielverhalten und Glücksspielsucht in Deutschland. Ergebnisse des Surveys 2019 und Trends*, S. 51.
[206] Näther, *Zur Geschichte des Glücksspiels*, S. 2.

tionieren sich die Akteure bewusst oder unbewusst zu den laufenden politischen Diskussionen. Spielen ist immer eine auf sich selbst bezogene Tätigkeit und nur in Spielordnungen bestimmt. Spielen ist immer ein neutrales und positives Tun. Als soziale Ausnahmesituation sind das Spiel und seine Spieler niemals politisch, ethisch, moralisch oder gesellschaftlich motiviert. Erst die notwendige Integrationsleistung in eine soziale Ordnung macht es zu einem Politikum. Damit spiegelt sich in der alltäglichen Diskussion um Gewinnspiele eine einzigartige machtstrategische Chance wider: die Positionierung der maßgeblichen Akteure in einer sozialen Ordnung anhand ihrer Stellung zu den anthropologischen Prinzipien des (Gewinn-)Spiels zu bestimmen. Die gesellschaftlichen Auseinandersetzungen um die Spielordnungen und Spielprinzipien von Freiheit, (Chancen-)Gleichheit, Gerechtigkeit, Status und Leidenschaft beschreiben das Verhältnis zwischen Spielordnung und sozialer Ordnung in eindrucksvoller und bisher kaum genauer analysierter Klarheit.

Die Regierungen haben sich seit der späten Neuzeit die technologischen Möglichkeiten und die mathematischen Erkenntnisse der Wahrscheinlichkeitsrechnung zu eigen gemacht. Der Zufall an sich lässt sich nicht berechnen, aber die technologischen Rahmenbedingungen und die Definition von Spielordnung für die Zufallswahrscheinlichkeit von Gewinnen sind natürlich einschätzbar und berechenbar. Auch wenn wir über die Kalkulation von Gewinn- und Zufallsquoten sprechen, ist entscheidend: Das konkrete Spielergebnis bleibt immer unvorhersagbar. Prognosen zum Eintreten von Ereignissen sind damit stets Vermutungen. Sie stützen sich auf relative Wahrscheinlichkeiten, mit denen ein bestimmtes Ereignis im Durchschnitt eintritt.[207] Dies gilt sowohl für „reine" Geldspiele als auch für Gewinnspiele, deren Spielordnungen Mischformen aus Fähigkeiten, Geschicklichkeit und Zufall ermöglichen; wobei freilich durch Fähigkeiten und Geschicklichkeiten, insoweit sie Auswirkungen auf den Ausgang von Spielen haben (etwa beim Poker), Eintrittswahrscheinlichkeiten in Relation zum Können möglicher Gegner verbessert oder verschlechtert werden. Dessen unbesehen ist auch in letzteren Vari-

---

[207] Näther, S. 124 ff.; Bewersdorff, *Glück, Logik und Bluff. Mathematik im Spiel – Methoden, Ergebnisse und Grenzen.*

anten der konkrete Einzelspielverlauf einer Berechnung notwendig entzogen.

Man denke bei Frage nach der staatlichen Gewinnsteuerung an Voltaire zurück, der den Rechenfehler bei der Lotterie des französischen Königs Ludwig XV. erkennt und durch die Gründung eines Loskäufer-Konsortiums ein Vermögen gewinnt:[208] In einer solchen Spielart, die eine staatliche Beschränkung von Gewinnmöglichkeiten umfasst und – in dieser konkreten Variante – eine mathematisch bestimmbare Mischform aus Fähigkeit und Zufall darstellt, kommt dem Organisator des Spiels die entscheidende Bedeutung zu: durch Festlegung der Höhe von Lospreisen und Ausschüttungsquoten sowie der Systeme (z. B. 6 aus 45, 7 aus 50 oder 6 aus 42 plus Glückszahl 1 aus 6). Meistens organisiert ein Staat das Gewinnspiel selbst; dazu kommen oft die Hersteller oder die Betreiber. Wer die Hoheit über die Spielorganisation hat, entscheidet über die finanziellen und steuerlichen Rahmenbedingungen sowie die Einsatz- und Gewinnmöglichkeiten. Diese „gezähmten Spielarten" zeigen sich beispielsweise in der Unterscheidung zwischen Geld- und Geschicklichkeitsspielautomaten in der Schweiz. Zu Letzteren zählen Automaten, bei denen die Spieler durch eigene Fähigkeiten die Gewinnchancen erhöhen und ohne ein eigenes Mitwirken keinen Gewinn erzielen können.[209]

Daher sind alle Entscheidungen über die Klassifikation von Spielarten immer auch politisch ausgerichtet. Jede vorgenommene Klassifikation hat weitreichende Folgen für die damit verbundenen Fiskaleinkünfte und eine staatlich kontrollierte Gewinnverteilung.[210] In vielen europäischen Staaten ist das „Geldspielgerät" eine der beliebtesten Formen einer „gezähmten" Spielart. Es verbindet in einer hoch technologisierten Welt die spielerische Freude mit dem Reiz des Gewinns in einem staatlich geschützten Umfeld. Staatliche Zulassungsverfahren entscheiden über das Aufstellen von Geldspielgerätetypen, sowohl über den Einsatz der Hardware als auch der Software. Daher bezeichnet der Staat diesen Automatentypus auch konsequent als „Geschicklichkeits- oder Unterhaltungsspiel-

---

[208] Siehe Abschnitt 1.2.4.
[209] Siehe die „Abgrenzung der Glücksspielautomaten von den Geschicklichkeitsspielautomaten": Eidgenössisches Justiz- und Polizeidepartement, „Verordnung des EJPD über Überwachungssysteme und Glücksspiele (Glücksspielverordnung, GSV) vom 24. September 2004" (2004).
[210] o. A., „Statt Glück ist jetzt Geschick im Spiel gefragt", *Neue Zürcher Zeitung*, 20. Juli 2005.

gerät mit Gewinnmöglichkeit". Die englischen Fans von Gewinnspielen verwenden die Bezeichnung „skill-based slot machines" oder „fruit machines".[211] Auch hier halten die staatlichen Entscheidungsträger die Gewinnhöhe bewusst sehr begrenzt, um nicht in eine risikoreiche Legitimitätsdiskussion mit dem eigenen Rechtfertigungsnarrativ der Spielsuchtbekämpfung zu geraten.

Die technologischen Möglichkeiten, den Spielern eine „gezähmte Spielart" anzubieten, bei der der Zufallscharakter von Gewinnspielen und die damit verbundenen Gewinnerwartungen der Spieler begrenzt sind, sind ein wichtiges Indiz dafür, wie präzise die Gewinnspielregulierung in der Spätmoderne funktioniert. Sowohl die Definition des Zufalls wie auch das Verhältnis zwischen Zufall und Können oder zum Teil die mathematische Berechnung von Quoten unter bestimmten Spielordnungen sind politisch-regulative Entscheidungen. Im fiskokratischen Dispositiv der Spätmoderne trifft der Gesetzgeber vielmehr unzählige Abwägungs- und Kalkulationsentscheidungen, um Attraktivität, Spielfaszination oder Gewinnoptionen in einem politischen Gleichgewicht mit den Kontroll- und Sanktionsmechanismen zu halten. Bei der Rechtfertigung dieses Narrativs der Gewinnspielregulierung rekurrieren die Regierungsverantwortlichen bewusst und selektiv auf die Ergebnisse der Sucht- und Präventionsforschung.

Eine entscheidende Eingriffsmöglichkeit lässt sich aber niemals verändern: die Grundprinzipien und die Logik des Gewinnspiels selbst. Diese universellen Faktoren strukturieren jedes fiskokratische Dispositiv unabhängig von seinen geschichtlichen Ausprägungen. Sie sind auch gegen jede Form juristischer Entscheidungen immun. Nur wenn man sich auf die Prinzipien und die Logik des Spiels einlässt, wird die Faszination des Spiels in allen Kulturen und Epochen ersichtlich. Gerade das Spielen fordert die Alltagswelt jeder sozialen Ordnung heraus: einerseits, weil es dem Menschen die eigene Ungewissheit und die Unvorhersehbarkeit des Lebens aufzeigt, andererseits, weil es symbolisch für die Chance steht, das Leben aktiv gestalten zu können.

---

[211] Thomas Bronder, *Spiel, Zufall und Kommerz. Theorie und Praxis des Spiels um Geld zwischen Mathematik, Recht und Realität* (Berlin/Heidelberg: Springer, 2016), S. 236; Anthony Walker, „Can You Make a Profit Playing Skill-Based Slot Machines?", https://marketbusinessmag.com/can-you-make-a-profit-playing-skill-based-slot-machines/ 2023, (zugegriffen am 17.08.2023).

Damit steht fest: Gerade das Spiel mit dem Zufall übt einen unwiderstehlichen Reiz auf jeden Menschen aus. Eine rein rationale Quantifizierung und Qualifizierung von Spielen anhand von Zufall, Geschick oder Strategie muss scheitern. Die notwendige Einordnung eines Spielgeschehens in die sozialen Strukturen ist daher immer ein komplexes Zusammenspiel zwischen dem einzelnen Menschen, seiner Umgebung und seiner sozialen Eingebundenheit. Um dieses Zusammenspiel zu meistern, entwickelt sich ein einzigartiges fiskokratisches Dispositiv mit einem in seiner Paradoxie zutiefst herausfordernden Ziel: die kontrollierte Unkontrollierbarkeit einer sozialen Ordnung zwischen einem Menschen und seiner Gemeinschaft zu ermöglichen.

2

Die Logik des Gewinnspiels

„Die besten Dinge verdanken wir dem Zufall" – Casanova

Das erste Kapitel hat sich den Prinzipien und dem Phänomen des Gewinnspiels über seine unterschiedlichen geschichtlichen Ausprägungen angenähert. Aus Handlungsweisen, Machtpraktiken und Argumentationsmustern kristallisierte sich ein fiskokratisches Dispositiv heraus, welches den jeweiligen Herrschaftseliten den Handlungsrahmen gibt, um die Gewinnspielsteuerung in den unterschiedlichsten Epochen und Kulturen zu organisieren. Die außeralltägliche Situation des Spiels in die jeweilige soziale Ordnung zu integrieren, gestaltet sich als permanente Herausforderung jeder Herrschaftselite. Der geschichtliche Rückblick lehrt, sich bei der Suche nach dem Wesen des Gewinnspiels nicht von oberflächlichen „Glücksspieldiskussionen" leiten zu lassen, sondern tiefer zu blicken. Das erste Kapitel beschreibt die Handlungsweisen der Menschen, besonders der Herrschaftseliten, und blickt darauf, wie durch Gewinnspielsteuerung Macht ausgeübt wird. Zudem vergleicht es deren Umsetzung, also das konkrete menschliche Handeln bei der Gewinnspielsteuerung, mit den Argumenten, um dieses Handeln zu rechtfertigen. Letztlich werden die Handlungsweisen und die dazugehörigen Aussagen über das Handeln bei der Gewinnspielsteuerung in eine kritisch-reflexive Beziehung zueinander gesetzt. Hierbei helfen die Überlegungen der historischen Anthropologie mit ihrem Fokus auf geschichtsübergreifende anthropologische Wirkmechanismen und der politischen Praxeologie, die Sozialstrukturen im Hinblick auf die Konvergenz und Divergenz von Diskurs und Praktik erschließt, weiter.[1]

Doch welche anthropologischen Wirkungsmechanismen bestimmen ein Gewinnspiel, welche Denk-, Diskurs- und Handlungslogiken verbergen sich hinter Gewinnspielordnungen und welche Überbrückungsmechanismen sorgen für die Integration von Gewinnspielen in die jeweilige soziale Ordnung? Um diesen Fragen näher zu kommen, ist die Typologie-Interpretation des Kulturanthropologen Johan Huizinga unverzichtbar. Dieser spricht in seinem berühmten Buch in Abwandlung des homo sapiens vom *homo ludens*, dem leidenschaftlich spielenden Menschen. Die vorliegende Analyse erweitert Huizingas Typologie des homo ludens bewusst in der Differenz zum rational-kalkulierenden Menschen, dem *homo faber* oder *homo oeconomicus*, und zu dem kulturverhafteten sowie gesellschaftsbildenden *homo sociologicus*. In der Ausdifferenzierung dieser Typologien lassen sich die unterschiedlichsten anthropologischen Verästelungen im Gewinnspiel verorten. Der Soziologe Roger Caillois ergänzt Huizingas Epochenwerk durch eine wegweisende Studie, in der er eine Klassifikationssystematik des Spiels mit den vier Spielkategorien von Agon, Alea, Mimicry und Ilinx entwickelt. Damit gelingt es Caillois noch besser, die Einstellungen und Motivationen der Spieler zu hinterfragen. Wie in der Einleitung aufgezeigt, soll die Klassifikation von Caillois durch die Konzentration auf die Regelspielsystematik des führenden Machttheoretikers Heinrich Popitz vereinfacht werden. Diese methodische Herangehensweise lässt sich daher eine anthropoludische Annäherung an regelgebundene Gewinnspiele nennen. Während im vorherigen Kapitel der Spieler ganz in seiner Geschichtlichkeit im Fokus stand, geht es nun um den Menschen in der außeralltäglichen Situation eines anthropologisch bestimmbaren Spielraums. Denn bereits der kurze geschichtliche Rückblick zeigt: Gerade im Wesen des Spiels liegt ein unbedingter Teil menschlichen Seins.

---

[1] Zur Methodologie politischer Praxeologie siehe Meier und Blum, „Mut zur Macht. Politische Praxeologie als Lehre vom erfolgreichen Machtgebrauch".

2.1 Spannung

Gerade beim Geldspiel trifft der Mensch unmittelbar auf den Zufall, indem er freiwillig ein Spiel mit der Ungewissheit über das Eintreten eines künftigen Ereignisses eingeht. Er gibt somit die Kontrolle über das eigene Geschick und Können selbstbestimmt ab. Für Dostojewski ist dies der innere menschliche „Wunsch, gewissermaßen das Schicksal herauszufordern, ein Verlangen, ihm sozusagen einen Nasenstüber zu geben und die Zunge herauszustrecken"[2]. Dabei beschreibt Dostojewski die Anspannung und Auflösung der Spannung beim Geldspiel als stimulierende Glücks- oder Pechmomente, insofern jeder Spieler sein Spiel und das damit einhergehende Risiko der Ungewissheit selbstbestimmt auswählt. Selbstbestimmung endet aber meistens dann, wenn der Spieler den im Spiel angelegten schmalen Grat zwischen Spannung und Rausch überschreitet. Das „Geheimnis" der Spielemacher und der Spielregeln ist es daher, den Grad des Zufalls immer so zu konzipieren und zu berechnen, dass ein Spiel ausreichend Spannung erzeugt, jedoch zu keinem Zeitpunkt beängstigend ist. Angenehme Aufregung und vorfreudige Nervosität entstehen im Spiel, wenn der Roulettekessel sich dreht, die Walzen im Geldspielgerät rotieren oder der Card-Dealer die Karten mischt. In diesem Augenblick, im leidenschaftlichen Spiel mit der Ungewissheit, scheint alles möglich zu sein. Die Würfel sind – manchmal im wahrsten Sinn des Wortes – noch nicht gefallen!

Diese nur scheinbare Paradoxie fasst der Medienwissenschaftler Norbert Bolz mit einem eleganten Bonmot zusammen: „Spielen ist sterilisierte und domestizierte Ungewissheit"[3]. Die Spielregeln sind vorgegeben. Daher kann der Spieler diese Ungewissheit mittels des Zufallsprinzips jederzeit und nach eigenem Belieben heraufbeschwören. Gerade im Geldspiel befindet er sich – zumindest für einen Moment – in einem Zustand der Unvorhersehbarkeit, in dem der Spielausgang binär, aber noch nicht entschieden ist. Dieser bewusst provozierte, selbst herbeigeführte Zustand

---

[2] Fjodor Dostojewski, *Der Spieler* (Frankfurt am Main: Fischer Taschenbuch Verlag, 2010), S. 21–22.
[3] Bolz, *Wer nicht spielt, ist krank. Warum Fußball, Glücksspiel und Social Games lebenswichtig für uns sind*, S. 78.

zwischen „gewonnen" und „verloren" erzeugt eine ganz besondere Lebensspannung, die ansonsten dem Alltag meistens fern ist.[4]

Der eingehegte Raum des Spiels nimmt dem Spiel zugleich seine Bedrohlichkeit. Dahinter steckt die Einsicht, dass die alltägliche Lebensrealität ein Tummelplatz unkalkulierbarer, plötzlich auftretender, mitunter ärgerlicher, mitunter gar existenzbedrohender Risiken ist: der unerwartete Wasserrohrbruch, der unangekündigte Besuch der Schwiegereltern, der Diebstahl des Portemonnaies im Urlaub, die furchtbare Krebsdiagnose aus dem Nichts. Aus diesen Begebenheiten und Aneinanderreihungen von zufälligen Ereignissen zimmern die modernen Menschen erst in ihrer Rückschau – oft mühevoll – ihr Leben zu einer geordneten Biografie zusammen, wie es Karl Jaspers so prägnant beschrieben hat. Beim Geldspiel drehen sie den Spieß um. Sie suchen sich die (kalkulierten) Risiken, die sie eingehen wollen – und jene, die sie nicht eingehen wollen –, selbst aus; sie kennen die Seiten des Würfels, die Gewinnwahrscheinlichkeit des Lotto-Jackpots, und sie wissen, wie viele Karten in einem Blackjack-Set stecken.

Diese Ambivalenz des „unerwartbar Erwartbaren" schafft erst die Voraussetzung für einen Ausflug des Spielers in eine Welt der Spiele, in der er seine Spielleidenschaft in einem Moment der Spannung, des Nervenkitzels und des Risikos in einer außeralltäglichen Situation ausleben kann. Sicher gibt es auch andere Beispiele, in denen der moderne Mensch aktiv nach freudigen, unterhaltsamen Erlebnissen sucht, die für ihn aber folgenlos bleiben, wie einen Horrorfilm-Abend oder einen Bungee-Jumping-Sprung in den vermeintlichen Abgrund. Hier entsteht zwar auch Spannung, aber keine Spielleidenschaft oder Spielstimmung. Spannung, die durch Spielen entsteht, integriert eben nicht alltägliche Ereignisse und Erlebnisse, wie einen Horrorfilm-Abend oder eine Adventure-Tour, in das normale Alltagsleben. Eine Spielspannung ist das bewusste und bejahende Hinaustreten aus dem Alltag im Spiel. Das Spiel folgt immer und ausschließlich seinen eigenen Gesetzen und Regeln.

Das Spiel vereint damit eine weitere Ambivalenz, und zwar zwischen „unbedingt bindenden Regeln"[5] des Spiels und einem anomischen Prin-

---

[4] Bolz, S. 64–65.
[5] Johan Huizinga, *Homo ludens. Versuch einer Bestimmung des Spielelements der Kultur* (Basel: Akademische Verlagsanstalt Pantheon, 1938), S. 37.

zip des Zufalls, der die Spieler die Regeln bewusst oder unbewusst, wissend oder unwissend missachten oder überschreiten lässt. Auch diese Überschreitungen von Regeln im Spiel können Sieg oder Niederlage bedeuten und natürlich Emotionen auslösen. Die Spielregeln oder -ordnungen geben dabei immer einen fest definierten Rahmen vor und schließen alle externen Umwelteinflüsse aus. Die Spieler wissen üblicherweise zu jedem Zeitpunkt des Spiels über die Regeln Bescheid, was sie tun sollen, was sie erwartet und welche Spielausgänge möglich sind. Sie spielen, ohne darüber nachdenken zu müssen. Die Alltagsrealität sieht hingegen anders aus. Auch wenn die sozialen Praktiken des Alltags regelgeleitet sind, so überflutet er die Spieler mit Informationen aus unterschiedlichsten Informationsquellen und verlangt permanent Entscheidungen auf ungesicherter Wissensbasis. Im Mikrokosmos des Spiels können sich die Spieler von ihren Alltagssorgen und Wissensdefiziten befreien. Die Spieler machen im Spiel die Erfahrung, umfängliche Kontrollmöglichkeiten zu besitzen und sich als Spieler gegenüber sich selbst und den anderen behaupten zu können.[6] Ein Spiel beginnt nur, sobald ein Spieler dies möchte und z. B. die Starttaste am Geldspielautomaten drückt oder ein Mitspieler unter klarem Regelbezug den Startpunkt setzt, wie der Dealer beim Pokerspiel die Karten nach jedem Spiel neu mischt.

Spielregeln vermeiden idealerweise Mehrdeutigkeiten, insbesondere bei Gewinnspielen. Die Möglichkeiten, Spiele zu modifizieren und eventuelle Spielräume im Spielgeschehen auszureizen, sind in den Spielregeln oder Spielordnungen integriert. Sie können sich zudem auch aus der Logik des Spiels ableiten. So ist beispielsweise beim Poker festgelegt, welche Kartenkombinationen höher zu bewerten sind als andere. Beim Roulette landet die Kugel bei Rot, Schwarz oder Null. Je nachdem, welche Wette der Spieler vorher abgeschlossen hat, steht entweder der Gewinn oder die Niederlage. Bei jedem Spieleintritt akzeptiert ein Spieler die Regeln freiwillig und uneingeschränkt. Er tritt somit in eine künstlich geschaffene Ordnung ein. Wie der Ethnologe Clifford Geertz treffend beobachtet, ist ein Spiel nur dann spannend und faszinierend, wenn es so geordnet wie nötig, aber dennoch so lange unvorhersehbar wie möglich abläuft.[7]

---

[6] Huizinga, S. 100.
[7] Clifford Geertz, „Deep Play: Bemerkungen zum balinesischen Hahnenkampf", in *Dichte Beschreibung. Beiträge zum Verstehen kultureller Systeme* (Frankfurt am Main: Suhrkamp, 1987), S. 254–259.

Gerade Gewinnspiele leben von Spannung. Es mag beeindruckend sein, einen unangefochtenen Meister seiner Kunst bei der Arbeit zu beobachten, etwa Usain Bolt, wie er der Konkurrenz mühelos davonrennt, oder Magnus Carlsen, wie er einen Schach-Laien in wenigen Zügen deklassiert; aber vor allem erzeugen derartige Spielabläufe Langeweile. Was an einem solchen Schauspiel anödet, ist die extrem hohe Vorhersagbarkeit des Ergebnisses und die Beherrschung der gesamten Spielsituation durch einen Protagonisten. Dasselbe gilt auch für das Verhältnis von Spielregeln und Zufall. Nichts kann diesen Zusammenhang besser verdeutlichen als das Spiel „Monopoly". Die Spieler dieses Spiels starten mit klaren Regeln und einem eigentumsfreien Spielfeld, dessen Verteilung maßgeblich durch das Zufallsprinzip, durch das Werfen der Würfel erfolgt. Das Spiel büßt allerdings an Faszinationskraft ein und es beginnt zu langweilen, sobald alle Grundstücke vergeben und die ersten Häuser oder Hotels gebaut sind. Sobald ein bestimmtes Ungleichgewicht an Ressourcen zwischen den Spielern etabliert ist, das auch durch glückliches Würfeln nicht mehr durchbrochen werden kann, verliert Monopoly zusehends an Spannung. Diese Einsicht lässt sich verallgemeinern: Ein „Regelspiel" bleibt nur spannend, verzaubert und euphorisiert, solange möglichst lange unklar bleibt, wer gewinnt.

Diese Spannung, die Leidenschaft und der Spaß am und im Spiel brauchen eine eigene Spielsituation, um erfahrbar zu werden. Wie schwer es fällt, diese außeralltägliche Situation des Spiels in eine soziale Ordnung zu integrieren, hat bereits der historische Rückblick des ersten Kapitels gezeigt. Dieser nicht alltägliche Raum des Spiels erfährt sogar eine eigene Verortung im kulturellen Leben der Menschen – eine Verortung, die sich an die Integrationsfähigkeit von (Gewinn-)Spielen in die sozialen Ordnungen der jeweiligen Kultur anlehnt. Johan Huizinga bringt die Einzigartigkeit dieser „Spielplätze" auf den Punkt:

> „Die Arena, der Spieltisch, der Zauberkreis, der Tempel, die Bühne, die Filmleinwand, der Gerichtshof, sie sind allesamt der Form und der Funktion nach Spielplätze, das heißt geweihter Boden, abgesondertes, umzäuntes, geheiligtes Gebiet, in dem besondere Regeln gelten. Sie sind zeitweilige Welten innerhalb der gewöhnlichen Welt, die zur Ausführung einer in sich abgeschlossenen Handlung dienen."[8]

---

[8] Huizinga, *Homo ludens. Versuch einer Bestimmung des Spielelements der Kultur*, S. 257.

2 Die Logik des Gewinnspiels 111

Unzählige Wissenschaftler und Philosophen haben danach versucht, sich diesem einzigartigen Gebiet menschlichen Handelns im Spiel auf unterschiedlichste Art und Weise anzunähern. Die seitdem entstandene Spielliteratur ist Ausdruck des Drangs, diesem faszinierenden Phänomen auf den Grund zu gehen. Auffallend ist die breite Zustimmung der Spieleforschung zu Huizingas Beschreibung des einzigartigen „Spielplatz"-Phänomens: Von Menschen festgelegte Spielordnungen und -regeln setzen während des Spielgeschehens die alltägliche Lebensrealität außer Kraft. Beim Spielen entsteht ein eigener Ort oder Raum, der zwar einen unverzichtbaren Bestandteil des sozialen Zusammenlebens der Menschen darstellt, der aber immer außerhalb jeglicher sozialen Ordnung angesiedelt ist. Der Spielort ist ein Sonderraum, der alleine durch seine Spielregeln definiert ist und der unterschiedlichen anthropologischen Prinzipien folgt – anthropologischen Prinzipien, die sich im geschichtlichen Rückblick bereits offenlegen ließen. Spiele, insbesondere Gewinnspiele, verändern selbst keine sozialen Ordnungen. Sie sind vielmehr geregelte Ausnahmeräume menschlichen Zusammenseins. Unabhängig von Kultur oder Epoche erfordert das Spiel immer eine besondere menschliche Organisationsleistung, die das freie Handeln des Menschen positiv strukturiert und in Beziehung zur sozialen Ordnung setzt. Für Huizinga entstehen daher sogar aus dem Spiel alle kulturellen Leistungen.

Diese Einzigartigkeit des Spielgeschehens hat in der Wissenschaft und Philosophie viele Definitionen erfahren, wie „Zwischenwelt" oder „Mythos". In diesem Buch wird in aller Einfachheit von einem Ort der „sozialen Auszeit" gesprochen. An diesem Ort verdichten sich jedoch alle Grundprinzipien des Spiels zu einer geschlossenen Logik, die in diesem Kapitel systematisch erschlossen wird. Diese Mechanismen der „sozialen Auszeit" werden im nächsten Unterkapitel „Statusbildung" wieder aufgegriffen. Anhand der geschichtlichen Dimension des Spielens wird die enorme gesellschaftliche Bedeutung des Spiels anhand der Positionierung der Spieler in den jeweiligen sozialen Ordnungen erörtert.

Die Spielspannung im geschlossenen Spielraum lebt vom Augenblick des Spielmoments. In diesem Augenblick verdichtet sich auch die zeitliche Dimension von Gegenwart und Zukunft mindestens in einer kurz-, wenn nicht sogar mittelfristigen Zukunftsperspektive im Spiel. Der Kulturanthropologe Gumbrecht hat diese Situation in einem Artikel pointiert beschrieben:[9] Genau diese undefinierbare an- und abwesende Zeitspanne des Augenblicks bis zum Gewinn oder zur Niederlage öffnet den Raum für die Spannung des Ungewissen und des Unvorhersagbaren. Diese Spannung erlischt sofort beim Ende des Spiels und flammt in der Sekunde des Neustarts des Spiels wieder auf. Der Spieler versucht damit in einem intensiven Wiederholungsprozess des Spiels, diese Spannung zu erhalten. Jedem dieser Neuanfänge wohnt ein Zauber inne, der in seinem permanenten „Anfangenkönnen" auch immer etwas fundamental menschlich „Befreiendes" enthält, wie Hannah Arendt in ihren Schriften immer wieder betont hat.[10]

Diese positive und befreiende Grundspannung des Spiels lässt die Spieler selbst im Spiel aufgehen. Sie vermittelt ihnen das Gefühl, durch die Intensität des Spiels getragen zu werden. In diesem Augenblick wird für den Philosophen Hans-Georg Gadamer das „Spiel über den Spielenden Herr"[11]. Die dem Spiel inhärente Spannung überträgt sich auf den Spieler und übt eine enorme Anziehungskraft auf ihn aus.

Warum lebt der Mensch von derartigen Spannungsempfindungen? Seit Langem streitet sich die Spieleforschung heftig. Aus anthropologischer Sicht entstehen Spannungsempfindungen im Alltag nur, wenn der Mensch „Unvorhersehbarkeit, Wechsel, Zielunsicherheit und Glücksgefühl"[12] erfährt. In einem jahrhundertelang andauernden Prozess der Zivilisation und Rationalisierung werden diese Elemente jedoch zusehends schwieriger im Alltag realisierbar. Für die Moderne spricht der Verhaltensforscher Rudolf Bilz sogar von einer „Verlangweiligung" unseres Welt-Erlebens durch Wissenschaft und Aufklärung.[13] Die Welt der Moderne verliert – zumindest auf der Ebene individuellen Handelns – zunehmend ihre Unvorhersehbarkeit. Hochkomplexe Rationalisierungsprozesse, Planungsmanagement oder Steuerungsmöglichkeiten sozialen

---

[9] Hans U. Gumbrecht, „Gott würfelt nämlich sehr wohl", *Frankfurter Allgemeine Zeitung Nr. 132*, 9. Juni 2016, S. 11.
[10] Hannah Arendt, „Freiheit und Politik (Nachdruck aus: Die neue Rundschau 69, Heft 4)", in *Zwischen Vergangenheit und Zukunft. Übungen im politischen Denken I* (München: Piper, 1994), S. 201 ff.
[11] Zitiert nach Juliane Reichel, Sprache – Sprachspiel – Spiel (Oldenberg: BIS-Verlag, 2010), S. 183.
[12] Hellmuth Benesch, *Spiel als therapeutische Alternative. Neue Trends zum Spielverhalten der Erwachsenen.* (Tübingen: Tübinger Studien-Verlag, 1980), S. 98.
[13] Rudolf Bilz, *Wie frei ist der Mensch?*, Bd. 1, Paläoanthropologie (Frankfurt am Main: Suhrkamp, 1973), S. 43.

Handelns reduzieren die Möglichkeiten für die Menschen, Abenteuer zu erleben und sich mit dem Schicksal zu messen. Die Eintönigkeit des modernen Alltags „unterfordert, untergräbt, lähmt und entleert den Menschen, bis er im Extrem erkrankt"[14]. Daher biete die Spannung im Spielgeschehen einen dringend benötigten Ersatz – und noch dazu einen, der ganz eigene Vorzüge bietet. Der Mensch kann seine Risikolust im Spielen ausleben, ohne sich dabei selbst in eine reale Gefahr zu begeben.

In einer Moderne, in der sich die Menschen immer mehr gestresst und überfordert fühlen, kann eine im Spiel aufgebaute positive Spannung auch die „Auflösung einer Anspannung durch eine Gegenspannung"[15] herbeiführen. Beide Beispiele zeigen: Der moderne Mensch findet im Spiel einen Weg, der bedrückenden Langeweile zu entkommen. Die Spannung des Spiels, die er als befreiend erfährt, führt zu einer besonderen Situation, in der „sich seine Lebenskräfte nicht mehr im Kampf mit sich selbst [verzetteln], er rafft sich, gewiss nicht nur bewusst und willentlich, sondern auch unbewusst und getrieben, zusammen, um dem Druck von außen mit gesammelter Kraft zu begegnen"[16].

Die Spannung beim Spiel lässt sich somit auch als ein Grundprinzip der Logik von Spielen beschreiben. Spannung, die sich aus und im Spiel ereignet, ist immer eine positive Spannung, eine Spannung, die sich aus der Ambivalenz einer „ungewissen Gewissheit" der Logik des Spiels ergibt. Um diese Ambivalenz zu erklären, ist es entscheidend, sich dem Ort und dem Augenblick des Spiels selbst zuzuwenden. Der Augenblick des Spielmoments schafft immer einen offenen Raum zwischen Gegenwart und naher Zukunft, der die geregelte und geplante Ungewissheit ermöglicht und dieses relativ kurze Zeitfenster durch Gewinn oder Verlust des Spiels schnell wieder schließt. Dieses Gefühl der positiven Spannung lässt sich in jedem Spiel permanent wiederholen und befriedigt damit auch ein Grundbedürfnis des Menschen, der in seinem Alltag gerne einer Situation des Überfordertseins, der Langeweile oder des Stresses entgehen möchte.

---

[14] Bilz, 1:S. 89.
[15] Benesch, *Spiel als therapeutische Alternative. Neue Trends zum Spielverhalten der Erwachsenen.*, S. 5.
[16] Helmut Schulze, *Der progressiv domestizierte Mensch und seine Neurosen. Die Rolle von Entlastung und Belastung für Krankheit und Heilung* (München: J.F. Lehmanns Verlag, 1964), S. 47.

2.2 Statusbildung

Der Soziologe Peter Blau analysiert in seinem Grundlagenwerk *Exchange and Power in Social Life* treffend die wesentliche Bedeutung sozialer Beziehungen für den Menschen.[17] Die Dialogoffenheit des Menschen hat sich seit Aristoteles als Fundament des Politischen erwiesen. Der Mensch als ein auf Gemeinschaft angelegtes Wesen bildet für Aristoteles in seinem Buch *Politik* die Basis allen politischen Denkens. Dies gilt unabhängig davon, welche Herrschaftsform in welchem historischen Kontext gerade regiert.

Auch Menschen, die spielen, bilden einen Raum der Zusammengehörigkeit. Spielen ist immer ein Raum des Austauschs und Dialogs. Denn im Spiel „ist die Gemeinschaft nicht nur Voraussetzung, sondern fast immer auch Ziel der Aktivität"[18]. Der geschichtliche Rückblick im vorigen Kapitel hat diesen besonderen sozialen Raum in all seinen Facetten dokumentiert, seien es die europäischen Kurorte, die Dostojewski in seinem Roman „Der Spieler" zum Leben erweckt oder die Teehäuser im asiatischen Raum. Letztlich braucht es nicht einmal besondere Orte zum Spielen. Jeder gemeinsame Spielabend mit Familie oder Freunden bildet bereits einen besonderen Spielraum des Sozialen. Jeder Mensch sucht seit jeher seine Spielumgebung, die ihm eine persönliche Gelegenheit des Dialogs und der Gemeinschaft ermöglicht. Diese persönliche Spielumgebung schafft für ihn einen Raum der sozialen Zugehörigkeit und Anerkennung. Gerade in einer Zeit, in der sich ein „Schwinden von Zugehörigkeit, Loyalität, Anbindung, Verbindlichkeit in lebens- wie arbeitsweltlichen Kontexten"[19] beobachten lässt, kommt dem Spielen eine wichtige soziale Funktion zu. Die rasanten ambivalenten gesellschaftlichen Transformationsprozesse, wie Digitalisierung[20], Flexibilisierung der Arbeitswelt[21] oder

---

[17] Peter Blau, *Exchange and Power in Social Life*, 2. Aufl. (New York: Routledge, 2017), S. 19–20.
[18] Benesch, *Spiel als therapeutische Alternative. Neue Trends zum Spielverhalten der Erwachsenen.*, S. 46.
[19] Stefan Busse und Karin Lackner, „Lose Zugehörigkeiten und schwindende Bindungen", *Gruppe. Interaktion. Organisation. Zeitschrift für Angewandte Organisationspsychologie* 49 (2018): S. 301.
[20] Peter Schaar, „Wie die Digitalisierung unsere Gesellschaft verändert", in *Big Data – In den Fängen der Datenkraken. Die (un-)heimliche Macht der Algorithmen*, hg. von Michael Schröder und Axel Schwanebeck, 2. Aufl. (Baden-Baden: Nomos, 2019), S. 107.
[21] Werner Eichhorst und Verena Tobsch, *Flexible Arbeitswelten. Bericht an die Expertenkommission „Arbeits- und Lebensperspektiven in Deutschland"* (Gütersloh: Bertelsmann Stiftung, 2014).

2 Die Logik des Gewinnspiels 115

die zunehmende Abnahme sozialer Bindungen[22], verstärken die positive Bedeutung des Spielens in der Spätmoderne zusätzlich.

Für die gesamte Spieldauer wird das Spiel zu einer eigenständigen sozialen Gemeinschaft mit eigenen Regeln: den Spielregeln. Es konstituiert für die Teilnehmer einen Raum der sozialen Auszeit, der außerhalb der Lebensrealität steht – zumindest so lange, wie das Spiel andauert –, aber dennoch fest in die bestehende soziale Ordnung integriert ist. Denn die Orte des Spiels, vom Kolosseum in Rom über die Fußballarena in Wembley bis zum Casino in Berlin, bilden durch ihren künstlich geschaffenen physischen (oder digitalen) Spielraum einen sozialen Spielort, der Zugehörigkeit und wechselseitige Anerkennung unter den Spielern ermöglicht. So schreibt der Psychologe Hellmuth Benesch, dass bereits ein „imaginäre[r] oder virtuelle[r] Eindruck, sich in einer Gruppe mit ähnlichen Ambitionen, Wünschen und Tätigkeiten aufzuhalten"[23], genüge, um auch bei einem einzelnen Spiel die Gruppenerfahrung zu erleben und „die Spielgruppe als erwünschte Einheit"[24] herauszubilden. Diese Schlussfolgerung gilt auch für die soziale Gruppenbildung in der virtuellen Welt. Zudem vermag auch die in einer Spielsituation empfundene Rivalität zwischen den Spielern ein entstandenes Gemeinschaftsgefühl äußerst selten zu sprengen. Diese teilen einerseits ihr Interesse am Spiel und ihren Spielspaß. Sie sind sich aber andererseits zu jedem Zeitpunkt des Spiels über die Bedeutung des Spielergebnisses bewusst, welches sich „im Unterschied zum sonstigen Leben sehr schnell ändern kann"[25]. Diese Ausgangslage lässt sich mit dem kurzen Satz zusammenfassen: Spielen stiftet Gemeinschaft.

Diese Gemeinschaft erweist sich bei näherer Betrachtung als überaus komplex. Sie umfasst distinkte Gruppen mit unterschiedlichen Rollen und Funktionen, deren Verhältnis je nach Spielart und Spielort variiert und die sich im Zuge der Spieldurchläufe immer wieder neu konfigurieren können. Aus der Perspektive des einzelnen Spielers, der aktiv am

---

[22] Uwe Schimank, „Sozialer Wandel. Wohin geht die Entwicklung?", in *Deutsche Verhältnisse. Eine Sozialkunde*, hg. von Stefan Hradil (Bonn: Bundeszentrale für Politische Bildung, 2012), 17–40.
[23] Benesch, *Spiel als therapeutische Alternative. Neue Trends zum Spielverhalten der Erwachsenen.*, S. 238.
[24] Benesch, S. 71.
[25] Benesch, S. 71.

Spielgeschehen partizipiert, teilt sich die Gesamtheit der am Spielort Anwesenden – und darunter sollen sowohl physische als auch virtuelle Spielorte verstanden werden –[26] in Teilnehmer und Zuschauer; dies gilt für alle Spielarten.

Bei kompetitiven oder agonalen Mannschaftsspielen (wie etwa Fußball und Baseball, aber auch bei digitalen Multiplayer-Spielen wie World of Warcraft oder Fortnite) lassen sich die Teilnehmer in Gegenspieler und Mitspieler untergliedern, die jeweils in ihren Teams spezifische und nicht selten hierarchisch gestaffelte Aufgaben erfüllen und durch ein gemeinsames Spielziel – den Sieg – intentional und vor allem kooperativ verbunden sind.[27] Demgegenüber sind bei kompetitiven Individualspielen (Schach, Go, Poker, Magic: The Gathering etc.) alle Mitspieler automatisch Gegenspieler. Das Verhältnis der Mannschaften bzw. der Gegner zueinander wird in beiden Fällen klassischerweise über ein Nullsummenspiel abgebildet: Der Sieg des einen bedeutet notwendig die Niederlage des anderen.

Der Schlüsselbegriff des Nullsummenspiels entspringt freilich der Spieltheorie. Diese wurde von John von Neumann und Oskar Morgenstern mit ihrem bahnbrechenden Buch *Theory of Games and Economic Behavior* (erstmals erschienen im Jahr 1944) in die Debatte eingeführt und hat sich seitdem zunächst in der Mathematik und Ökonomie und später auch in den Politik- und Gesellschaftswissenschaften als enorm einflussreich erwiesen.[28] Um ein klares Begriffsverständnis zu gewinnen und die wechselseitige Beeinflussung zwischen spielerischer Praxis und spieltheoretischer Reflexion nachzuvollziehen, lohnt daher ein kurzer Exkurs: Die Spieltheorie ist eine wissenschaftliche Disziplin, die der Analyse strategischer Entscheidungsszenarien mit mindestens zwei Akteuren gewidmet ist, in denen erstens das Endergebnis von der Interaktion der Beteiligten abhängt und zweitens alle Parteien um ihre reziproke

---

[26] Siehe z. B. Frans Mäyrä, „Exploring Gaming Communities", in *The Video Game Debate: Unravelling the Physical, Social, and Psychological Effects of Video Games*, hg. von Rachel Kowert und Thorsten Quandt (New York/London: Routledge, 2016), 153–75.

[27] Zum Begriff gemeinschaftlicher Absichten in kooperativen Unterfangen siehe Hans B. Schmid und David P. Schweikard, Hrsg., *Kollektive Intentionalität. Eine Debatte über die Grundlagen des Sozialen* (Frankfurt am Main: Suhrkamp, 2009).

[28] John von Neumann und Oskar Morgenstern, *Theory of Games and Economic Behavior*, 5. Aufl. (Princeton: Princeton University Press, 1953).

Abhängigkeit wissen und diese bei der Entscheidungsfindung einberechnen.[29]

Anhand dieser Definition lassen sich unterschiedlichste Szenarien unter das Grundkonzept fassen: Gehaltsverhandlungen, Gerichtsprozesse, Tarifrunden, militärische Auseinandersetzungen, internationale Abkommen über eine Emissionsreduktion etc. All dies sind Phänomene, die nach dem Alltagsverständnis eigentlich zutiefst ernst und frei von Spielspaß oder dem anarchischen Reiz des Gewinnspiels sind; aber sie lassen sich gleichwohl – mit einem gewissen mathematischen Abstraktionsaufwand – als Spielsituationen rekonstruieren. Indem man diese teils hochkomplexen Konstellationen analog zu spielerischen Auseinandersetzungen mit Regeln, Spielern, Einsätzen, Handlungsmaximen und Präferenzen modelliert, können wir, so die zentrale Hypothese, nicht nur Weltverläufe prognostizieren, sondern auch individuelle Entscheidungen erklären sowie optimale Strategien und innovative Problemlösungen entwickeln. Die Grundannahme ist stets, dass alle beteiligten Akteure zweckrational agieren und vollumfänglich über die verfügbaren Entscheidungsoptionen und deren Vorteile und Nachteile informiert sind. Ausgehend von dieser Idealisierung lassen sich die Grundmechanismen sozialer Phänomene offenlegen und es lässt sich erklären, warum Personen (immer wieder) in Konfliktsituationen so handeln, wie sie handeln.[30]

Die bereits angeklungene Unterscheidung zwischen Nullsummenspielen und Nichtnullsummenspielen zählt zu den fundamentalen Prinzipien der Spieltheorie. Nullsummenkonstellationen zeichnen sich dadurch aus, dass die Summe, die in dem fraglichen „Spiel" zu gewinnen ist, immer konstant ist und Gewinn und Verlust der jeweiligen Spieler äquivalent sind; wenn man beide gegeneinander aufrechnet, ist das Ergebnis stets null. Diese spieltheoretische Formalisierung lässt sich am einfachsten anhand des Spiels Schere, Stein, Papier (auch bekannt als Schnick, Schnack,

---

[29] Siehe Manfred J. Holler und Gerhard Illing, *Einführung in die Spieltheorie* (Berlin/Heidelberg: Springer, 1991).
[30] Siehe u. a. Ariel Rubinstein, „Comments on the Interpretation of Game Theory", *Econometrica* 59, Nr. 4 (1991): 909–24; Catherine S. Herfeld, „Between Mathematical Formalism, Normative Choice Rules, and the Behavioral Sciences: The Emergence of Rational Choice Theories in the Late 1940s and Early 1950s", *The European Journal of the History of Economic Thought* 24, Nr. 6 (2017): 1277–1317.

Schnuck) illustrieren, das um den Einsatz von einem Euro gespielt wird; die entsprechende Entscheidungsmatrix sieht wie folgt aus:

		Spieler 1		
		Stein	Papier	Schere
Spieler 2	Stein	(0,0)	(-1, 1)	(1, -1)
	Papier	(1, -1)	(0,0)	(-1, 1)
	Schere	(-1, 1)	(1, -1)	(0, 0)

Klassische Beispiele sind neben agonalen Spielen, wie Schach, Go oder Poker (und dem erwähnten Stein, Schere, Papier), zudem Wettbewerbssituationen in der realen Welt, so etwa die Verteilung von Mandaten durch demokratische Wahlen oder die bereits erwähnten kriegerischen Auseinandersetzungen um Territorien und die Kontrolle über ein Staatsgebiet.

Für dieses Modell bzw. für entsprechende Konflikte in der realen Welt lässt sich für jeden Spieler eine bevorzugte bzw. in der Sprache der Spieltheorie eine dominante Spielstrategie identifizieren: Unter der Annahme, dass jeder ausschließlich seinen individuellen Vorteil maximieren will, ergibt es keinen Sinn, mit anderen Teilnehmern zu kooperieren. Denn jedes Entgegenkommen impliziert die Inkaufnahme eines Nachteils, der nicht kompensiert wird; ein solches Vorgehen ist nicht zweckrational. Entsprechend müssen sich Akteure, spieltheoretisch betrachtet, an der sogenannten Min-Max-Doktrin orientieren, also sowohl den gegnerischen Maximalnutzen als auch den eigenen Maximalverlust minimieren.[31] Als spielerische Wettbewerbe und Freizeitbeschäftigungen sind Nullsummenspiele reizvoll – zumindest so lange, wie man es mit guten Verlierern und fairen Siegern zu tun hat. Aber im sozioökonomischen oder politischen Feld können sie sich als vertrackt erweisen, weil sie keine Anreize für das Überwinden des Interessenkonflikts bereithalten. Ganz egal, wie oft man einen Konflikt, der als Nullsummenspiel rekonstruierbar ist, austrägt, das antagonistische Handlungsmuster bleibt stets dasselbe; und das Perfide daran ist, dass solche Entscheidungen individuell betrachtet vernünftig sind. Gegen derartige gesellschaftliche Pattsituationen hilft oft nur, das Spiel

---

[31] Siehe Hans Bühlmann, Hans Loeffel und Erwin Nievergelt, *Entscheidungs- und Spieltheorie. Ein Lehrbuch für Wirtschaftswissenschaftler* (Berlin/Heidelberg: Springer, 1975).

zu wechseln bzw. die Konfliktdimensionen zu erweitern, sodass Kompromisse möglich werden.

Aber beileibe nicht alle Entscheidungsszenarien entsprechen dieser Struktur bzw. sind über konstante Summen und die Äquivalenz von Gewinn und Verlust definiert; einen Gegenpol bilden die Nichtnullsummenspiele, und das bekannteste von diesen ist das sogenannte Gefangenendilemma, das sich anhand einer Verhörsituation veranschaulichen lässt:

> „Zwei Verdächtige werden in Einzelhaft genommen. Der Staatsanwalt ist sich sicher, daß sie beide eines schweren Verbrechens schuldig sind, doch verfügt er über keine ausreichenden Beweise, um sie vor Gericht zu überführen. Er weist jeden Verdächtigen darauf hin, daß er zwei Möglichkeiten hat: das Verbrechen zu gestehen oder aber nicht zu gestehen. Wenn beide nicht gestehen, dann, so erklärt der Staatsanwalt, wird er sie wegen ein paar minderer Delikte wie illegalem Waffenbesitz anklagen, und sie werden eine geringe Strafe bekommen. Wenn beide gestehen, werden sie zusammen angeklagt, aber er wird nicht die Höchststrafe beantragen. Macht einer ein Geständnis, der andere jedoch nicht, so wird der Geständige nach kurzer Zeit freigelassen, während der andere die Höchststrafe erhält."[32]

In dieser spezifischen Konstellation können – je nachdem, welche Entscheidungen die beiden Verdächtigen treffen – vier alternative Ergebnisse auftreten. Diese lassen sich anhand der folgenden Matrix veranschaulichen:

	V 2	
V 1	Nicht gestehen	Gestehen
Nicht gestehen	V1=1 Jahr/V2=1 Jahr	V1=10 Jahre/V2=3 Monate
Gestehen	V1=3 Monate/V2=10 Jahre	V1=8 Jahre/V2=8 Jahre

Offenkundig besteht für beide Verdächtige unter den Gesichtspunkten der Entscheidungssicherheit die nächstliegende Option darin, die Tat zu gestehen und acht Jahre Haft in Kauf zu nehmen. Andernfalls laufen sie

---

[32] R. Duncan Luce und Howard Raiffa, *Games and Decisions: Introduction and Critical Survey* (Hoboken: Wiley, 1957), S. 95; zitiert in der deutschen Übersetzung nach Holler und Illing, *Einführung in die Spieltheorie*, S. 2.

– individuell betrachtet – Gefahr, von ihrem Komplizen an die Justiz verraten zu werden und für zehn Jahre einsitzen zu müssen. Allerdings sind diese Entscheidungen zwar individuell rational, aber kollektiv betrachtet korrespondieren sie nicht dem sogenannten Pareto-Optimum.[33] Jeder der Verdächtigen könnte seine Position stark verbessern, indem er schweigt. Und obwohl er dies (unter den idealisierten Annahmen der Spieltheorie) sogar weiß, tut er es nicht, weil er keinen Grund hat, darauf zu vertrauen, dass der andere Spieler gleichermaßen dichthält.

Gefangenendilemmata beschränken sich im wahren Leben natürlich nicht auf die kriminelle Halbwelt. Klassische Fälle sind beiderseitige Abrüstungsbestrebungen zwischen verfeindeten Staaten (wie etwa zur Zeit des Kalten Kriegs zwischen den USA und der Sowjetunion) oder Verhandlungen über Oligopolbildungen in bestimmten Industriezweigen; wer in die politische Ideengeschichte zurückblickt, der findet ein Beispiel in Thomas Hobbes' Buch *Leviathan*, in dem freie, gleiche und einander in Misstrauen gegenüberstehende Personen in einer fiktionalen Vertragssituation vor der Herausforderung stehen, ein Staatswesen mit Gewaltmonopol zu errichten. In all diesen und ähnlich gelagerten Fällen erklärt der Grundmechanismus des Gefangenendilemmas, warum Menschen sich so schwertun, bei der Überwindung von Interessengegensätzen und wechselseitigen Animositäten den ersten Schritt zu wagen. Am Ende, so das Credo der Spieltheorie, sind Menschen allesamt rationale Spieler, die – den unmittelbaren Gewinn vor Augen – das große Ganze aus dem Blick verlieren.

Allerdings sind Gefangenendilemmata aus Sicht der Spieltheorie durchaus „lösbar", und zwar durch iteriertes Spielen. Denn wenn beide Seiten mit der Perspektive starten, einander in zahlreichen Spieldurchläufen immer wieder gegenüberzutreten, dann verfolgen sie offenkundig das Ziel, ihre Gewinnbilanz über alle Spiele hinweg zu maximieren und nicht (ausschließlich) in Bezug auf das jeweils nächste Spiel. Unter diesen Voraussetzungen kann es durchaus rational sein, mit einer Kooperations-

---

[33] Pareto-Optimalität bezeichnet ein Verteilungsszenario materieller und/oder immaterieller Ressourcen, in dem es unmöglich ist, durch Umverteilung eine Person besserzustellen, ohne dadurch mindestens eine andere Person schlechterzustellen; siehe Joseph E. Stiglitz, „The Allocation Role of the Stock Market. Pareto Optimality and Competition", *The Journal of Finance* 36, Nr. 2 (1981): 235–51.

absicht zu starten und – je nachdem, welche Entscheidung das Gegenüber trifft – nach der Maxime „Wie du mir, so ich dir" zu spielen, also dessen Entgegenkommen durch eigenes Entgegenkommen zu belohnen bzw. feindseliges Verhalten durch eigene Feindseligkeiten zu bestrafen. Auf diese Weise kann durch langfristige, strategische Planung und durch eine gewisse Portion Courage aus dem Teufelskreis des Gefangenendilemmas eine Kaskade der stetig vertieften Zusammenarbeit und Vertrauensbildung entstehen. Hier verschwimmt mit einem Mal die Grenze zwischen kompetitiven und kooperativen Spielen.

Allerdings entfaltet die Spieltheorie nicht nur einen Nutzen bei der Analyse sozioökonomischer oder politischer Konflikte. Sie wirkt auch unmittelbar auf die spielerische Praxis ein, und zwar insbesondere bei Spielen mit einem hohen Professionalisierungsgrad, wie Schach oder Poker.[34] Das Schlüsselwort lautet hier: Rückwärtsinduktion oder retrograde Analyse. Dies ist eine Technik, bei der man vom finalen beabsichtigten Spielstand – z. B. beim Schach vom Matt des gegnerischen Königs auf der Grundlinie – in einer sequenziellen Kette alle Entscheidungsoptionen bis zum ersten Zug zurückrechnet. Dies geschieht stets nach der Maßgabe, all diejenigen Züge (und zwar sowohl die eigenen als auch die gegnerischen) auszuschließen, die nicht rational sind. Durch diese Elimination entsteht ein Spielpfad von der Eröffnung über das Mittelspiel bis zum Endspiel – und zum Sieg. Beim Pokerspielen wird diese Kalkulationsmethodologie durch eine probabilistische Komponente erweitert. Credo des Game Theory Optimal Poker (GTO Poker) ist die Berechnung einer sogenannten „probability range" der gegnerischen Hand, d. h. der Wahrscheinlichkeitsverteilung einzelner Karten, ausgehend vom bisherigen Spielverhalten in zurückliegenden Partien sowie von Aktionen wie dem Setzen oder Erhöhen von Einsätzen oder dem Aussteigen aus einzelnen Spielen. Solche Kalkulationen sind in der Praxis allerdings derart komplex, dass sie nur noch von computerisierten Algorithmen gelöst werden können – und deren Einsatz ist wiederum in Online-Poker-Formaten meist verboten. Dennoch zeigt sich hier, welches Disruptionspotenzial die Verbindung von mathematischer Theoriebildung auf der einen Seite und digital-tech-

---

[34] Siehe etwa Christian Ewerhart, „Backward Induction and the Game-Theoretic Analysis of Chess", *Games and Economic Behavior* 39, Nr. 2 (2002): 206–14; Jen Li, „Exploitability and Game Theory Optimal Play in Poker", *Boletín de Matemáticas* 0, Nr. 0 (2018): 1–11.

nologischer Innovation auf der anderen Seite für die Praxis des Spielens bereithält. Dieser kurze Exkurs soll genügen; es ist an der Zeit, zur Typologie der Gewinnspiele zurückzukehren.

Im Hinblick auf nichtkompetitive Gewinnspiele, bei denen an einer singulären Partie bzw. einem Spieldurchlauf mehrere Personen (in größerer oder kleiner Zahl) teilnehmen – etwa bei Lotterien, bei Sportwetten, beim Roulette oder beim Blackjack –, lässt sich bei den Teilnehmenden nicht von einer Mannschaft bzw. Mannschaften sprechen, insofern zwischen den Spielern keine kollektive Kooperationsbeziehung und auch keine funktionale Hierarchie besteht – allerdings, zumindest im strengen Sinne, auch keine Gegnerschaft. Alle spielen zusammen (wenn auch nicht gemeinsam) „gegen die Bank", „gegen die Buchmacher" oder „um den Jackpot". Ob sie in einem Nullsummenspiel-Verhältnis zueinander stehen oder nicht, ist eine Frage der konkreten Spielform: Bei Lotterien ist die individuelle Gewinnausschüttung in der Tat eine Funktion der Gesamtmenge der Gewinnerlose, und ein ähnliches Bild zeigt sich auch bei Wettspielen. Beim Roulette hingegen ist der persönliche Gewinnumfang vom Gewinn der anderen Spieler mathematisch und statistisch unabhängig, jedenfalls solange die Bank noch liquide ist.

Bei nichtkompetitiven Einzelspielen, wie z. B. dem Automatenspiel, scheint schließlich die Kategorie der Mitspieler überhaupt nicht mehr zu greifen; hier drängt sich bei der Konzeptionalisierung der reine Antagonismus zwischen Mensch und Maschine auf. Allerdings liegt der Fall nicht so einfach: Denn insofern am Spielort selbst in der Regel eine Gruppe von Personen simultan und noch dazu in Gesellschaft und Sichtweite der anderen spielt, entsteht auch hier eine Spielgemeinschaft. Allerdings verwischt in diesem Kontext die Grenze zwischen Teilnehmern und Zuschauern: Insofern jeder Spieler selbst Zeuge des Glücks oder Pechs der anderen Spieler wird (zumindest all jener in seiner unmittelbaren Umgebung), nimmt er unmittelbar teil an ihrem Spielerfolg oder Misserfolg; auf diese Weise entsteht mitunter eine Schicksalsgemeinschaft der im Spiel Verbundenen, bei der man einander beglückwünscht oder tröstet.

Dies führt zur Kategorie der Zuschauer. Bei zahlreichen kompetitiven Spielen ist die Trennung zwischen teilnehmenden und zuschauenden Personen kategorisch: Selbst der passionierteste Schalke-Fan kann sich nicht von der Tribüne aus selbst einwechseln, auch wenn er der festen Überzeugung ist, dass die Sturmspitze gerade das Relegationsspiel vergeigt. Umgekehrt kann sich freilich ein Mannschaftsspieler nicht einfach aus einer Partie verabschieden, weil ihm die Spiellust vergangen ist. Dieselbe kategorische Trennung gilt z. B. für hochkarätige Schach- und Pokerturniere, und selbst bei sogenannten „Gilden" im Spieluniversum von World of Warcraft müssen sich Interessierte erst bewerben und ihre Eignung unter Beweis stellen. Zuschauer haben in diesen und ähnlichen Spielsystematiken eine andere Funktion: Sie schaffen durch emotionale Anteilnahme am Spielverlauf und durch den Aufbau und das Zelebrieren von Fankulturen oder Fachsimpelei (man denke an das „Kiebitzen" beim Schach) einen sozialen Diskurs- und Handlungsraum, der über das eigentliche Spielereignis hinaus Bestand hat und für seine Mitglieder identitätsstiftend ist.

Demgegenüber zeichnen sich nichtkompetitive Gewinnspiele – sowohl Individualspiele als auch Gruppenspiele – durch eine fluide Grenze zwischen Teilnehmern und Zuschauern aus. Mit jedem Spielablauf können die Anwesenden aufs Neue entscheiden, ob sie Teilnehmer oder Zuschauer sein wollen, ob sie noch einmal ihre Jetons platzieren oder den Gewinn für heute einstreichen wollen. Es gibt keine formelle Hürde (jenseits des Spieleinsatzes selbst), die der aktiven Teilnahme entgegensteht. Und es gibt ebenso wenig Vorgaben, die ein Zurückwechseln zum Zuschauerstatus einschränken. Die Spiellust des Einzelnen ist das einzige Kriterium.

Ungeachtet aller Differenzen zwischen konkreten Spielgemeinschaften bzw. Typen von Spielgemeinschaften sind Teilnehmende und Zuschauer durch ein gemeinsames Ethos des Spiels verbunden. Dieses schreibt neben der strikten formellen Regelbefolgung (kein Schummeln, kein „Spielverderber" sein) auch die Beachtung des Fair Play vor, welches über die bloße Einhaltung des Regelwerks hinausgeht.[35] Dies kann einerseits bedeuten, unbeabsichtigte Lücken im Regelwerk nicht zum eigenen Vorteil auszunutzen oder aus einem unglücklichen, vielleicht sogar tragischen Spielverlauf keinen Nutzen zu ziehen. Die Grundsätze des Fair Play zu achten heißt aber auch, keine Missgunst gegenüber dem glücklichen Ge-

---

[35] Siehe Heather Sheridan, „Conceptualizing ‚Fair Play'. A Review of the Literature", *European Physical Education Review* 9, Nr. 2 (2003): 163–84.

winner zu zeigen und keine Häme gegenüber dem niedergeschlagenen Verlierer. Insbesondere im Hinblick auf den Bereich der digitalen Spiele gewinnt dieser Aspekt zusehends an Bedeutung: Denn durch die Möglichkeit, Spiele wie z. B. League of Legends oder Call of Duty live auf Streaming-Plattformen wie Twitch, InstagibTV oder Hitbox mitzuverfolgen und zu kommentieren, ergibt sich ein völlig neuer Diskursraum mit eigenen Herausforderungen wie Cyberbullying, Trolling und anderen Formen aggressiver Kommunikation.

Intakte Spielgemeinschaften zeichnen sich dadurch aus, dass alle Teilnehmer – Teilnehmer und Zuschauer gleichermaßen – aus dem Spielgeschehen positive Emotionen und Erfüllung ziehen und dass sie miteinander durch ein geteiltes Erleben der Spielspannung als Gemeinschaft verbunden sind. Dieser gemeinschaftliche *esprit de corps* setzt ein spielerisches Ethos ebenso voraus wie die authentische Anteilnahme am Glück und Pech der Teilnehmenden.[36] Ob virtuelle Spielorte tatsächlich dasselbe Potenzial für Gemeinschaftsbildung in diesem anspruchsvollen Sinne haben, ist eine offene Frage. Die abschließende Antwort wird, soweit eine solche überhaupt möglich ist, nicht nur von technologischen Innovationssprüngen abhängen, sondern auch von kulturellen Anforderungen an Kollektivverfahren und soziale Bindungen. Die Anziehungskraft terrestrischer Gewinnspielstätten wie Casinos, Spielhallen, Pferderennbahnen oder Wettbüros, die trotz eines exponentiellen Zuwachses digitaler Gewinnspielangebote ungebrochen ist, deutet in jedem Falle darauf hin, dass der physische Spielort als Raum des gemeinschaftlichen Erlebens und des Erlebens von Gemeinschaft noch lange nicht ausgedient hat.

Wie Aristoteles beschrieben hat, reproduziert sich das Selbst eines Menschen oder einer Gruppe stets im dialogischen und praktischen Verhältnis zueinander, in dem die Gruppenmitglieder ihre eigene Positionierung im sozialen Gefüge durch Selbst- und Fremdzuschreibungen herausbilden.[37] Daher muss der Blick auf das einzelne soziale Wesen ge-

---

[36] Zur Bedeutung des Gemeinschaftsgefühls im Spiel siehe auch Michael A. Conrad, „Zocken im retrotopischen Zeitalter: eine kurze Kulturgeschichte von Spiel als Utopie", in *Die Zukunft im Spiel. Wie Spielen unsere Welt verändert*, hg. von Christian Klager (Göttingen: Cuvillier Verlag, 2019), 21–48.
[37] Henri Tajfel und John C. Turner, „The Social Identity Theory of Intergroup Behavior", in *Psychology of Intergroup relations*, hg. von Stephen Worchel und William G. Austin (Chicago: Nelson-Hall Publishers, 1986), S. 16.

richtet werden, auf sein „Selbstsein", welches es immer nur in Bezug auf andere, seine eigene Position und Rolle in einer gesellschaftlichen Gruppe erfahren kann. Pierre Bourdieu hat mit seiner Soziologie des Habitusbegriffs eine exzellente Grundlage geschaffen, sich diesem sozialen Wesen Mensch zu nähern.[38] Gesellschaftliche Bindungen zwischen Menschen sowie die entsprechenden Handlungsmuster lassen sich in feingliedrige Relationen zwischen eigenem Selbst und den es umgebenden Kontexten ausdifferenzieren. Vor diesem Hintergrund gelingt es auch, den Menschen in seiner Ambivalenz zwischen Lebensalltag und sozialer Auszeit besser zu erfassen. Für diese einzigartige Positionierung eines Spielers in seiner sozialen Auszeit bietet sich der heuristische Begriff „Status" an. Der gesellschaftliche Status im Alltag bestimmt sich dagegen über ein Geflecht aus Herkunft, Bildungsstand, Vermögenssituation und Berufstätigkeit und differenziert sich in unterschiedlichen Habitusformen sozialer Gruppen aus. Er ergibt sich damit aus der Bestimmung seiner unterschiedlichen Habitusformen im sozialen Alltag.

In der von der Spielordnung bedingten sozialen Auszeit des Spiels verdichtet sich der Habitusbegriff jedoch zu einer einheitlichen, radikal egalitären Habitusform aller Spieler. Im Spiel sind Status und Habitus aller Spieler in allen Epochen und Kulturen kongruent. Nur im geregelten Spiel fallen Habitus und Status in eins zusammen. Im Umkehrschluss kann das Spiel somit auch niemals Teil einer sozialen Ordnung sein, sondern bedingt immer den Raum einer sozialen Auszeit. Beim Spiel, gerade beim Gewinnspiel, mischen die Spieler die Karten sprichwörtlich jedes Mal neu. In dieser außeralltäglichen Auszeit des Spiels gerät die unterschiedliche gesellschaftliche Alltagspositionierung des Spielers mit seinen vielschichtigen Habitusformaten spielinhärent und willentlich aus den Fugen – natürlich immer durch die Spielordnung kontrolliert. Beim Spielen wirbeln die Spieler ihre alltäglichen Rollen, Funktionen, Ränge sowie die gesellschaftlichen Regeln bunt durcheinander. Die Gruppendynamik während eines Spiels kann sich schnell und mehrfach verändern.

---

[38] Pierre Bourdieu, *Sozialer Raum und „Klassen". Zwei Vorlesungen* (Frankfurt am Main: Suhrkamp, 2016); Meier und Blum haben diese Methodik für die politische Praxeologie erweitert: Dominik Meier und Christian Blum, *Logiken der Macht. Politik und wie man sie beherrscht*, Bd. 77, Wissenschaftliche Beiträge aus dem Tectum Verlag: Reihe Politikwissenschaft (Baden-Baden: Tectum, 2018); Meier und Blum, „Mut zur Macht. Politische Praxeologie als Lehre vom erfolgreichen Machtgebrauch".

Die Spieler können eine derartige außeralltägliche Umwertung der sozialen Ordnung auch als symbolischen Moment wahrnehmen. Dieser symbolische Moment des Sieges oder der Niederlage im gemeinsamen Kräftemessen oder im Erfahren der Gunst des Zufalls wirkt für den Spieler oft als ein Geschehen, welches ihm von außen widerfährt – ein Augenblick, der zwar auf die Dauer des jeweiligen Spielgeschehens begrenzt bleibt, aber auch zu einem symbolischen Moment der Erinnerung werden kann. Denn Spielen ist grundsätzlich immer auch auf Wiederholung angelegt und mit Rhythmus und Bewegung assoziiert. Diese von außen wahrgenommene Kraft können Spieler durch wiederholtes Spielen zum Symbol für Ritualbildung oder als Impuls für Veränderung umdeuten.

Ein anderes Analyseraster ist erforderlich, um diese egalitäre Statusherausforderung zu beschreiben. Das soziologische Rüstzeug der Sozialpsychologen Henri Tajfel und John C. Turner ist hierbei hilfreich. In ihrem viel beachteten Artikel zur sozialen Identität des Menschen sprechen sie von Status als einem Ergebnis von zwischenmenschlichen Vergleichen innerhalb sozialer Interaktionen.[39] Demnach stehen die Menschen in einem sozialen Wettbewerb (*Social Competition*) um ein gegenseitiges Kräftemessen, um Anerkennung und gesellschaftliche Wertschätzung.[40] Doch auf welche Weise lässt sich der Status eines Spielers beschreiben?

Zwei analytische Begrifflichkeiten bieten sich an. Von Max Weber lässt sich der Begriff des „Idealtypischen"[41] und von Turner und Tajfel der der „Wirkungsmotivation"[42] übernehmen. Erst mit diesen heuristischen Werkzeugen lassen sich schließlich drei unterschiedliche Typologien von Spielern bestimmen. Während sich der Habitus des Spielers in allen sozialen Auszeiten zu einem einzigartigen einheitlichen Spielerhabitus zusammenfügt, ergeben sich die drei Typologien eines Spielers fast immer nur als Mischformen.

---

[39] Tajfel und Turner, „The Social Identity Theory of Intergroup Behavior", S. 16.
[40] Tajfel und Turner, S. 19 ff.
[41] Max Weber, „Die ‚Objektivität' sozialwissenschaftlicher und sozialpolitischer Erkenntnis", in *Max Weber. Gesammelte Aufsätze zur Wissenschaftslehre*, hg. von Johannes Winckelmann, 7. Aufl. (Tübingen: Mohr Siebeck, 1988), 215–90.
[42] Tajfel und Turner, „The Social Identity Theory of Intergroup Behavior", S. 39–40.

2 Die Logik des Gewinnspiels 127

Vor der Analyse dieser Typologien sind neben der Bestimmung der Ausgangslage eines egalitären „Spielerhabitus" weitere Voraussetzungen für die Statusbestimmung von Spielern notwendig. Im Spielgeschehen ist ein ausschließlich akteurszentriertes Handlungsprinzip wirksam: eine hochfokussierte Individuozentrik. Es kommt auf jeden Spieler an: Der Spieler spielt, das bedeutet, er entscheidet immer, wann, wie lange, an welchem Ort und wie er welches Spiel wie oft spielen möchte. Wenn der Spieler eine Münze in den Automaten wirft, startet die Maschine; der Spieler, der die Würfel auf das Spielbrett fallen lässt, rückt exakt um die Anzahl der geworfenen Augen des Würfels vor. Ausschließlich der Spieler selbst gibt den Startschuss für diese Prozesse. Der Spieler wiederholt durch seine Eigeninitiative so lange sein Spiel, bis seine Spielstimmung vergeht. Im Spiel beeinflusst und entscheidet der Spieler selbst den formellen Ablauf des Geschehens. Ebendies sind Faktoren, die im Alltag seiner sozialen Ordnung oft fremd sind. Aus dieser Individuozentrik lassen sich sechs Wirkungsmotivationen der Spieler ableiten, die eine anthropologische Subjektkonstitution jedes Spielers eröffnen und zur Statusbestimmung eine notwendige Voraussetzung darstellen.

Die erste Wirkungsmotivation ist die Grunderfahrung der *freien Selbstbestimmung* im Spiel. Spielen ist immer eine Überschusshandlung, die ein Spieler nur dann vornimmt, wenn er die Möglichkeit hat, aus dem Alltag auszubrechen. Während der Spieler in seinem Alltag mit erdrückenden Herausforderungen konfrontiert ist, ist der Mensch in der sozialen Auszeit des Spiels vor diesen gesellschaftlichen Überforderungen geschützt. Die alltägliche Erfahrung der Entfremdung des Menschen durch lebensweltliche, wirtschaftliche und artifiziell-technische Veränderungen ist dem Spieler genommen. In der freien Wahl des Spiels liegt nicht nur eine auf Freiheit angelegte Situation. Die freie Auswahl im Spiel repräsentiert eine idealisierte Chancengleichheit menschlichen Handelns.

Die zweite Wirkungsmotivation ist mit der freien Selbstbestimmung eng verbunden. Der Spieler erfährt das *Spiel immer und ausschließlich positiv*. Nur wenn das Spiel Spaß macht, keine Angst oder Furcht erzeugt, startet der Spieler mit dem Spiel. Die Freude am Spiel motiviert den und die Spieler überhaupt nur zum Spielen. Dies gilt auch in Bezug auf seine Mitspieler. Externe negative Rahmenbedingungen halten den Spieler vom Spiel grundsätzlich ab. Damit lässt sich auch die Leidenschaft für das Spiel als unbedingt positive Ausgangslage beschreiben. In dieser positiven Form der Leidenschaft liegt ein spielerisches Regulativ vor einer spielzerstörerischen Form von Sucht und Rausch. Sobald die spielerische Leidenschaft den kontrollierten Rahmen des Spiels überschreitet, endet das Spiel augenblicklich und zerstört den Raum der sozialen Auszeit. Aus dem Spiel wird Ernst. Die soziale Ordnung greift ein.

Die dritte Wirkungsmotivation verknüpft die Spielleidenschaft mit einer intensiven *Gewinnherausforderung* des Spielers. Dies trifft natürlich in besonderem Maße auf die Regelspiele zu, die auf Gewinn ausgerichtet sind. Mit dem Blick auf den Gewinn eines Spiels entwickelt der Mensch eine Freude, sich dieser Gewinnherausforderung zu stellen. Mit dem Kräftemessen um den Sieg richtet der Spieler seinen Fokus auf die Gewinnchance. Dieses Kräftemessen findet oft statt, wenn ein Spieler bei einem Gewinnspiel seine Kräfte mit analogen oder digitalen Technologien misst. Der Spieler sieht seine Gewinnherausforderung nicht nur in seinen Mitspielern, sondern hofft, selbst die Technik schlagen zu können. Es ist diese intensive Gewinnherausforderung, die den Menschen zum Spiel motiviert, ihn dabei sogar an seine eigenen Grenzen bringen kann und bisweilen sogar über diese Grenzen trägt. Oft geht es den Spielern beim Gewinnspiel um die „Ehre" des Gewinns. Gerade ein Gewinnerlebnis beim Spiel eröffnet einen besonderen Zugang zur eigenen positiven Lebensbedeutsamkeit.[43] Diese positive Leidenschaft des Gewinnens ist auch immer im Kontrast zu den zahlreichen negativen Erfahrungen zu sehen, die jeder Spieler im Alltagsleben seiner sozialen Ordnung immer wieder erfährt. Für den Spieler steigern gerade Gewinnspiele die Faszination am Spiel und erhöhen seine Spielfreude.

In der vierten Wirkungsmotivation erfährt der Spieler eine *unmittelbare Rückmeldung auf sein spielerisches Handeln*. Sobald der Spieler die Roulettekugel in den Kessel wirft und den Kessel zum Drehen bringt, folgt innerhalb von Sekunden ein Ergebnis. Das Rad stoppt, die Kugel landet in einer der 37 geeichten, gleich großen Kammern. Der Gewinner steht fest. Diese direkte dialogische Rückkopplung existiert vor allem bei Gewinnspielen, wie z. B. den Karten- oder Automatenspielen. Der Spieler

---

[43] Bolz, *Wer nicht spielt, ist krank. Warum Fußball, Glücksspiel und Social Games lebenswichtig für uns sind*, S. 95.

erhält sofort ein positives Feedback. Im Gegensatz dazu steht die alltägliche Komplexität sozialer Handlungsabläufe und Verhaltensweisen. Sie ergeben oft eine zeitlich verzögerte oder nur eine sehr unbestimmte und unsichere Form von Rückmeldung. Die Konsequenzen des eigenen Tuns bleiben dem Alltagsmenschen unklar oder werden nicht beachtet. Diese ausbleibende Rückkoppelung kann schnell demotivieren. Der Spieler nimmt sich im Alltag oft als macht- und bedeutungslos, oft auch als einer Situation ausgeliefert wahr.

Die fünfte Wirkungsmotivation besteht in der *prinzipiellen Hierarchieungebundenheit* des Spielers. Der Alltag jeder sozialen Ordnung kennt ein komplexes System zwischen sozialer Rigidität und sozialer Mobilität. Der Grad sozialer Durchlässigkeit bzw. Mobilität ist ein wichtiges Kriterium zur Beschreibung sozialer Ordnungen. Soziale Mobilität bezeichnet eine hohe Durchlässigkeit zwischen gesellschaftlichen Schichten oder Klassen; jeder Einzelne kann unabhängig von seiner Ausgangslage in einem sozialen Hierarchiesystem aufsteigen. Sozial rigide Ordnungen beruhen demgegenüber oft auf fest gefügten Herkunftsstrukturen, strengen familiär-hierarchischen Abhängigkeitsverhältnissen, mit denen eine extreme Ungleichverteilung von Vermögen und Geldmitteln einhergeht. Der soziale Aufstieg ist weder möglich noch ist er erwünscht. Darin unterscheiden sich mittelalterliche monarchische, religiös legitimierte soziale Ordnungen von freiheitlichen Rechtsstaatssystemen der Moderne, auch wenn diese de facto durch fortbestehende Ressourcenasymmetrien der sozialen Mobilität ebenfalls enge Grenzen setzen können.

Je mehr soziale Durchlässigkeit möglich ist, umso freiheitlicher und hierarchieungebundener ist eine Gesellschaft. Wenn die Spieler in jedem Spiel unablässig ihre Einfluss- und Beziehungsverhältnisse durch neue Rollen, Funktionen und Abläufe im Spiel verändern, hat Hierarchiebildung jedoch gar keine Grundlage. Denn der Gewinner des ersten Spiels kann schnell der Verlierer des nächsten Spiels sein. Hierarchien im Spiel sind nur präsentisch. Sie haben keine Vergangenheit und Zukunft. Eine derartige Hierarchieungebundenheit, geprägt durch eine extreme Durchlässigkeit und schnelle Veränderlichkeit der Positionen, kann keine realweltliche soziale Ordnung übernehmen. Sie wäre im Alltag impraktikabel. Natürlich ist der Antagonismus zwischen Spielordnung und sozialer Ordnung in monarchischen oder ständisch strukturierten Ordnungen erheblich stärker als in freiheitlichen, rechtsstaatlichen Herrschaftssystemen. Mit dem Aufkommen der Aufklärung und der Französischen Revolution Ende des 18. Jahrhunderts erfährt daher gerade das Gewinnspiel in der Entwicklung neuer Spielarten und ihrer Spielordnungen einen neuen Höhepunkt.

Die sechste Wirkungsmotivation baut vor allem auf der Hierarchieungebundenheit und sozialen Durchlässigkeit auf. Dem Spieler gelingt es in einem Spiel, unterschiedlichste Rollen und Funktionen einzunehmen. Er *überschreitet Grenzen*, die die Spielordnung erlauben und begrenzen. Zudem ist er zum Gewinnen auch darauf angewiesen, sich in seine Mitspieler hineinzuversetzen. Während seiner sozialen Auszeit des Spiels bewegt er sich zugleich in einem geschützten Raum des Experimentierens und Ausprobierens. Der Spieler trainiert und variiert zum einen seine eigenen praktischen Handlungsmöglichkeiten, um das Spielgeschehen zu kontrollieren. Zum anderen reflektiert er seine Verhaltensweisen und die seiner Mitspieler. Letztlich geht es dabei auch um das Lernen und Erfahren eines „Anders-Könnens", auch wenn sich dieses bloß auf die spielerische soziale Auszeit bezieht. Er lernt kontrollierte und positive Grenzüberschreitungen im Spiel kennen. Dieses spielerische Vermögen, Grenzen gegenüber sich selbst und den Mitspielern zu überwinden, ermöglicht es ihm, ein „Anders-Können" im Denken und Handeln in die soziale Ordnung zu inkorporieren und sich dieses „Anders-Können" auch im Alltag zu bewahren. Die sechste und letzte Wirkungsmotivation ist damit eine Motivation der kontrollierten und positiven Grenzüberschreitung. Dieses Mitnehmen der Erfahrung des „Anders-Könnens" im Spiel bildet eine Brückenfunktion zwischen Spielgeschehen und Alltagswirklichkeit.

Somit liegt die Ausgangslage für die Bestimmung dieses einzigartigen Status des Spielers offen. Der Status des Spielers beruht auf einer hochfokussierten Individuozentrik des Menschen. Aus dieser Position eines immer aktiv und radikal egalitär handelnden Spielers lassen sich sechs Wirkungsmotivationen ableiten, die sein Handeln bestimmen. Die Individuozentrik des Spielers und diese sechs Wirkungsmotivationen bilden die Grundlage für die Statusfestlegung von Spielern. Dieser Spielerstatus ist universell, da er auch außerhalb der jeweiligen sozialen Ordnung und des historischen Kontexts existiert. Der Spielerstatus formt sich auf der einheitlichen Basis einer gemeinsamen Handlungslogik. Damit ist der Status des Spielers immer vollkommen kongruent mit dem Habitus des Spielers. Wenn Status und Habitus der Spieler kongruent sind, wie lässt sich der Status eines Spielers dann bestimmen? Der Status eines Spielers kann – mit Blick auf Max Webers Theorieansatz – ausschließlich anhand dreier Typologien beschrieben werden. Es handelt sich um die Typologien des „Besser-Könnens", des „Begünstigt-Seins" und des „Anders-sein-Könnens".

Gerade Gewinnspiele sind ein Kräftemessen. Ein Kräftemessen ist immer ein Versuch des Gewinnens durch „Besser-Können" oder „Mehr-Können". Der Sieger triumphiert über seine Rivalen durch Leistung, Training und Erfahrung. Anerkennung und Wertschätzung sind die Folge. Dies ist auf dem Fußballplatz genauso wie beim Marathonlauf oder beim Schachspiel. Die Typologie des „Besser-Könnens" kennt auch den Moment des Zufalls. Der Spieler stellt sein Können permanent auf die Probe. So gibt es zwar Einzelereignisse, in denen ein Zufall zum Erfolg führt – der Fußballspieler kann sich jederzeit verletzen oder erkranken, das Wetter spielt nicht mit oder die Konzentration fehlt –, aber wenn man eine hinreichend große Zahl von Fällen betrachtet, erweisen sich diese Ereignisse als statistische Ausreißer. Gerade bei agonalen Spielen ist das Gewinnen – unter Einhaltung der Spielregeln – primär vom „Besser-Können" abhängig.[44] Der Verlierer führt seine Niederlage daher vor allem auf sein eigenes Versagen zurück. Die Konsequenz aus seinem Versagen besteht in einer besseren Vorbereitung oder mehr Training für den nächsten Wettkampf.

Diese Leistungstypologie des „Besser-Könnens" fällt beim reinen Geldspiel weg. Die Niederlage beim Geldspiel ist kein Versagen. Der Verlierer muss sein „Besser-Können" nicht hinterfragen, denn der Spielausgang steht in keinem kausalen Zusammenhang zu seinen Fähigkeiten. Der Spieler empfindet die Niederlage beim Geldspiel als ein zufälliges Verlieren, möglicherweise als Moment des „Pechs" oder des „Schicksals". Bereits beim nächsten Versuch kann sich das Spielergebnis schon wieder zu seinem Vorteil wenden. Geldspiele sind vor allem eines: Zufallsspiele. Aber auch ein Sieg beim Geldspiel verleiht dem Spieler für eine kurze Zeit

---

[44] Roger Caillois, *Die Spiele und die Menschen. Maske und Rausch* (München: Langen Müller Verlag, 1960).

eine herausgehobene Stellung. Je größer die Zufallsdimension des Gewinnspiels ist, desto mehr begibt sich der Spieler in die Abhängigkeit von durch ihn selbst nicht mehr steuerbaren äußeren Einflüssen oder Kräften.

Damit rückt die zweite Typologie des „Begünstigt-Seins", die den Status eines Spielers bestimmt, in den Fokus. „Wer spielt, ist die Kraft, die das Glück lenkt"[45], schreibt der Doyen der deutschen Machtforschung Heinrich Popitz. Nicht Leistung und Fähigkeit entscheiden über den Sieg, sondern das Prinzip des Zufalls. Unter dieses Zufallsprinzip fallen grundsätzlich auch die bereits seit den Griechen bekannten Phänomene und Logiken der glücklichen Fügung (tyche), des einen Menschen ereilenden Schicksals (moira) und des günstigen Augenblicks (kairos). Die einzigen Denksysteme, die ein Zufallsprinzip ausschließen, sind Religionen mit absolut-göttlichem Anspruch. Dieser Gott würfelt bekanntlich nicht und kennt weder Zufall noch Schicksal, glückliche Fügung oder günstige Augenblicke. Die Spiellogik an sich widerspricht dem göttlichen Sein. Der mittelalterliche Kirchenlehrer Cusanus forderte eindringlich von den Menschen, Spielen nur als eine pädagogische Übung zu betrachten, um sein wahres Ziel zu erreichen, näher zu Gott zu gelangen: Wer dem Gottessohn nachfolge (*imitatio Christi*), entwickele keine Spielleidenschaft. Er betreibe nur geistige oder körperliche Übungen, um Gott nachzufolgen. Die Typologie des „Begünstigt-Seins" ist damit kein aktiver, sondern nur ein passiver, ein sich ereignender Typus.

Trotz dieser essenziellen Unterschiede bildet die Polarität von „Besser-Können" und „Begünstigt-Sein" keine Disjunktion zweier Kategorien von Spielarten, sprich von Zufallsspielen auf der einen Seite und agonalen Spielen auf der anderen Seite. Wie oben festgehalten, ist selbst bei Strategiespielen wie dem Schach das Zufallsmoment ein spielentscheidender Faktor: Der Anzugsvorteil, d. h. derjenige zu sein, der den ersten Spielzug ausführt, ist in der Gesamtbetrachtung historisch erfasster Schachpartien eine statistisch signifikante Größe.[46] Und diese hängt ausschließlich vom Zufall ab, insofern sie durch ein Los bestimmt wird. Damit stellt sich die Polarität vielmehr als ein Kontinuum dar, an dessen einem Ende Spiele mit einer hohen Agonalitäts- und einer geringeren Zufallskomponente

---

[45] Heinrich Popitz, *Wege der Kreativität*, 2. Aufl. (Tübingen: Mohr Siebeck, 2000), S. 70.
[46] Siehe John Watson, *Chess Strategy in Action* (Bracknell: Gambit Publications, 2021).

verortet sind, wie z. B. Schach, Mühle, Go oder Halma, und dessen anderen Endpunkt reine Zufallsspiele wie Würfeln, Roulette, Lotto oder Automatenspiele bilden. In der Mitte des Kontinuums existieren hingegen Spielarten wie Poker, Risiko, Sportwetten oder Blackjack, deren Reiz in den unterschiedlichen Konfigurationen und Anteilen der Zufalls- und Agonalitätskomponenten bzw. der Relation zwischen „Besser-Können" und „Begünstigt-Sein" liegt.

Angesichts dieser kombinatorischen Vielfalt von „Besser-Können" und „Begünstigt-Sein" liegt es nahe, dass unterschiedliche Spielarten auch unterschiedliche Typen von Spielern mit hoch differenzierten Spielmotivationen anziehen (oder abstoßen). Eine Mixed-Methods-Studie des Rheingold-Instituts im Auftrag der Deutschen Automatenwirtschaft aus dem Jahr 2022 legt nahe, dass das Automatenspiel vor allem jene begeistert, die sich „dem Zufall anheimgeben" wollen und das Rotieren der Walzen als „Schicksalsprobe" begreifen; Fans von Sportwetten hingegen wollen sich „das Glück erarbeiten und [durch die intensive Beschäftigung mit Statistiken, Strategien und Sportlern] berechenbar machen."[47] Auch hier handelt es sich freilich nicht um zwei strikt verschiedene Kategorien von Spielern, sondern um Idealtypen. Die empirische Realität kennt eine Vielfalt und Kombinatorik von Motivationen und Einstellungen zum Spiel. Die zentrale Frage nach der Faszination des Zufalls und der menschlichen Hoffnung auf das Berechenbar-Machen künftiger Ereignisse wird im Folgenden und vor allem in Abschnitt 3.2 von Relevanz sein.

Beiden Typologien des „Besser-Könnens" und des „Begünstigt-Seins" ist gemeinsam, dass die Spielordnung den Status des Spielers zwar grundsätzlich definiert. Die Spielordnung bestimmt aber auch explizit den Spielraum des Zufalls, der zum Gradmesser der Statusbestimmung wird. Je mehr Zufall eine Spielordnung zulässt, desto stärker kommt die Typologie des „Begünstigt-Seins" zum Tragen. Die Möglichkeit, über Spielen zu gewinnen, sei es im Angesicht des „Besser-Könnens" oder des „Begünstigt-Seins", lässt den menschlichen Eindruck einer positiven

---

[47] Rheingold-Institut, *Deep-Dive: Spielen bei Erwachsenen. Ergebnisse für die Deutsche Automatenwirtschaft. Studie*, 2022, S. 41; siehe auch Xiang Fang und John C. Mowen, „Examining the Trait and Functional Motive Antecedents of Four Gambling Activities: Slot Machines, Skilled Card Games, Sports Betting, and Promotional Games", *Journal of Consumer Marketing* 26, Nr. 2 (2009): 121–31.

„distinctiveness"[48] entstehen. Gerade der Alltag bietet bekannterweise oft kaum Augenblicke einer schnell erfahrbaren herausgehobenen Anerkennung durch seine Mitmenschen. Genau die in den Spielregeln angelegten Grenzüberschreitungen über die Intensität des Zufalls eröffnen einen außeralltäglichen Raum des „Anders-sein-Könnens" als im normalen Alltag. Der Spieler kann sich durch den schnellen Tausch von Rollen und Funktionen in der sozialen Auszeit des Spiels intuitiv oder reflexiv in andere Spielsituationen und Mitspieler hineinversetzen. Der Spieler kann sich anders wahrnehmen, als es seine eigentliche soziale Verortung im alltäglichen gesellschaftlichen Leben vorgibt. Diese Möglichkeit, anders zu sein, definiert die dritte Typologie des Spielers. Es ist eine Statusbestimmung des Spielers über das „Anders-sein-Wollen".

Diese Typologie ist vor allem aus der Spielform der Phantasiespiele bekannt. Phantasiespiele sind darauf angelegt, jede Grenze sozialer Ordnungen zu sprengen. Sie leben von der eigenen Verwandlung und Veränderung von Rollen, Funktionen und Identitäten. Der Spieler kann sich vor anderen maskieren, verbergen oder sich in andere hineinversetzen, hineinphantasieren. Diese tiefgreifende „Umwertung aller Werte" beschreibt die Typologie eines „Anders-sein-Wollens". Dieses menschliche Vermögen überwindet Grenzen und überschreitet im Phantasiespiel auch die Systematik jeder geregelten Spielordnung. Es ist letztlich die Kategorie eines freien Spiels. Phantasiespiele haben keinen klassischen Spielregelkodex und gehören sicherlich nicht zu der Spielart der Gewinnspiele. Dennoch findet sich konsequenterweise, wenn auch nur indirekt und schwach ausgeprägt, die Typologie des „Anders-sein-Könnens" in den Regelspielen wieder. Die notwendige Möglichkeit, kontrolliert bis ans Limit zu gehen und bei Gewinnspielen Grenzen zu überschreiten, eröffnet auch einen sehr begrenzten Raum für die Typologie eines „Anders-sein-Wollens". Es ist ein menschliches Vermögen, diese spielerische Grenzerfahrung des „Anders-sein-Wollens" bei Gewinnspielen aus der sozialen Auszeit des Spiels in die Lebensrealität mitzunehmen. Daher lodert auch in der Grenzüberschreitung im Gewinnspiel ein winziger Funke eines anarchischen Elements der Veränderung oder des Neuen, die eigene Lebensrealität doch etwas anders gestalten zu wollen. Gerade die Typologie

---

[48] Tajfel und Turner, „The Social Identity Theory of Intergroup Behavior", S. 20.

des „Anders-sein-Wollens", der Grenzüberschreitung, öffnet die Option, auch rauschhafte Elemente im Spieler zu wecken – Elemente, die die Logik von Spielordnungen prinzipiell in keiner Weise ausschließt.

Besonders die beiden Typologien „Besser-Können" und „Begünstigt-Sein" sind bereits aus dem historischen Rückblick vertraut. Alle drei Typologien finden sich fast ausschließlich als Mischformen in den Spielordnungen wieder. Diese Mischformen der drei Typologien bestimmen den Status des Spielers im aktuellen Spielgeschehen völlig unabhängig von seiner Stellung in der jeweiligen sozialen Ordnung. Status und Habitus von Spielern sind kongruent und schaffen somit eine einzigartige Voraussetzung zur Bestimmung des Status eines Spielers. Dies trifft auf alle Kulturen und Epochen zu. Ausgangspunkt der Bestimmung eines Spielerstatus war die Überlegung, dass der Mensch als soziales Wesen grundsätzlich nur in Gemeinschaft mit anderen leben kann. Menschen stiften Gemeinschaft. So entsteht eine Gemeinschaft von Spielern – eine Gemeinschaft, die nur außerhalb der sozialen Ordnung und Lebensrealität in einem von der Spielordnung artifiziell geschaffenen Raum, einer zeitlich sehr begrenzten sozialen Auszeit, existiert. Das aktive Spielen konzentriert sich alleine auf den Spieler selbst. Der Spieler tritt selbst als Ursache und Ursprung des Spielgeschehens auf und versteht sich als aktiv Handelnder. Diese Individuozentrik des Spielers beim Spielen ermöglicht die Formierung von sechs Wirkungsmotivationen, die das Handeln eines Spielers bestimmen. So bleibt das Spiel immer frei selbstbestimmend, positiv leidenschaftlich, gewinnherausfordernd, auf schnelle Rückmeldung angelegt sowie prinzipiell hierarchie- und grenzüberschreitend. Erst diese einzigartige Statusbestimmung eines Spielers, eine außergewöhnliche anthropologische Subjektkonstruktion, erlaubt die Bildung dreier Typologien von Spielern. Der Spielerstatus beruht auf den Typologien des „Besser-Könnens", des „Begünstigt-Seins" und des „Anders-sein-Wollens". Die Fähigkeit des Könnens, des Zufalls als Gunstzuweisung und die Überschreitbarkeit von Grenzen reflektieren den Status des Spielers in Relation zum Spiel.

2.3 Zweckfreiheit

Seit der Moderne zehrt der Konzentrationsprozess einer rationalen Zweckorientierung im alltäglichen Leben an den Kräften jedes Individuums. Die Rückkoppelung auf die eigene Subjektivität, die zusätzlich in permanenter Auseinandersetzung mit anderen Menschen und der Umwelt steht, verlangt nach Selbstbewertung und Selbststeuerung. Viele Menschen scheitern an dieser Herausforderung. Untersuchungen und Umfragen aus dem Jahr 2020 zeigen, dass sich beinahe jeder zweite Bürger in Deutschland durch verschiedenste Faktoren, wie Überforderung, Termindruck oder emotionalen Stress in Familie oder Beruf, psychisch gefährdet sieht.[49] Weltweit sind depressive Störungen bereits die „zweithäufigste Volkskrankheit".[50]

Eine kurze, aber dichte Beschreibung dieser sehr widersprüchlich erfahrbaren Lebenswelt geben Dominik Meier und Christian Blum:

> „Die Spätmoderne ist eine Epoche realer Widersprüche. Ihre Merkmale sind eine nie dagewesene Differenzierung in arbeitsteilige Prozesse und soziale Rollen, verkoppelt mit einer Überproduktion von Informationen, Erwartungen und Möglichkeiten – eingebettet in die digitale Verschmelzung verschiedenster Lebens- und Arbeitswelten. Aus diesem Komplex erwachsen ein radikaler, moralisch aufgeladener Individualismus und ein Streben nach Selbstbestimmung, die sich mit der fortschreitenden Globalisierung und Homogenisierung der Lebensstile reiben. Paradoxerweise schlägt sich der dramatische Zuwachs an Wissenschancen nicht in aufklärerischer Zuversicht nieder, sondern in Verunsicherung und Desorientierung."[51]

Der Blick des Menschen richtet sich nach innen: Alles, was er tut, muss für einen bestimmten Zweck „gut sein" – jedwede Tätigkeit steht unter einem Rechtfertigungsdruck, den Menschen gesünder, produktiver, ethi-

---

[49] Deutsches Ärzteblatt, „Jeder Zweite fühlt sich von Burnout bedroht", 9. April 2018, https://www.aerzteblatt.de/nachrichten/92312/Jeder-Zweite-fuehlt-sich-von-Burnout-bedroht (zugegriffen am 14.02.2024).
[50] Bundesministerium für Gesundheit, „Depression", 2023, https://www.bundesgesundheitsministerium.de/themen/praevention/gesundheitsgefahren/depression.html (zugegriffen am 14.02.2024).
[51] Meier und Blum, „Mut zur Macht. Politische Praxeologie als Lehre vom erfolgreichen Machtgebrauch", S. 62.

scher, sozialer und schließlich wissender zu machen. Die Gefahr einer atemlosen Lebensführung droht, an der er letzten Endes als Individuum zerbrechen kann.

Schon in der Antike diskutieren Platon, Aristoteles und die Stoiker über ein philosophisches Konzept des „guten Lebens". Sie entwickeln für alle Herausforderungen des Lebens bereits detaillierte Vorschläge, von der Morgengymnastik über den Umgang mit Freundschaften bis zum richtigen Speiseplan. Die antike, vor allem die griechische Philosophie verbindet dieses Denken jedoch mit einem auf die innere Haltung gerichteten Begriff der „Eudaimonia", des „Glücklichseins". Glück hat hier nichts mit dem zufälligen Glück oder äußeren Umständen wie Reichtum oder Besitz zu tun. Glücklich zu sein hat für die griechische Philosophie immer einen Bezug zum Guten: zum guten Leben und Handeln. Glück ist die Verinnerlichung des Guten. Wer glücklich ist, der verwirklicht in seinem Leben Werte und Ziele, die sich nicht in punktueller Wunscherfüllung oder endloser Selbstoptimierung erschöpfen, sondern den Menschen als gesellschaftliches, zu sozialen Bindungen und geteilten Projekten fähiges Wesen fokussieren, das nach Ausgleich, Zufriedenheit und Gemeinschaft strebt. Bis zur Moderne war „Eudaimonia" die wieder auffindbare Ordnung des Guten und Schönen, eine im Kern göttliche Ordnung. Die antiken Philosophen suchen und finden die Wahrheit, während die Denker der Moderne sie zu einer gesellschaftlich verfassten Wahrheit zusammenfügen. In der Antike sind Zweck und Ziel nur als Einheit zu erfahren. Dies bildet ein inneres Selbstverhältnis äußerer Ordnung.

Was hat dies mit dem Spielen zu tun? Spielen, das wissen wir, ist eine subjektive Erfahrung des persönlichen Handelns. Der Spieler entscheidet frei und unabhängig über das Spiel sowie den Spielzeitpunkt. Der Gewinn liegt zuallererst in einer positiven Erfahrung des Spiels selbst. Der Mediziner Willy Hellpach spricht in diesem Zusammenhang vom „Spiel als der Lust des Zu-sich-selbst-Kommens"[52]. Allerdings ist dieser Gewinn kein „Zweck" des Spielens im eigentlichen Sinne, also kein externes Ziel. Im Gegenteil: Spielen erfüllt prinzipiell keinerlei Zweck. Auch in der Mo-

---

[52] Willy Hellpach, *Der Sozialorganismus. Menschengemeinschaften als Lebewesen* (Wiesbaden: VS Verlag für Sozialwissenschaften, 1953), S. 123.

derne, die durch die fortwährende Ziel-Mittel-Kalkulation des kurz- und langfristigen Handelns geprägt ist, spielt man um des Spielens willen. Der Sportwissenschaftler Joseph Levy beschreibt diese ambivalente Situation einer „Nichtzielgerichtetheit" des Spiels prägnant: „to accept the paradox of pursuing what is at once essential and inconsequential. Only in play can we totally commit ourselves to a goal that minutes later is forgotten or irrelevant"[53]. Allerdings spielt der Spieler nicht ziellos. Grundsätzlich beabsichtigt er für die Dauer des Spiels, das Spiel zu gewinnen – dieses Ziel ist freilich spielimmanent. Das Ziel löst sich zudem mit dem Spieler auf.

Gewinnspiele, insbesondere die Geldspiele, verlieren weder ihre Spiellogik noch ihre Spielfaszination, wenn sie mit Zweck und Absicht gespielt werden. Denn für den Erfolg der Spielordnung ist allein der Sieg oder Gewinn des Spiels „an sich" entscheidend. Die Logik des Gewinnspiels liegt nur im Gewinn begründet. Der Sieg ist alleine der Gewinn. Der Gewinn bleibt ohne Kontext, ist neutral, wertfrei, weder ethisch noch unethisch. Der Gewinn erfüllt gar keinen Zweck. Ob materielle Interessen die Geldspiele begleiten, interessiert die Spielordnung nicht, solange die Spieler deswegen nicht zu Spielverderbern werden und die Spielordnung ignorieren. Der Status von professionellen „Berufsspielern" ist eine typische Mischung aus den beiden vertrauten Typologien des „Besser-Könnens" und „Begünstigt-Seins". Beim professionellen Berufsspieler korreliert die Zielsetzung eines materiellen Gewinns immer mit dem rationalen Kalkül des Abschätzens von Chancen und Risiken von Gewinnmöglichkeiten. Dabei richtet sich der Blick des Berufsspielers immer nur auf ein einziges Ziel, nämlich das aktuelle, laufende Spiel zu gewinnen. Der Spieler vergleicht sein mathematisches „Besser-Können" von Kalkulation mit der Zufallswahrscheinlichkeit eines Sieges durch das „Begünstigt-Sein". Er nähert sich somit mathematisch der Unberechenbarkeit des Spiels an sich an.

Seit Jahrhunderten trifft die Zweckfreiheit des Spiels, gerade bei Spielen mit hohem Zufallsanteil, daher auch auf die Missbilligung des Erziehungswesens. Aber gerade deshalb, und nicht trotzdem, ist es so wichtig für uns. Im zweckfreien Spielen, das sich selbst genug ist, findet der

---

[53] Joseph Levy, *Play Behavior* (Malabar, Florida: Krieger Publishing Company, 1978), S. 1.

Mensch seine persönliche Auszeit zur subjektiven Entfaltung. Hier findet er leidenschaftliche und grenzüberschreitende Zuflucht vor dem Imperativ, dem eigenen Handeln einen (externen) Sinn verleihen zu müssen. Das zweckfreie Spiel unterscheidet sich von der sozialen Realität durch „Sinn-freie" Momente. Im Englischen hat sich der berühmte Begriff des „Non-Sense" etabliert, der genau diese Zweckfreiheit des Nichtsinns ausdrückt.[54] Die gezielte Ziellosigkeit im Spiel befreit den Menschen von seinen Alltagsfesseln. In dieser Zweckfreiheit lässt sich auch der Hauch eines anarchischen Moments wiederfinden, der das Spiel immer umgibt. Etwas nur um seiner selbst willen zu tun, ohne eine weitere Begründung dafür geben zu müssen oder auch nur zu können, ist insofern größtmöglicher Ausdruck individueller Autonomie.

Somit stellt das Spiel dem einleitend erwähnten sprichwörtlichen „Ernst des Lebens" eine Gegenkonzeption entgegen. Spielen eröffnet vielmehr die Chance eines „freien Spiels der Kräfte"[55]. Der Spieler erlebt den Moment des Zufalls im zweckfreien Spiel auch als befreiend. Diese Befreiung von einem Außen zu sich selbst hat Schiller in einer berühmten Passage seiner Abhandlung *Über die ästhetische Erziehung des Menschen* ausgeführt: „[D]er Mensch spielt nur, wo er in voller Bedeutung des Wortes Mensch ist, und er ist nur da ganz Mensch, wo er spielt"[56]. Im frühen 19. Jahrhundert sieht Schiller als Wegbereiter des deutschen Idealismus und der Romantik in der Form der Ästhetik des Spiels die eigentliche und harmonische Erfüllung von „Ich" und Natur. Ich bin nur ganz „Ich", wenn ich spiele. Im Alltag steht der Mensch unter dem Druck, den Erwartungen und Ansprüchen der ihn umgebenden Gesellschaft gerecht zu werden. Es ist, als trage er ständig eine Maske. Das Individuum der Spätmoderne identifiziert sich zunehmend mit den Ansprüchen, die man von außen auf es zuträgt. Es beginnt sogar eigenständig, ihre Umsetzung bei sich selbst zu überwachen. Denn nichts anderes beinhaltet die eigene (Selbst-)Optimierung, die keinesfalls mit der berühmten Selbstsorge des

---

[54] Harry G. Frankfurt, *Bullshit*, übers. von Michael Bischoff (Frankfurt am Main: Suhrkamp, 2006).
[55] Vgl. Immanuel Kant, *Kritik der praktischen Vernunft. Kritik der Urtheilskraft*, Bd. 5, Kants Werke. Akademie-Textausgabe (Berlin: De Gruyter, 2003), S. 237.
[56] Friedrich Schiller, *Über die ästhetische Erziehung des Menschen. 15. Brief* (Stuttgart: Reclam, 2015), S. 51.

Menschen um sich selbst zu verwechseln ist, die man aus der griechischen Antike kennt.[57] Die Erwartbarkeit und Zweckgerichtetheit menschlichen Handelns in all seiner Zerrissenheit ist Teil der Lebensrealität. Der moderne Mensch steht in ständiger Auseinandersetzung und Abhängigkeit mit sich, seiner Umwelt und der ihn umgebenden sozialen Ordnung. Hin- und hergerissen von diesen Ansprüchen an ihn selbst, versucht er mehr oder weniger zielgerichtet, sich diesen Herausforderungen zu stellen.

Für Friedrich Schiller gelingt die Auflösung dieser menschlichen Zerrissenheit im Alltag im ästhetischen Spiel. Im ästhetischen Spiel entkommt der Mensch dem Bannkreis seiner unabdingbaren Zweckorientierung der Lebenswelt, den (moralischen) Verpflichtungen, schlicht den ernsten Erfordernissen des Alltags. Schiller ergänzt seine berühmte Aussage daher: „Das Spiel ist neben der Kunst, der Moment, indem der Mensch frei ist"[58].

Im Spielen schafft sich der Mensch einen Rückzugsort, um zweckfrei und zwanglos zu spielen. Er schafft sich aber auch die Möglichkeit, die von der Spielordnung gegebenen Freiräume zu nutzen und mit dem Moment des Zufälligen zu verknüpfen. Er überschreitet damit kontrolliert die Grenzen des Spiels und streift den Status des typologischen „Anders-sein-Könnens" über. Der arbiträre Moment des rollenden Würfels, die sprichwörtliche Unberechenbarkeit des Kartenzugs entzieht sich letztlich immer der Welt der Voraussehbarkeit und strukturierten Planbarkeit staatlichen und gesellschaftlichen Handelns.

In diesem Unterkapitel wurde die Zweckfreiheit als drittes Grundprinzip der Logik des Spielens analysiert. Das alltägliche Leben der Menschen, insbesondere in der Moderne, lebt unausweichlich von zweckrationalem Handeln. Der Lebensalltag ist von Selbstoptimierungsprozessen geprägt und von einer kontinuierlichen (Selbst-)Erwartung, immer effektiver und effizienter zu arbeiten, Sport zu treiben, sein Vermögen zu verwalten oder Kinder zu erziehen. Diese Zweckgebundenheit und diese Verpflichtungen des Alltagslebens sind dem Spielen und dem Spieler fremd. Mark Twain

---

[57] Siehe Michel Foucault, *Der Wille zum Wissen*, Bd. 1, Sexualität und Wahrheit (Frankfurt am Main: Suhrkamp, 1977), S. 180–185.
[58] Schiller, *Über die ästhetische Erziehung des Menschen. 15. Brief*, S. 192.

bringt diesen Widerspruch in seinem Roman „Die Abenteuer des Tom Sawyer" aus dem Jahr 1876 auf den Punkt:

> „Wäre Tom ein großer Weiser gewesen, wie z. B. der Schreiber dieser Geschichte, dann hätte er auch begriffen, dass Arbeit stets das ist, was der Mensch gezwungen tut, und Spiel das, was er ohne Zwang leistet. Damit hätte er es dann auch leichter verstanden, warum es eine Arbeit ist, künstliche Blumen zu machen oder in einer Tretmühle zu schuften, während es nur ein Vergnügen ist, Kegel zu schieben oder auf den Mont Blanc zu steigen."[59]

2.4 Gleichheit

Die Lotterie des Alltagslebens ist geprägt von Differenzen, Gegensätzen oder Widersprüchen. Alle Versuche, diese Ungleichheiten durch politische Eingriffe zu nivellieren, führten bisher immer zu sozialen Katastrophen. Ungleichheit ist ein intrinsischer Teil der sozialen Existenz. Die positive Wirkung der Ungleichheit und den daraus erwachsenden Wettbewerb unter den Menschen innerhalb jeder sozialen Ordnung beschreibt Immanuel Kant an der Schwelle zur Moderne wie folgt:

> „Ein Baum [...], der auf dem Felde allein steht, wächst krumm, und breitet seine Äste weit aus; ein Baum hingegen, der mitten im Walde stehet, wächst, weil die Bäume neben ihm widerstehen, gerade auf, und sucht Luft und Sonne über sich."[60]

Die in diesem Zitat verwendete Metapher betont die Bedeutung des Wettbewerbs und der Agonalität unter den Menschen für das Gelingen gesellschaftlicher Ordnungen. Der Wettbewerb nötigt die Bäume im Wald dazu, all ihre biologische Kraft zu aktivieren. Die Bäume sind von der Notwendigkeit angetrieben, ihre Lebensgrundlage durch Wasser und Licht zu sichern.

---

[59] Mark Twain, *Die Abenteuer des Tom Sawyer*, 6. Aufl. (Hamburg: Dressler Verlag, 1999), S. 22.
[60] Immanuel Kant, „Über Pädagogik", Deutsches Textarchiv, 1803, S. 18–19, http://www.deutschestextarchiv.de/kant_paedagogik_1803/19 (zugegriffen am 23.04.2021).

Kants Metapher steht aber auch für einen ständigen Erwartungsdruck an Menschen nach Leistungsbereitschaft – eine kräftezehrende und oft belastende Konstellation, die vor allem auch die soziale Ungleichheit verschärft. Ungleichheit geht an die Substanz des menschlichen Daseins und fordert die gesellschaftliche Ordnung heraus. Die Philosophie-, Theologie- und Geschichtsbücher sind übersät mit Theorien, Analysen und literarischen Texten über die Ungleichheit von Menschen.[61] Die Verteilung aller materiellen wie auch immateriellen Ressourcen, die Fähigkeiten der Menschen und der Erhalt sozialer Ordnungen sind gekennzeichnet durch Ungleichheit.

Und doch gibt es einen Punkt abseits der alltäglichen Lebensrealität, an dem alle Menschen gleich sind: beim Spiel. Gewinnspiele, vor allem Geldspiele, mit Würfeln, Kugeln, Karten oder mithilfe von Bits und Bytes machen diese Gleichheit eindringlich deutlich. Spielen kennt im Hinblick auf die Spielordnung selbst keinen Unterschied zwischen Arm und Reich, Oberschicht oder Unterschicht, gesund oder krank. Der Soziologe Roger Caillois spricht daher pointiert von der „Schöpfung einer vollkommenen Gleichheit unter den Spielern, einer Gleichheit, die den Menschen in Wirklichkeit versagt bleibt"[62]. Auch der geschichtliche Rückblick bestätigt diese Überlegung. Spielen ruft in allen Kulturen, Schichten, Ständen oder Klassen seit jeher Begeisterung hervor, denn wer die Welt des Spiels betritt, verlässt die soziale Welt der gesellschaftlichen Normen, der Hierarchien, Gesetze und Tabus. Im Raum der sozialen Auszeit sind alle auch vollkommen gleich. Alle Spieler haben die gleichen Chancen im Spiel. Garantierte (Chancen-)Gleichheit in der Spielordnung ist damit das vierte Grundprinzip der Logik von Spielen.

Sowohl die spezifische, egalisierende Wirkung der Spielbedingungen und Spielregeln vor Spieleintritt als auch das Zufallsergebnis des Spielausgangs nehmen die Spieler als Gleichheit zwischen allen Teilnehmern im Spiel als legitim wahr. Sowohl die Logik des Spiels als auch die Zielerreichung beim Spielergebnis selbst garantieren die Gleichheit der Spieler. Es gibt also eine doppelte Garantie von Gleichheit, die das Spiel und

---

[61] Debattenprägend ist bis heute Jean-Jacques Rousseau, *Discours sur l'origine et les fondements de l'inégalité parmi les hommes/Diskurs über den Ursprung und die Grundlagen der Ungleichheit unter den Menschen*, 7. Aufl., UTB für Wissenschaft (Paderborn: Schöningh, 2019).
[62] Caillois, *Die Spiele und die Menschen. Maske und Rausch*, S. 27.

die Spielordnung für die Spieler rechtfertigt. Die Spielordnung steht exemplarisch für die inputorientierte Dimension des Spiels. Alle Spieler wenden gleichermaßen die geltenden Regeln an, die die Spieler durch den Akt der Spielteilnahme freiwillig akzeptieren. Hellmuth Benesch spricht von „spielorganisatorischem Gleichmaß"[63]. Alle Spielregeln gelten für die Teilnehmenden gleich, ungeachtet externer Faktoren, die die alltägliche Lebensrealität der Spieler prägen, wie z. B. Nationalität, Ethnie oder Religion. Der Spielautomat oder Würfel unterscheidet nicht, ob eine Medizinstudentin, der Amazon-Gründer oder die Bundeskanzlerin am Gerät spielt. Es gelten immer dieselben Regeln auf der Basis festgelegter technischer Eigenschaften der Spielgeräte. Eine Taste des Spielautomaten startet und stoppt die Rotation der Walzen. Wenn viermal dasselbe Symbol vor den Augen des Spielers erscheint, steht der Gewinner fest. Die Spielordnung und die technische Spielkonzeption schließen aus, dass das Spielgerät dem Spieler zusätzlich eine weitere Runde schenkt oder plötzlich zwei übereinstimmende Symbole ausreichen, um zu gewinnen: Es gibt keine Abweichung.

Die Logik des Spiels, der zufolge nicht nur alle Spieler vom Regelwerk gleichrangig behandelt werden, sondern die Spielregeln alle Mitspieler zu Gleichen machen, beschreibt eine völlig außeralltägliche Wirklichkeit. Keiner sozialen Ordnung ist es bisher gelungen, diesen perfekten Gleichheitsgrundsatz zu verwirklichen. Die Geschichte ist gespickt mit kulturellen Annäherungen an dieses radikale Gleichheitsprinzip. Im Römischen Reich zelebrierte die römische Bürgerschaft das Fest der *fors fortuna*, den hohen Feiertag der Glücksgöttin. Diesen „Glückstag" machte die Bürgerschaft auch ihren Sklaven zugänglich. Aber auch diese Feier lässt sich als künstlerische Inszenierung der Bürgerschaft deuten, in der die Sklaven der Fortuna eher symbolhaft ihr Antlitz zuwenden konnten.

Nach dem lebensweltlichen Scheitern einer radikalen Gleichheitsidee in der Geschichte setzt sich vor allem die Philosophie gesellschaftskritisch mit dem Gleichheitsgrundsatz auseinander. Mit dem Liberalismus und Utilitarismus sollen zwei der wichtigen philosophischen Strömungen in der Moderne kurz zur Sprache kommen. Der entscheidende Versuch,

---

[63] Benesch, *Spiel als therapeutische Alternative. Neue Trends zum Spielverhalten der Erwachsenen.*, S. 49.

diesen Übertritt in die egalitäre Welt des Spiels für die moderne Philosophie transformierbar zu machen, ist dem liberalen Philosophen John Rawls gelungen. Rawls hat dazu in seinem berühmten Buch „Eine Theorie der Gerechtigkeit"[64], einem Grundlagenwerk der Gleichheits- und Gerechtigkeitsforschung, ein viel diskutiertes Gedankenexperiment vorgelegt. Im Rückgriff auf die Gesellschaftsvertragstheorien von Hobbes und Rousseau, die gesellschaftspolitische Legitimität aus der freien Übereinkunft gleicher Personen ableiten, konzipiert Rawls den Gesellschaftsvertrag von einem sogenannten „Urzustand" aus, der durch einen „Schleier des Nichtwissens" entsteht.[65] Hinter diesem Schleier weiß niemand, welche Position er nach dem Vertragsschluss in einer späteren Gesellschaft haben wird, also welches z. B. sein Vermögen, Geschlecht, Talent, Bildungsniveau etc. sein wird. In einer solchen Situation, so Rawls, kann sich niemand für Grundsätze entscheiden, die ihn später bevorzugen werden; alle sind in der gleichen Ausgangssituation. Jede rationale und moralische Person würde laut Rawls hinter dem Schleier des Nichtwissens solche institutionellen Grundsätze wählen, die mit seinen beiden Grundsätzen der Gerechtigkeit in Einklang stehen: (1) Jedes Gesellschaftsmitglied hat die gleichen basalen politischen und bürgerlichen Rechte, und (2) soziale wie ökonomische Ungleichheiten müssen so beschaffen sein, dass jede Person faire Chancen auf die Bekleidung von Ämtern und Positionen hat und jedwede Ungleichheit zum Vorteil der am wenigsten Begünstigten beiträgt.[66] Wie stichhaltig Rawls' berühmte liberale Theorie ist, steht hier gar nicht zur Debatte; interessant ist vielmehr, dass seine Ausgangslage des Urzustands und der „Schleier des Nichtwissens" sich auf das spielerische Grundprinzip der Gerechtigkeit anwenden lassen. Ob ein philosophischer „Schleier des Nichtwissens" oder eine „soziale Auszeit" der Spielordnung als gemeinsame Systematik der Gleichheit zugrunde liegt, macht keinen prinzipiellen Unterschied in der Konstituierung von Gleichheit. Beides sind konstruierte Räume der Gleichheit, die die Lebensrealität nicht kennt.

---

[64] John Rawls, *Eine Theorie der Gerechtigkeit* (Frankfurt am Main: Suhrkamp, 1975).
[65] Für eine zeitgenössische Verteidigung der rawlsschen Heuristik siehe Michael Moehler, „Impartiality, Priority, and Justice: The Veil of Ignorance Reconsidered", *Journal of Social Philosophy* 47, Nr. 3 (2016): 350–67.
[66] Rawls, *Eine Theorie der Gerechtigkeit*, S. 29.

2 Die Logik des Gewinnspiels

Ernst-Wolfgang Böckenförde hat die praktischen Gefahren derartiger artifizieller Legitimationsmuster kritisch angemahnt („Ein Rechtsstaat lebt von Voraussetzungen, die er selbst nicht garantieren kann"[67]). Bei John Rawls' Gedankenexperiment trifft diese Garantiebestimmung zweifelsfrei zu. Der „Schleier des Nichtwissens" rechtfertigt und begründet den Garantieanspruch einer Gleichheit an Rechten und Chancen. Der Spielordnung gelingt diese Garantiebestimmung noch einfacher als dem Gedankenexperiment von Rawls. Denn eine Spielordnung repräsentiert zu keinem Zeitpunkt der Geschichte eine soziale Ordnung. Die Spielordnung will auch keine soziale Ordnung reformieren oder sogar revolutionieren. In diesem wichtigen Punkt unterscheidet sich die Spielordnung grundsätzlich auch von politischen und philosophischen Denkkonzeptionen. Spielordnungen verweigern sich jeder Art von alltäglicher Realisierbarkeit. Diese Verweigerung hat keine politische Dimension. Spielordnungen sind, von ihrer Logik her gedacht, auch niemals politisch, sondern grundsätzlich apolitisch. Diese schwierige Ambivalenz der Nichtrealisierbarkeit wird im dritten und abschließenden Kapitel dieses Buches weiter vertieft.

Neben dieser inputorientierten Dimension, die in der gleichen Behandlung jedes Spielers mündet, muss die Gleichheit, die die Spielordnung mit dem Ergebnis des Gewinnspiels schafft, ins Auge gefasst werden. Diese outputorientierte Dimension von Gleichheit liegt im Zufallsprinzip des Gewinnens. Gerade Geldspiele besitzen keine Lerneffekte und kennen keine direkte Wissensvermittlung. Der Sieg oder die Niederlage im Gewinnspiel ist immer ungewiss und trifft alle in gleichem Maße. Die Gleichheit aller Menschen ist damit durch die Willkür des Würfels unabdingbar gegeben. Kein Spieler entzieht sich plötzlich der Gleichheit im Spiel, außer er verlässt das Spiel während der Spielzeit. Der Spieltheoretiker Brian Sutton-Smith schreibt in seinem Hauptwerk „Die Dialektik des Spiels" über die Gleichheit im Gewinnen:

„Am auffälligsten ist dabei die Tatsache, dass in den Spielen die im Leben bestehenden Gegensätze zwischen Gewinnen und Verlieren in einem Sys-

---

[67] Ernst-Wolfgang Böckenförde, *Recht, Staat, Freiheit: Studien zur Rechtsphilosophie, Staatstheorie und Verfassungsgeschichte* (Frankfurt am Main: Suhrkamp, 2006), S. 112.

tem aufgehoben sind, das alle Spieler abwechselnd gewinnen und verlieren lässt."[68]

Gerade das reine Geldspiel verteilt die Chancen und Risiken des Gewinnens und Verlierens anhand von Spielordnungen und deren Zufallsgrad. Gerade weil die Spieler permanent den Gewinn vor Augen haben und für alle die Chancen gleich bewerten, spielen sie mit positiver Leidenschaft. Dagegen sind in der Lebensrealität Gewinn und Verlust prinzipiell ungleich verteilt – ein Zustand, der im Leben oftmals nur schwer veränderbar ist. Aber nicht nur die Chancengleichheit schafft Lust auf das Glücksspiel. Der Spieler kennt auch kein Versagen. Wer beim Roulette eine Null erwischt oder bei der Lotterie lauter Nieten zieht, muss sich nie zum Vorwurf machen, er habe nicht sein Bestes gegeben, sei unkonzentriert oder schlicht nicht taktisch genug vorgegangen. Der Spieler hat schlicht den Zufall nicht auf seiner Seite gehabt. Eine Spielniederlage bringt niemanden dazu, seinen Selbstwert als Mensch infrage zu stellen. Es bleibt demjenigen nichts anderes übrig, als das Spiel zu beenden oder darauf zu hoffen, dass der Zufall beim nächsten Mal doch auf seiner Seite ist.

Die Gleichheit erweist sich als starkes Grundprinzip in der Logik des Spielens. Die Spielregeln nivellieren für die Spieler alle sozialen Ordnungssysteme des menschlichen Alltags. Alle Spieler begegnen sich durch den Zutritt in die Welt der Spiele als gleichberechtigte Teilnehmer. Andere Ungleichheit schaffende Bedingungen kennen die Spieler nicht. Zudem führt das Zufallsprinzip zu einer gleichen Verteilung von Gewinnchancen unter den Mitspielern. Gerade bei reinen Geldspielen ist das Ergebnis nie das Resultat von Können und Fähigkeiten, sondern ausschließlich von Begünstigt-Sein. Spielen stiftet daher nicht nur Gemeinschaft, sondern auch Gleichheit.

---

[68] Brian Sutton-Smith, *Die Dialektik des Spiels. Eine Theorie des Spielens, der Spiele und des Sports*, Reihe Sportwissenschaft 10 (Schorndorf: Hofmann Verlag, 1978), S. 222.

2.5 Katharsis

Wer selbst erlebt hat, wie gebannt Zuschauer eines Pferderennens beim Endeinlauf mitfiebern, um kurz darauf entweder in Jubel zu verfallen oder sich wutschnaubend abzuwenden, der weiß: Hier brechen sich „große Gefühle" Bahn. Huizinga bringt in diesem Zusammenhang den aus der antiken Tragödie entnommenen Begriff der Katharsis ins Spiel.[69]

Der aus dem Griechischen stammende Begriff *kátharsis* bedeutet streng genommen „Reinigung" und gehört ursprünglich zum medizinischen Bereich.[70] Aristoteles führt den Begriff mit nachhaltiger Wirkung in die Poetik ein. Seine Tragödienlehre fußt auf der Annahme, die von außen auf den Zuschauer einbrechende Erfahrung von Leidenschaften, Mitleid, Wut oder Furcht könnte den Zuschauer von persönlichen Gemütszuständen des „Jammerns und Schauderns" befreien, ihn gewissermaßen seelisch reinigen.[71] In der Moderne findet der Begriff Katharsis durch die Arbeit Sigmund Freuds „Über den psychischen Mechanismus hysterischer Phänomene"[72] Eingang in die Psychologie. Freud sieht in der Katharsis die Chance, die zerstörerische Wirkung unterdrückter Gefühle und Wünsche durch ihre befreiende Artikulation zu beenden. Die Katharsis reinigt den modernen Menschen von „inneren Konflikten und verdrängten Gefühlen"[73].

Diese anfängliche Begriffsklärung und historische Verortung hilft, den von Huizinga ins Spiel gebrachten Begriff der Katharsis als letztes Grundprinzip der Spiellogik zu beschreiben. Die Bedeutung der Katharsis im Spiel beruht auf der umfassenden Individuozentrik des Spielers. Dieser steht im Mittelpunkt seines selbst ausgewählten Spiels. Er ist der aktiv

---

[69] Siehe Huizinga, *Homo ludens. Versuch einer Bestimmung des Spielelements der Kultur*.
[70] Hellmut Flashar, „Die Medizinischen Grundlagen der Lehre von der Wirkung der Dichtung in der Griechischen Poetik", *Hermes* 84, Nr. 1 (1956): 12–48.
[71] Benesch, *Spiel als therapeutische Alternative. Neue Trends zum Spielverhalten der Erwachsenen*, S. 9.
[72] Siehe Sigmund Freud, „Über den psychischen Mechanismus hysterischer Phänomene", *Wiener medizinische Presse*, Gesammelte Werke, Nachtragsband, S. 181–195, 34, Nr. 4–5 (1893): 121–26; 165–67.
[73] Institut für Deutsche Gebärdensprache und Kommunikation Gehörloser (IDGS) der Universität Hamburg, „Katharsis", Psychologie-Fachgebärdenlexikon, o. J., https://www.sign-lang.uni-hamburg.de/projekte/plex/plex/lemmata/k-lemma/katharsi.htm (zugegriffen am 13.02.2024).

Handelnde, der sich im Spiel entfaltet und im ständigen Dialog mit seinen Mitspielern steht. Unter dieser Voraussetzung entwickelt das Spiel zwei unterschiedliche Dimensionen einer kathartischen Wirkung. In der ersten kathartischen Dimension bietet das Spielen einen Raum für Affektsteuerung. Der Spieler findet ein Ventil, um aufgestaute Affekte und Emotionen abzubauen. Dem Spieler gelingt es aber zudem, diese Affekte und Emotionen im Spiel zu sublimieren. Als aktiver Spieler kompensiert er seine alltäglichen Schwächen auch durch „große Gefühle" im Spiel. Er wehrt nicht nur negative Emotionen und Affekte aus dem Alltagsleben ab, sondern der Spieler eröffnet sich auch die Option, uneingeschränkt positiv und leidenschaftlich das Spiel selbst zu erfahren. Es ist eine große Errungenschaft des Spielens, sowohl „große Gefühle" entstehen zu lassen als auch deren positives Ausleben zuzulassen, ohne die sozialen Ordnungen im Alltag zu gefährden. Die zweite kathartische Dimension umfasst die Selbstreflexion des Spielers auf sich als Einzelnen und auf seine Mitspieler. Der Spieler entscheidet sich frei und ohne Druck zum Spielen. Er reflektiert dabei sein Handeln wie auch das Handeln seiner Mitspieler. Indem er in der sozialen Auszeit des Spiels seine Rolle und Funktion selbst wählt, schafft er auch eine Distanz zu sich selbst. Der Spieler erfährt sich im Spiel als jemanden, der auch anders handeln könnte, als es die soziale Ordnung von ihm verlangt.

Zunächst ist es sinnvoll, noch einmal die erste kathartische Dimension, die Affektsteuerung, zu reflektieren. Aufgestaute Emotionen und Affekte, die im alltäglichen, zivilisierten Miteinander keinen Platz haben, dürfen Menschen im Spiel – und nur im geregelten Spiel – offen ausleben. Niemand – außer vielleicht eingefleischte Spielverderber – nehmen daran Anstoß, wenn ein Spieler bei einer Niederlagenserie genervt die Karten auf den Tisch schmeißt oder nach einem erfolgreichen Würfelwurf spontan einen Mitspieler umarmt. Wer hat noch keine Begeisterung verspürt, als seine Sportwette auf den Sieg seiner Mannschaft durch einen Treffer in letzter Minute doch noch erfüllt wurde. Für immer mehr Menschen sind gerade E-Spiele, wie Ego-Shooter-Games, entscheidend, um sich vom alltäglichen Stress abzureagieren. Die Möglichkeit, sich vor allem im Gewinnspiel leidenschaftlich zu engagieren, ist grundsätzlich immer positiv, weil eine Unterdrückung von Emotionen in der Regel eine große Belastung darstellt. Das Spiel tritt hier als Auslass-Ventil[74] oder als Möglichkeit der Ventilierung[75] für aufgestaute Emotionen auf, wobei sowohl der Spieler als auch sein Umfeld vor ihren negativen Konsequenzen durch die Spielordnung geschützt sind. Denn wer Emotionen und Affekte beständig unterdrückt oder überschüssige Kräfte nicht auslebt, erfährt einen fortwährenden Widerspruch zwischen seinem äußerlichen Handeln und seinem innerlichen Erleben. Die Gefahr, diese aufgeladenen Affekte eines Tages unkontrolliert auszuleben und anderen Menschen damit zu schaden oder sie zu verletzen, ist nicht zu unterschätzen. Zudem besitzt der Mensch Schutzmechanismen, um gerade intensive Emotionalität gegenüber anderen Mitmenschen nicht zeigen zu müssen, da man sich der Reaktion des anderen niemals sicher sein kann.

Die erste kathartische Dimension im Spiel gibt dem Spieler aber nicht nur die Chance, negative und aufgestaute Emotionen abzuwehren. Sie hilft ihm auch, diese Emotionen und Affekte zu kompensieren und damit im Gegenzug vor allem Freude und Leidenschaft zu entwickeln. In dieser Kompensationsmöglichkeit dokumentiert sich noch einmal die Individuozentrik der Logik des Spiels. Der Spieler wählt frei und ohne Zwang sein Spiel aus, und er entscheidet über den Ort, den Zeitpunkt sowie die Spieldauer. Die Spielregeln geben den Rahmen und Grenzen des Spiels vor, aber die Grenzen des Spiels lassen sich ausreizen und kontrolliert modifizieren.

Der Mensch sei zur Freiheit verurteilt, hält der Existenzialist Jean-Paul Sartre fest – und er meint dies dezidiert nicht als glückliche Fügung, sondern als existenzielle Bürde. Der Philosoph Odo Marquard spricht daher auch nicht vom triumphierenden Menschen, sondern von einem Menschen, der leidet und dem es an vielem mangelt; seine vielfältigen Mängel und Defizienzerfahrungen müsse er daher mühsam kompensieren.[76] Das Spiel entfaltet in seiner ersten kathartischen Dimension genau diese kompensatorische Wirkung. Der Spieler kann sich der Last der Komple-

---

[74] Siehe Harvey A. Carr, *The Survival Values of Play* (Boulder, Colorado: University of Colorado, 1902).
[75] Siehe Irvin D. Yalom, *Theorie und Praxis der Gruppenpsychotherapie. Ein Lehrbuch*, 13. Aufl. (Stuttgart: Klett-Cotta, 2019).
[76] Odo Marquard, „Homo Compensator", in *Diskurs: Mensch*, hg. von Willi Oelmüller, Ruth Dölle-Oelmüller und Carl-Friedrich Geyer, Bd. 1, Philosophische Arbeitsbücher (Paderborn: Schöningh, 1985), S. 328.

xität und Skepsis entledigen, die sein alltägliches Leben bestimmt. Die Spielregeln bieten Spielern wie auch Zuschauern eine klare Orientierung darüber, wie diese Kompensation im Spiel gelingen kann. So erlebt der Spieler seine Situation – anders als seinen überkomplexen, oft fremdbestimmten Alltag – als beherrschbar, etwa beim Geldspiel am Automaten. Die simple Bedienung des Geräts und das unmittelbare Feedback auf die eigene Handlung bilden einen Kontrast zum alltäglichen Erleben. Das Spiel bedient und erfüllt den menschlichen Wunsch nach Übersichtlichkeit und Einfachheit und verschafft damit eine kurze Verschnaufpause vom „Hamsterrad des Lebens". Norbert Bolz fasst diese emotionale Notfallsituation des Alltagsmenschen mit seinem präzisen zivilisationskritischen Blick zusammen und öffnet für die Spieler gleichzeitig die Tür zu einer Welt der „großen Gefühle":

> „Wer heute große Gefühle erleben will, muss in die Spielhalle, ins Kino, in die Spielbank, in die Oper oder ins Stadion gehen. In jedem Fall wird man sie nicht in der Wirklichkeit der modernen Gesellschaft erleben. Und wer dort dann doch mit großen Gefühlen kommt, erscheint als Störfaktor. Mit Passionen ist man in den sozialen Systemen prinzipiell fehl am Platz. Gerade deshalb brauchen wir Ersatzschauplätze, an denen große Gefühle inszeniert und ausgelebt werden können – und zwar eben unter der Bedingung, dass sie durch einen Container eingefasst sind."[77]

Die Integration „großer Gefühle" in jede soziale Ordnung ist jedoch eine permanente Herausforderung für alle Herrschaftseliten. Soziale Ordnungen müssen soziale Mechanismen schaffen, um „große Gefühle" einzubetten, zu kontrollieren und letztlich zu sanktionieren. Und je komplexer soziale Ordnungen strukturiert sind, desto größer ist die Notwendigkeit solcher Mechanismen, egal ob bewusst reflektiert und strategisch eingesetzt oder unbewusst befolgt und habituell reproduziert. Die Soziologie der letzten 150 Jahre kennt unzählige Beispiele derartiger komplexer sozialer Mechanismen und damit verbundener durchsetzungsstarker Herrschaftspraktiken. Eines der bekanntesten Beispiele für einen derartigen Mechanismus ist die Sündenbocktheorie des Ethnologen René Gi-

---

[77] Bolz, *Wer nicht spielt, ist krank. Warum Fußball, Glücksspiel und Social Games lebenswichtig für uns sind*, S. 89.

rard:[78] Ihr zufolge lösen die Menschen innere Zerrissenheit von sozialen Gruppen oder Gemeinschaften auf, indem sie ihre Aggression auf einen Sündenbock übertragen, den man dann sprichwörtlich in die Wüste schickt.

Viel einfacher und sozial kompatibler für jede Gesellschaft ist es daher, eine Affektsteuerung „großer Gefühle" über das Spielen zu erreichen. Das Spielen übernimmt in der gesamten menschlichen Geschichte die einzigartige, überkulturelle und epochenübergreifende Affektsteuerung: eine spielerische Kontrolle, die unter den Bedingungen einer Spielordnung emotionale Sublimierung und Kompensation erzielt. Diese spielerische Affektsteuerung entfaltet bei sehr überschaubaren sozialen Kosten eine große gesellschaftliche Wirkung. Das funktioniert beispielsweise beim einfachen Würfelspiel, kann aber auch in komplexen Spielsystematiken wie im antiken römischen Kolosseum gelingen. Der besondere spielerische Raum der „sozialen Auszeit" ist inzwischen eingehend beschrieben und analysiert worden. Dieser von Norbert Bolz mit einem ähnlichen Begriff des „Containers" umschriebene Raum spielt bei der Affektsteuerung eine wichtige Rolle. Die soziale Auszeit beim Spielen schafft ein geschlossenes Refugium für das Ausleben „großer Gefühle": „Es ist nur ein Spiel!", lautet der Slogan, mit dem die Spielordnung jedes Triumphgeheul, jeden Wutanfall oder jede Häme über das Pech eines allzu selbstbewussten Mitspielers sofort wieder entschärft. „What happens in Vegas stays in Vegas" beschreibt folglich nicht nur das Erfolgs- und Business-Modell von Nevadas legendärer Glücksspielmetropole, sondern vor allem die Logik des Spiels als eines geschützten und eingegrenzten Freiraums menschlicher Emotionen.

Der Containervergleich von Norbert Bolz lässt sich aber auch auf eine andere außergewöhnliche Situation des Alltags anwenden, deren Wirkmechanismen denen des Spiels ähneln. In der Moderne wird dieser Container durch jenen Behandlungsraum verkörpert, in dem Ärzte und Psychologen im kontrolliert-medizinischen Rahmen Menschen therapieren. In diesem medizinischen „Behandlungscontainer" können Menschen auch ihre Emotionen ohne Beschränkungen offenlegen. Diese

---

[78] René Girard, *Das Heilige und die Gewalt* (Frankfurt am Main: Fischer Verlag, 1978), S. 10.

„kathartische Methode"[79] als Verfahren einer psychoanalytischen Diagnostik zu benutzen, erklärt diesen Containerbezug zusätzlich. Aber auch hier gilt: Nicht jeder kann bei jedweder Gelegenheit einen Psychologen aufsuchen. Zudem bleibt eine gute flächendeckende und schnelle Gesundheitsversorgung eine große Herausforderung. Das gesamte Feld der Psychologie und Psychoanalyse ist dazu noch eine relativ junge wissenschaftliche Disziplin der Moderne. Spiele gibt es hingegen seit Menschengedenken. Spielen verbindet seit jeher eine historisch gewachsene Nähe zum „Gedanken des Heilens",[80] wie bereits bei der geografischen Überschneidung von Spielcasinos und Kurstädten zutage getreten ist.

Im Gegensatz zur ersten kathartischen Dimension, welche die Sublimierung und Kompensation aufgestauter Emotionen eröffnet, zielt die zweite Dimension der „Katharsis" auf die Selbstreflexion der eigenen Persönlichkeit und die Reflexion über die anderen Mitspieler. Gewinnspiele sind zwar keine Phantasiespiele, denn diese bilden eine eigene Spielform, bei der es darum geht, seine eigene Vorstellungswelt zu erschaffen. Aber alleine die Option, im Gewinnspiel seine eigene Spielfigur auszuwählen und mit diesen Eigenschaften bestückt spielen zu können – insbesondere in digitalen Spielvarianten, in denen menschliche Personen über Avatare repräsentiert werden –, eröffnet erstens die Möglichkeit, sich selbst zu reflektieren. Zweitens entsteht auf diesem Wege die Chance, mit dem Blick einer anderen, fremden Perspektive – der des Mitspielers – auf sich selbst zu blicken. In diesem „Zurückbeugen" auf sich gelingt es den Spielern, positiv mit sich selbst umzugehen. Zudem lernen sie, sich in die Andersartigkeit der Mitspieler hineinzuversetzen, um die erwartbaren Spielzüge der anderen besser einschätzen zu können. Jeder Spieler kennt die enorme Leistung, die z. B. im Poker erforderlich ist, um einen oder mehrere Spielzüge des Gegenübers zu antizipieren. Diese kreative Fähigkeit, sich auch bei Gewinnspielen in andere hineinzuversetzen, hat die Geschichte der Spieltheorie erheblich inspiriert. Hier ist die Typologie des „Anderssein-Wollens" wiederzuerkennen.

---

[79] Siehe Institut für Deutsche Gebärdensprache und Kommunikation Gehörloser (IDGS) der Universität Hamburg, „Katharsis".
[80] Benesch, *Spiel als therapeutische Alternative. Neue Trends zum Spielverhalten der Erwachsenen.*, S. 9.

In diesen beiden kathartischen Dimensionen wird die Bedeutung des Spiels für die Aufrechterhaltung sozialer Ordnungen deutlich. Gerade Gewinnspiele haben eine befreiende Wirkung. Sie schaffen eine soziale Auszeit, um Emotionen zu steuern oder zu beherrschen, Schwächen zu kompensieren sowie sich selbst und den anderen im Spielgeschehen bewusst oder unbewusst zu reflektieren. Je ausgefeilter soziale Ordnungen das gesellschaftliche Zusammenleben strukturieren, desto intensiver entfaltet das Spiel seine kathartische Wirkung. Komplexe soziale Ordnungen sind darauf angelegt, potenziell unkontrollierbare Formen des Enthusiasmus und der Begeisterung zu steuern. Der Prozess der Zivilisation findet im Spiel und seinen beiden kathartischen Dimensionen eine notwendige Bedingung. Spiele fordern nicht nur soziale Ordnungen heraus, sondern stabilisieren diese. Sie federn damit auf einzigartige Weise den Prozess der Zivilisation ab.

3

Die ludische Differenz und das Spiel

Nachdem im ersten Kapitel das Wesen des Gewinnspiels entlang seiner historischen Manifestationen beschrieben und im zweiten Kapitel seine geschichtsübergreifende Anziehungskraft analysiert wurde, soll es im letzten Kapitel um die großen gesellschaftlichen, philosophischen und ideologischen Deutungskämpfe um das Spielen mit dem Zufall gehen. Zwei Fragen stehen im Fokus. Erstens: Welche Bedeutung hat das Gewinnspiel im Kontext der einflussreichen Lebensführungs- und Glückskonzepte der Menschheit – von der teleologischen Tugendethik über den aufgeklärten Rationalismus bis hin zum Marxismus und zur Psychotherapie? Und zweitens: Wie verändert sich im Durchgang der Epochen die Konfiguration der Leitprinzipien von Zufall, Schicksal und Chaos – und mit ihr die gesellschaftspolitische Strukturierung von Spielordnung und Spielsystematik? Aus den Antworten, die gleichsam Aufschluss über die Genese und argumentationsstrategische Fundierung aktueller Regulierungs-, Verbots- und Präventionsdebatten geben, lässt sich eine neue, geschärfte Perspektive auf das zentrale Phänomen des Gewinnspiels ableiten: die ludische Differenz, die sich durch die Spannung zwischen dem Spiel als geregelter, egalitärer Ausnahmesituation und der Gesellschaft als soziopolitischem, hierarchischem Ordnungsrahmen ergibt. Diese ludische Differenz anhand ihrer drei Dimensionen – anthropologisch, politisch und denksystematisch – zu entschlüsseln, bildet die zentrale Grundlage, um die Narrative, Rechtfertigungsdiskurse und Umsetzungspraktiken von Spielordnungen in ihrer Vielfalt zu beschreiben und die Faszination Zufall zu verstehen.

3.1 Glück und Lebensführung

Eine zentrale Zielsetzung von Lebenskunst ist es, ein glückliches Leben anzustreben und zu führen. Sehr früh schon findet sich in der Antike dafür der griechische Begriff *techne tou biou* und später sein römisches Äquivalent *ars vivendi*.[1] Aus diesen Epochen sind unzählige Reflexionen über die unterschiedlichen Möglichkeiten von Lebensführungen überliefert.[2] Freilich hört mit dem Anbruch des Frühmittelalters dieser Reflexionsprozess nicht auf. Die Frage nach dem „richtigen und guten Wege" der Lebensführung wird in allen anderen Kulturen und Epochen aus ihrem jeweiligen sozialen Kontext heraus immer wieder gestellt und unterschiedlich beantwortet – bis in die Gegenwart hinein.

Die Beschreibungen und Begründungen unterschiedlichster Stile der Lebenskunst bilden in ihrer Systematik gesellschaftliche Diskurse, die das Verhältnis zwischen eigener Lebensführung und den Lebensführungen anderer bis hin zu kollektiven Selbstverständnissen ganzer sozialer Gruppen reflektieren. Diese Lebensführungsstile stehen somit alle in einem historischen Spannungsfeld unterschiedlichster „Erfahrungen von Glück", die zwischen gemeinschaftlichen Erlebnissen und individueller Selbstbestätigung oszillieren. Die im vorherigen Unterkapitel beschriebene komplexe Beziehung von Glück und Spiel ist eng mit diesen Formen der persönlichen Lebensführung verbunden. Gerade die im Spiel betriebene Selbstermächtigung, bei der sich der Spieler aus freiem Willen für den Spielstart entscheidet, prägt sein Verhältnis zur Lebensführung.

---

[1] Eine gute Grundlage dazu bieten Andreas Luckner, *Klugheit* (Berlin: De Gruyter, 2005); Josef M. Werle, *Klassiker der philosophischen Lebenskunst. Von der Antike bis zur Gegenwart. Ein Lesebuch* (München: Goldmann Verlag, 2000).
[2] Christoph Horn, *Antike Lebenskunst. Glück und Moral von Sokrates bis zu den Neuplatonikern*, 3. Aufl. (München: C.H.Beck, 2014); dazu auch Wolfgang Kersting und Claus Langbehn, Hrsg., *Kritik der Lebenskunst*, 2. Aufl. (Frankfurt am Main: Suhrkamp, 2016); Neben Horn hat sich auch Malte Hossenfelder, *Antike Glückslehren*, 2. Aufl. (Stuttgart: Kröner, 2013) mit antiken Lebensführungslehren beschäftigt.

Für diese Analyse eignet sich der Begriff der Lebensführung, verstanden als heuristisches Konzept. Lebensführung kann die unterschiedlichsten strukturierten Handlungsweisen umfassen: von gymnastischen Übungen, der Ausübung handwerklicher Fähigkeiten oder dem Schreiben von Büchern bis hin zur ästhetischen Gestaltung, um aktiv nach Glück zu streben. In diese Reihung gehören natürlich auch die Gewinn- und besonders die Geldspiele. Das Spielverhalten der Spieler ist immer auch Teil unterschiedlichster Lebensführungsstile, die sich in historisch-kulturellen Kontexten verorten lassen.

Der relevante denksystematische Zusammenhang von Glück und Spiel lässt sich am besten fassen, indem man sich die historisch bedeutenden Lebensführungsstile vor allem mit Blick auf die abendländische Geschichte vergegenwärtigt. Sie geben Antworten darauf, welche Motivationen und Erwartungen Menschen mit Gewinnspielen verbinden. Zusätzlich erhält der denksystematische Zusammenhang von Glück und Spiel bei der Integration in Lebensführungsstilen ein weiteres zentrales Strukturelement: die Ungewissheit des Spielausganges. Diese Ungewissheit ist Teil der anthropologischen Prinzipien innerhalb der Spielsystematik. Spielen ist nie vollständig planbar, sondern lebt von der Überraschung. Dieser „Moment" der Ungewissheit spiegelt sich auch in den verschiedenen Lebensführungsstilen wider. Innerhalb dieser Stile muss dieser Moment der Ungewissheit unterschiedlich integriert werden. Die vier zentralen Integrationsmodelle innerhalb der Lebensführungsstile sind Fatum als Schicksal, Zufall als rationalistisches Prinzip, Wahrscheinlichkeit als mathematische Herausforderung und Chaos als Willkür. Diese Lebensführungsstile sind ex- oder implizit auch Teil der Rechtfertigungsnarrative und politischen Praktiken zur Steuerung von Gewinn- und vor allem von Geldspielen.

Die integrative Herausforderung jedes Menschen, die außeralltägliche Situation des Spiels von der Alltäglichkeit seines Lebens abzugrenzen und zugleich damit zu vereinbaren, ist eng mit den Lebensführungsstilen verknüpft. Die positiven Erfahrungen von Spielbeherrschung und Spielfähigkeit, von Spielfreude und kontrollierbarer Leidenschaft in einem geregelten Spielgeschehen haben besonders im geschichtlichen und denksystematischen Kontext der Idee eines gelingenden Lebens eine widersprüchliche Funktion eingenommen. Denn Spielsituationen sind immer besondere Momente eines Anders-sein-Könnens und -Dürfens. Diese Ambivalenz außeralltäglicher positiver Selbstbestätigung im (Gewinn-)Spiel steht im Gegensatz zur Wirklichkeitserfahrung der Spieler als fest verorteter Akteure sozialer Ordnungen, welche den eigentlichen Verwirklichungsraum des gelingenden Lebens darstellen sollen.

Die Spannung lässt sich besonders eindrücklich innerhalb von vier historisch einflussreichen Lebensführungsstilen nachzeichnen, welche das Verhältnis von Spielen, Gewinnen, Außeralltäglichkeit und Glück jeweils ganz unterschiedlich strukturieren und ethisch-politisch bewerten bzw. regulieren. Es handelt sich um den teleologischen, den liberalistisch-rationalen, den marxistischen und den therapeutischen Lebensführungsstil. Auch wenn diese Stile in ihrer Genese jeweils spezifischen Zeitaltern und Epochen zuzuordnen sind, haben sie einander nicht einfach nacheinander abgelöst. Vielmehr prägen sie nicht nur bis heute gesellschaftlich weit geteilte Erwartungen an ein gelingendes Leben, sondern sie weisen neben Gegensätzen und Konfliktlinien auch enorme Schnittmengen und Synergien auf. Ihre Entstehungs- und Entwicklungsgeschichten sind Teil jahrhundertelanger Auseinandersetzungen verschiedener Wissens- und Machtordnungen. Viele Lebensführungsstile existieren bis heute parallel und im ständigen kritischen Austausch untereinander. Lebensführungsstile sind aber keine sozialen Konstanten, sondern dynamische Phänomene mit Hochphasen und Tiefs, in denen sie in einer Diaspora verharren oder marginalisiert sind. All dessen ungeachtet bieten sie Menschen in unterschiedlichsten Zeiten und sozialen Ordnungen eine Orientierung und Anleitung, die (auch) das Verhältnis des Einzelnen und der Allgemeinheit zum Spiel und zur Reflexion über den immateriellen und materiellen Gewinn beim Spiel beeinflusst. Nur auf diesen zentralen Aspekt konzentriert sich die einleitende Beschreibung der Lebensführungsstile im Folgenden, und sie erhebt somit keinerlei Anspruch auf eine umfassende Analyse, geschweige denn Bewertung.

3.1.1 Teleologische Lebensführung

Die griechischen Denker Platon und vor allem Aristoteles, der im Folgenden den Anker- und Orientierungspunkt der Überlegungen zur teleologischen Lebensführung bilden wird, gehören zu den Begründern und Klassikern dieser lebenspraktischen Denkrichtung. Für die römische Philosophie bildet die Schule der Stoa eine weitere entscheidende Wegmarke, wenn auch mit einem klaren Fokus auf die individuelle Beherrschung und Steuerung von Neigungen und Bedürfnissen. Dennoch gilt für beide Richtungen: Glück als *eudaimonia* und die Moral lassen sich nicht voneinander trennen, sie sind zwei Seiten einer Medaille. Es gilt ein Primat der Tugendethik und einer lebenszeitlichen Verwirklichung des Guten im praktischen individuellen und gemeinschaftlichen Tun.

Der Mensch ist in dieser Philosophie organischer Teil einer festen und objektiv erfahrbaren Weltordnung und -richtung. In dieser Konstellation strebt die Lebensführung nach einem Weg, die Einheit zwischen Mensch, Mitmensch und Welt zu erreichen und so ein gelungenes Leben zu verwirklichen. Glück als gelungenes Leben wird durch die Diskurse und Praktiken der Tugendhaftigkeit bestimmt, und verschiedene Wissensordnungen bestimmen unterschiedliche Wege, um diese Tugendhaftigkeit zu erreichen, bzw. halten ganz unterschiedliche Definitionen von Tugend bereit. Aristoteles' Konzeption eines gelungenen Lebens fokussiert auf persönliche Güter wie Gesundheit, Genuss, Spiel und Wohlstand sowie auf einen Beitrag für das Gemeinwohl und auf die Tugendhaftigkeit (*arete*). Letztere ist freilich nicht im christlichen Sinne von Frömmigkeit, Selbstbescheidung oder Sittsamkeit zu verstehen, sondern als Perfektionierung sowohl von praktisch-charakterlichen Merkmalen wie Mut, Großzügigkeit und Schlagfertigkeit als auch von theoretischen Fähigkeiten wie Weisheit (*sophia*) und alltäglicher Klugheit (*phronesis*). Die Besonderheit seiner Lebensphilosophie besteht darin, dass diese Perfektionierung stets nicht auf Maximierung, sondern auf Moderation und eine „goldene Mitte" abzielt:[3] Der Mensch, so Aristoteles, solle weder feige noch übermütig sein, sondern entschlussfreudig und reflektiert; er solle weder heuchlerisch-verlogen noch unnötig brüsk sein, sondern aufrichtig und empathisch; und schließlich solle er weder verschwenderisch noch kleinlich sein, sondern im Rahmen seiner Möglichkeiten großzügig und solidarisch gegenüber Bedürftigen.

---

[3] Steven M. Mintz, „Aristotelian Virtue and Business Ethics Education", *Journal of Business Ethics* 15, Nr. 8 (1996): 827–38.

Entscheidend ist, dass in der aristotelischen Lehre ein tugendhaftes Leben und tugendhafte Tätigkeit nicht nur glücksförderlich, sondern geradezu bedeutungsgleich mit Glückserreichung sind. Kurzum: „Die Glückseligkeit ist Tätigkeit".[4] Damit ist ein gelungenes Leben für Aristoteles ein Leben, das tätig auf die Zielerreichung eines dauerhaften Glückszustandes ausgerichtet ist; anders gesagt: Es geht ihm darum, dass die Menschen ihre Tugenden um ihrer selbst willen kultivieren und perfektionieren sollen, sie also ein tugendhaftes Leben aus der Einsicht heraus führen, dass diese Lebensführung der richtige Weg – das Telos – des Menschen sei. Rein praktisch-zweckrationales Handeln, z. B. in Politik und Heeresführung, sei hingegen niemals zweckfrei, weil es um die untergeordnete Zielerreichung der Bedürfnisbefriedigung gehe.

Eine Hierarchie der Tätigkeiten bestimmt für Aristoteles das praktische Handeln des Menschen. Je mehr eine Tätigkeit den Zweck in sich selbst trägt, desto näher kommt diese an den glücklichen Zustand heran. So sei beispielsweise der Wunsch nach Geld dem Glück nicht zuträglich, da materieller Gewinn sich immer weiter steigern lasse und damit einen unerfüllbaren Wunsch darstelle. Ausgehend vom Prinzip der Zweckfreiheit gelangt Aristoteles zu drei berühmt gewordenen Lebensweisen: dem philosophischen Leben, welches in der Tugend der Weisheit gründet; dem politischen Leben, das in der Tugend der Klugheit und gemeinwohlfördernden Handlungen besteht, aber immer einem Zweck verhaftet bleibt; und schließlich dem Genussleben, das die Aufmerksamkeit auf körperliche Bedürfnisse und deren Befriedigung legt, beispielsweise in Bezug auf Nahrung, Kleidung oder Spiel.

Nach aristotelischer Auffassung können innerhalb dieser Lebensweisen Güter nur eine glücksfördernde Wirkung erreichen, wenn deren Erlangen eine zweckfreie Tätigkeit durch Tugendanstrengung mit befördern würde. Daher muss ebenso wie bei der oben angesprochenen Kultivierung charakterlicher Merkmale jede zweckgebundene Tätigkeit in einer richtigen Balance liegen. Ein Übermaß an Reichtum ist genauso schädlich wie Armut. Diese auf Gerechtigkeit zielende Idee einer objektiven

---

[4] Aristoteles: *Politik*. Übersetzt von Eugen Rolfes. In: Aristoteles. Philosophische Schriften 4. Lizenzausgabe für die Wissenschaftliche Buchgesellschaft. Felix Meiner Verlag GmbH, Hamburg 1995. Darmstadt: Wissenschaftliche Buchgesellschaft (Aristoteles. Philosophische Schriften in sechs Bänden. Band 4), S. 243.

Güterabwägung kennt auch in der Moderne viele Anhänger. Als Voraussetzung für diese Balance versucht die Philosophin und Aristotelikerin Martha Nussbaum – noch stärker als ihr Kollege und Nobelpreisträger Amartya Sen – ein neoaristotelisches Konzept von Fähigkeiten und Gütern zu entwickeln, die Menschen in die Lage versetzen, selbstbestimmt und erfüllt zu leben.[5] Die menschliche Würde, so Nussbaum und Sen, verlange mehr als materielle Sicherheit und den Schutz vor willkürlicher Gewalt. Ihr Ansatz zur menschlichen Befähigung, berühmt unter dem Begriff Capability Approach, umfasst zehn Punkte. Dazu zählen Güter wie die Ausübung der praktischen Vernunft, die Verbundenheit mit anderen Menschen oder die Anteilnahme an der Natur. Dem Spiel widmet Nussbaum einen eigenen Punkt: „Play. Being able to laugh, to play, to enjoy recreational activities".[6] Wie Aristoteles unterstreicht sie, dass Spielen ein wesentlicher Bestandteil einer teleologischen, eudämonistischen Lebensführung darstellt. Wohlbefinden ist damit mehr als nur hedonistisches oder subjektives Glücklichsein, und Glück ist mehr als nur Lustgewinn.[7]

Diese moderne Weiterführung der aristotelischen Teleologie muss an dieser Stelle nicht weiter vertieft werden. Der Exkurs zeigt jedoch: Die teleologische Lebensführung ist kein rein antiker Lebensführungsstil. Seine Prinzipien finden bis heute bei vielen Menschen Akzeptanz. Die Reflexion von Glück und Spiel lässt sich an einigen markanten Punkten dieses Lebensführungsstils ablesen: Glück ist eine Tätigkeit der Seele, die allen Zweck in sich selbst trägt, eine menschliche Tätigkeit, die vollkommen zweckfrei auf die eigene seelische Vervollkommnung schaut, auf Dauer angelegt ist und in einer auf kosmologischen oder göttlichen Prinzipien beruhenden sozialen Ordnung eingebunden ist. Alle Wege dorthin lassen sich hierarchisch abgestuft in unterschiedlichen Lebensweisen objektiv nach Zuständen und Gütern einteilen. Diese Lebensführung integriert Spiele grundsätzlich positiv. Spielen findet im Hierarchiesystem teleologischer Lebensführung zwar nur auf der einfachsten und erfahrungsgestärk-

---

[5] Martha C. Nussbaum, *The Fragility of Goodness. Luck and Ethics in Greek Tragedy and Philosophy* (Cambridge: Cambridge University Press, 1986), S. 343 ff.
[6] Martha C. Nussbaum, Sex and Social Justice (Oxford: Oxford University Press, 1999), S. 42.
[7] Martha C. Nussbaum, „Menschliches Tun und soziale Gerechtigkeit. Zur Verteidigung des aristotelischen Essentialismus", in *Gemeinschaft und Gerechtigkeit*, hg. von Micha Brumlik und Hauke Brunkhorst (Frankfurt am Main: Fischer Taschenbuch Verlag, 1993), 323–61.

ten Ebene seinen Platz, aber es ist dort als Wohlfühl- und Genusszustand objektiv erfasst und anerkannt.

Diese lebensnahe aristotelische Herangehensweise lässt dem Spielen selbst in christlicher Tradition einen wichtigen Raum der Existenz, so etwa wenn Thomas von Aquin von der zweifachen Glückseligkeit des Menschen spricht: der unvollkommenen Glückseligkeit, die es nur in diesem Leben zu haben gibt, und der vollkommenen Glückseligkeit, die in der augustinischen Anschauung Gottes liegt. Als unvollkommene und nicht in sich selbst liegende Tätigkeit findet das Spielen in der Tugendethik seine ordnende Begrenzung. Die tugendethischen Postulate übersetzen die jedem Spiel zugrunde liegenden anthropologischen Prinzipien in ein zeitgemäßes gesellschaftliches Regelwerk von Beschränkungen, Kontrollen und zeitlicher Verdichtung. Daher wird Spielen noch als ein Prinzip unkontrollierter Kontrolle eingehender diskutiert. Der paradox anmutende Moment des gezügelten „Rauschhaften", der als kontrollierte Überschusshandlung innerhalb jeder Spielordnung angelegt ist, trifft immer auf die politische Macht sozialer Ordnungen. Die Tugendethik gibt hierfür einen Kontrollkatalog mit Anweisungen dafür mit, wie spielerische Grenzüberschreitungen durch Spielfreude oder Spielregelmissachtung in der gesellschaftlichen Alltagsrealität ausbalanciert werden können – und wann diese Überschreitungen in politischen Sanktionen münden müssen.

Der teleologische Lebensführungsstil in der aristotelischen Lesart bewertet und behandelt *eudaimonia* und Spiel prinzipiell als unvereinbare Gegensätze, insofern das kontemplativ-philosophische Leben als stipulative Bestform unter allen Varianten für den Rausch des Ungewissen keinen Platz mehr vorsieht. Doch über die Hierarchisierung unterschiedlicher, abgestufter Lebensweisen gelingt es innerhalb des teleologischen Lebensführungsstils dennoch, einen gesellschaftlichen Raum für das Spiel zu ermöglichen. Beide Endpunkte einer Hierarchie der Lebensweisen werden durch zwei gegensätzliche Definitionsbestimmungen von Glückseligkeit begrenzt, die das Spielgeschehen bestimmen. Die lebenspraktische Definitionsebene bewertet das Spiel als unvollkommenes, zeitlich begrenztes und für alle zugängliches Spielgeschehen des Genusses. In dieser Lebensweise des Genusses findet Spielen seinen Platz. Jedoch ist eine eudämonistische Zielerreichung hierbei ausgeschlossen, da die lebenspraktische Definition von Glückseligkeit keine reine, kontemplative Tätigkeit der Seele darstellt.

Genau diese eudämonistische Zielerreichung steht im Zentrum der zweiten Definitionsbestimmung, einer rein kontemplativen Lebensweise, die auf Welterkenntnis und intellektuelle Vervollkommnung abzielt. Dieser Weg kennt keinen eigenen gesellschaftlichen Raum des Spiels. Spielen reduziert sich auf ein pädagogisches Instrument, um auf dem Wege des spielerischen Verhaltens dem Zielzustand des vollkommenen Glücks näher zu kommen. Eine Reduzierung des Spiels auf ein spielerisches Verhalten negiert aber die anthropologischen Prinzipien des Spiels. Ein freies, gleiches und auf Sieg oder Niederlage ausgerichtetes Spielgeschehen wird zu einem Lern- oder Trainingsmittel verengt, welches ausschließlich zur Erreichung der *eudaimonia* beiträgt. Eine soziale Ordnung, die stark von einem teleologischen Lebensführungsstil geprägt ist, der Spielen vor allem zu einem pädagogischen Hilfsmittel degradiert, muss eine Tugendethik formulieren, die Spielen grundsätzlich, aber besonders Gewinn- und Geldspiele extrem beschränkt, verbietet oder kontrolliert. Spielfreude, spielerischer Übermut und spielerische Grenzüberschreitungen sind für eine eudämonistisch ausgerichtete Lebensweise deshalb vor allem Störelemente und Hindernisse auf dem Weg zum Glück.

3.1.2 Liberalistisch-rationalistische Lebensführung: Vernunft und Neigung

Genauso einflussreich wie die teleologische Lebensführung verläuft die Geschichte der liberalistisch-rationalistischen Lebensführung, die mit der Aufklärung anhebt, europaweit an Einfluss gewinnt und mit Denkern wie Thomas Hobbes, Baruch Spinoza, John Locke, Immanuel Kant, Jeremy Bentham und schließlich John Rawls verknüpft ist. Grundlegend für diese lebensphilosophische Richtung ist die Annahme, menschliches Glück sei untrennbar mit der Verwirklichung der individuellen Neigungen, Bedürfnisse und Wünsche verbunden und nicht über eine universelle Liste von Tugenden und Gütern abbildbar. Freilich, und dies ist die große Herausforderung der liberalistisch-rationalistischen Lebensführung, ist nicht jede persönliche Präferenz leicht zu realisieren, geschweige denn auf lange Sicht überhaupt dem persönlichen Glücksgefühl zuträglich; hinzu kommt die Unvereinbarkeit oder zumindest die praktische Kollision zentraler subjektiver Interessen: Die Lust auf ein ausgelassenes Gelage verträgt sich schlecht mit dem Ziel, am nächsten Morgen früh aufzustehen und Sport zu treiben; der Wunsch nach Aufstieg und Karriere gerät mitunter mit den lang gehegten Familienplänen ins Gehege.

Es gilt also die Unberechenbarkeit, Zwiespältigkeit und Vergänglichkeit des Lebens in all seinen Facetten in den Griff zu bekommen oder zumindest besser erträglich zu machen. Die Vernunft spielt hierbei eine zentrale Rolle. In vielen Jahrhunderten gilt ein Primat der Vernunft als Richtschnur menschlichen Denkens und Handelns. Diese Vernunft kann sich auf den Einzelnen und sein Individualwohl, aber auch auf ein ganzes Kollektiv ausrichten, um das Gemeinwohl zu sichern. Die Endlichkeit der Vernunft stellt die Frage der Orientierungsleistung des gelingenden Lebens immer auch nach den Bedingungen der Möglichkeit ihres Zustandekommens, die historisch verankert und vergleichend relativierend sind. Letztlich kann eine Lebensführung auch Nein zur Vernunft selbst sagen, wenn sie z. B. voluntaristisch geprägt ist und im Willen die einzige Triebkraft menschlichen Handelns sieht. In dieser bewusst oder unbewusst wahrgenommenen Triebhaftigkeit erscheint das Leben dann eher als Zustand permanenten Leidens oder wird zu einem Willen zum Leben stilisiert, der in der Formulierung eines eigenen individuellen Lebenskunstkonzepts gipfelt. Freilich setzt diese Vernunftkonzeption, die den Menschen als autonomen Gestalter seines persönlichen Glücks versteht, einen soziopolitischen Ordnungsrahmen voraus. Dies ist im Kern der liberale Rechtsstaat in seinen vielfältigen Organisationsformen, welche jedoch insofern übereinstimmen, als sie dem Individuum einen Selbstentfaltungsraum frei von äußerem Zwang und willkürlicher Gewaltausübung bieten. Nicht grundlos ist die Losung des „Pursuit of Happiness", die auf Locke zurückgeht, zu einem Grundpfeiler der US-amerikanischen Unabhängigkeitsbewegung und damit zu einem Herzstück liberalistischer Staatsdoktrin geworden.

Entscheidend für die Integration von Spielen in einer liberalistisch-rationalistischen Lebensführung ist die Vielzahl der Möglichkeiten, einen Katalog von Kriterien und Regeln aufzustellen, die einen vernünftigen Umgang mit dem Spiel in sozialen Ordnungen ermöglichen. Damit gibt es nicht nur mehr das objektive Glück gelingenden Lebens als Zielvorstellung einer Tugendethik, sondern unterschiedlichste rationale Modelle, die Gefühle und Affekte in Bahnen lenken. Die Entwicklung dieses Lebensführungsstils ist lang und steinig. Er startet in der Renaissance, in der der Mensch neben dem Geschöpf Gottes immer mehr zum eigenen Schöpfer und Kreator wird. Pico della Mirandolas Traktat „Über die Würde des Menschen" im 15. Jh. ist ein berühmtes Beispiel individueller Selbstbejahung und Beleuchtung einer neuen einzigartigen Stellung des Menschen.[8] Ernst Cassirer spricht von der Umstellung des „Adam-" zum „Prometheus-Motiv".[9] Aber schon sein Zeitgenosse Niccolò Machiavelli geht weiter, indem er das menschliche „Alles-haben-Wollen" zentral stellt und die daraus entstehende politische Unruhe als ewiges Auf und Ab sozialer Ordnungen beschreibt. Der Übergang vom Geschöpf Gottes zum Schöpfer Mensch ist ein langwieriger Prozess der Freiheitsaneignung. Der Mensch lebt im Ungewissen, Unberechenbaren und Ungefähren, in einem ständigen Gleiten zwischen diesen beiden Dualismen von Schöpfer und Geschöpf. Glück und Spiel bleiben damit weiter Inbegriffe für diese Ungewissheit. Michel de Montaigne, Francis Bacon oder Baltasar Gracián sind Wegzeugen dieses Denkens.

Für die Regulierung von Spielen in den sozialen Ordnungen gilt damit weiter die Regel, Spiele primär unter dem Blickwinkel einer teleologischen Lebensführung zu kontrollieren und zu sanktionieren. Die Verregelung des Glücks als Frontalattacke auf die Ungewissheit des Spiels im 17. Jahrhundert ist die Abnabelung von der unberechenbaren Fortuna und ein entscheidender Moment in der Geschichte des liberalistisch-rationalistischen Lebensführungsstils. Die Entwicklung der Wahrscheinlichkeitsrechnung, des mathematisch berechenbaren Kalküls, verändert den Umgang mit Unwissenheit und der Zukunftswahrnehmung.[10] Bereits früher hatten Mathematiker wie Lorenzo Forestani, Niccolò Tartaglia oder Luca Pacioli versucht, dem Ungewissheitsmoment im Spiel

---

[8] Pico della Mirandola, *Über die Würde des Menschen* (Leipzig: Evangelische Verlagsanstalt, 2022).
[9] Ernst Cassirer, *Individuum und Kosmos in der Philosophie der Renaissance* (Darmstadt: Wissenschaftliche Buchgesellschaft, 1987).
[10] Lorenz Krüger, Lorraine J. Daston und Michael Heidelberger, Hrsg., *The Probabilistic Revolution* (Cambridge: MIT Press, 1987).

näher zu kommen.[11] Es sind dann die Franzosen Voltaire und Pascal, die die Mathematisierung der Ungewissheit im Spiel in eine „Geometrie des Zufalls" (alea geometria) verwandeln, wie eine Schrift Pascals lautet. Damit beseitigt Pascal natürlich nicht die Ungewissheit im Spiel, sondern zeigt auf, dass Spiele Wahrscheinlichkeiten folgen und damit einer klaren Regelhaftigkeit unterliegen. Die Vernunft hilft den Spielern zu verstehen: Das Glück im Spiel ist gar nicht beeinflussbar.

Schnell erkennt man die Möglichkeiten der Mathematisierung der Ungewissheiten in vielen anderen Lebenssituationen. Die „Logique de Port Royal" von 1662 stellt Regeln des Vernunftgebrauchs zur realistischen Beurteilung von Situationen auf. Schließlich werden die Regeln wichtiger als der Zweck selbst. Der Mathematiker Jakob Bernoulli weist schließlich nach, dass nicht nur bei der Berechnung der Spielgewinnwahrscheinlichkeit, vor allem bei Geldspielen, sondern bei allen ungewissen Ereignissen des menschlichen Lebens die Zufälligkeit auf wissenschaftlicher Basis bestimmt werden kann. Der Mensch wägt ab, ohne zu wagemutig zu werden.[12] So entsteht denn auch eine ganz eigenständige Konzeption der Essenz von Glück, die nicht mehr mit Gefühlen und affektiven Zuständen verknüpft ist, etwa mit einer temperierten Gemütshaltung im Sinne des Aristoteles, sondern mit der Klarheit des menschlichen Gedankens und der rationalen, durch selbstgegebene Regeln erzeugten Affektregulierung.

Der zweite große Bruch mit der antiken Teleologie wird u. a. von Kant und anderen Pionieren der Aufklärung vollzogen, die Ethik und Lebenskunst nicht nur voneinander unterscheiden, sondern permanent und systematisch trennen. Die kantische Pflichtenethik als Domäne der praktischen Vernunft bietet nur mehr wenig Raum für Fragen des gelingenden Lebens bzw. weist diesem Themenkomplex die untergeordnete Rolle einer rein empirischen Klugheitslehre zu. Dahinter steht die kategorische Unterscheidung von zwei Arten des Guten, die im Altertum (noch) nicht disambiguiert sind: auf der einen Seite das sogenannte prudentielle Gute, welches zum persönlichen Wohlergehen beiträgt bzw. dieses konstituiert;

---

[11] Peter Schnyder, *Alea. Zählen und Erzählen im Zeichen des Glücksspiels 1650–1850* (Göttingen: Wallstein Verlag, 2009).
[12] Keith Devlin, *Pascal, Fermat und die Berechnung des Glücks. Eine Reise in die Geschichte der Mathematik* (München: C.H.Beck, 2009).

3 Die ludische Differenz und das Spiel 167

auf der anderen Seite das ethisch Gute, welches die moralische Wertigkeit von Entscheidungsmaximen und Handlungen ausmacht. Prudentiell Gutes und ethisch Gutes, die in der antiken Lebenskunst und übrigens auch im Christentum als notwendig verschränkt, ja nicht einmal klar unterscheidbar eingestuft werden, stehen nach Einschätzung Kants und seiner Nachfolger stets in einem potenziellen Widerspruch. So nimmt es nicht Wunder, dass für den Königsberger Philosophen das vornehmste Beispiel eines moralischen Subjekts der griesgrämige Misanthrop ist, der gegen jede innere Neigung, aber aus Einsicht in seine ethische Pflicht Gutes tut. Für Aristoteliker hätte eine solche Idee wie eine Perversion praktischer Vernunft gewirkt.

In der Tat haben sich jedoch auch schon Zeitgenossen Kants an diesem Antagonismus von Moral und Glück gerieben. Friedrich Schiller etwa schreibt in seinen gemeinsam mit Johann Wolfgang von Goethe verfassten „Xenien" sardonisch: „Gerne dien ich den Freunden, doch tu ich es leider mit Neigung, Und so wurmt es mir oft, dass ich nicht tugendhaft bin."[13] Dahinter steht die für Schiller unmittelbar intuitive Einsicht, dass persönliches Glück und individuelle Lebensführung auf der einen Seite und die universelle Moral auf der anderen Seite gerade keinen Widerspruch bilden – und auch nicht bilden dürfen. An die Stelle eines solchen Antagonismus tritt für ihn eine die Leitideen der Romantik vorwegnehmende Wiederversöhnung, und zwar in der ästhetischen Erfahrung und – als Lebenskunstmodell weitergedacht – in einem Leben, das dem Schönen gewidmet ist; so schreibt Schiller in den berühmten „Kallias-Briefen" an seinen Freund Gottfried Körner: „Darum ist das Reich des Geschmacks ein Reich der Freiheit – die schöne Sinnenwelt das glücklichste Symbol, wie die moralische seyn soll, und jedes schöne Naturwesen außer mir ein glücklicher Bürge, der mir zuruft: Sey frey, wie ich."[14] Hier nun gewinnt das Spielen mit einem Schlag eine singuläre Bedeutung als eine menschliche Praxis, in der Rationalität und Normenorientierung (bei der

---

[13] Zitiert nach Otfried Höffe, „,Gerne dien ich den Freunden, doch tue ich es leider mit Neigung …' – Überwindet Schillers Gedanke der schönen Seele Kants Gegensatz von Pflicht und Neigung?", in *Literaturstraße. Chinesisch-deutsches Jahrbuch für Sprache, Literatur und Kultur*, hg. von Zhang Yushu u. a., Bd. 7 (Würzburg: Königshausen & Neumann, 2006), 25–43.
[14] Friedrich Schiller, „Über die ästhetische Erziehung des Menschen in einer Reihe von Briefen", in *Friedrich Schiller. Sämtliche Werke*, hg. von Gerhard Fricke und Herbert G. Göpfert, Bd. 5 (München: Hanser, 1962), S. 424.

Einhaltung von Spielregeln) mit sinnlichen und lustvollen Erlebnismomenten (im Rausch des Spiels) vereint sind; diese Vision vom Spielen nicht als gesellschaftlicher Auszeit, sondern als Bedeutungskern gesellschaftlichen Zusammenseins ist bei ihm in einer sozialen Utopie eines friedlichen, ästhetischen Staates entfaltet, den Schiller unter dem Eindruck der Schrecken der Französischen Revolution ersonnen hat.[15]

Eine weitere Variante der Wiedervereinigung von Lebenskunst und Moral, von Glück und Ethos findet sich im englischen Utilitarismus, insbesondere bei Bentham und Mill, deren Theorieentwürfe zahlreiche Impulse von liberalen Aufklärungsphilosophen wie Voltaire und Hume aufgreifen. Für alle utilitaristischen Ansätze gilt allein Lust („pleasure"), verstanden als emotionaler Zustand des Wohlseins, Genusses oder der Zufriedenheit, als intrinsisch gut und allein Leiden („pain") als intrinsisch schlecht. Dieser Hedonismus bildet das Fundament einer maximalistischen Ethik, die auf die Beförderung des größten Glücks der größten Zahl ausgerichtet ist. Entscheidend ist hierbei freilich, dass die Quellen von Lust und Leid je nach Individuum im höchsten Maße unterschiedlich sind und weder philosophische Reflexion noch politisch-gesellschaftliche Autorität irgendeine Deutungshoheit über diesen Bereich des persönlichen Glücks und Glücksstrebens haben; diese liegt allein beim Individuum selbst, und so endet sein Streben nach Glück auch erst dort, wo es das Streben anderer einschränkt oder ihm schadet. Es ist dieser zutiefst antipaternalistische Impetus, der erklärt, warum der angelsächsische Utilitarismus dem Spielen im Allgemeinen und auch dem Gewinnspiel im Besonderen in keiner Weise feindselig gegenübersteht. Bentham selbst war dem Wetten durchaus persönlich zugeneigt und unterstrich mit juristischer Expertise, dass es sich bei Wettabgaben um legale, rechtsverbindliche Verträge handele.[16] Zugleich sind die Utilitaristen frühe Zeugen der in England zuerst beginnenden Industrialisierung und ihrer desaströsen Auswirkungen auf breite Bevölkerungsschichten, die im Zuge von Landflucht und frühkapitalistischer Ausbeutung zusehends verelenden. In einem durch entbehrungsreiche Lohnarbeit geprägten Alltag, dessen

---

[15] Clemens Stepina, „Das Spiel als Inbegriff des Menschen? Kritik an einer konservativen Schiller-Rezeption" New German Review, Nr. 20 (2005): 74–83.
[16] John R. DosPassos, „Gambling and Cognate Vices", *The Yale Law Journal* 14, Nr. 1 (1904): 9–17.

Analyse bei der Diskussion des marxistischen Lebensführungsstils vertieft wird, wird es, wie insbesondere Mill festhält, umso wichtiger, die Freizeit als Raum individueller Entfaltung und spielerischer Erholung zu kultivieren und zu schützen.

Während persönliche Willensbestimmungen, Wünsche und Ziele im angelsächsischen Utilitarismus vor allem im Hinblick auf die Definition des individuellen Glücks eine Rolle spielen, wird der Wille bei zwei ebenso kontroversen wie einflussreichen deutschen Denkern des 19. Jahrhunderts zum Leitbegriff schlechthin. Die Rede ist von Arthur Schopenhauer und Friedrich Nietzsche, die in ihren Philosophien zahlreiche Herausforderungen modern-zeitgenössischer Lebensführung vorwegnehmen.

In seinem Hauptwerk „Die Welt als Wille und Vorstellung" entwirft Schopenhauer eine radikal subjektzentrierte Vision der Welt. Ähnlich George Berkeleys solipsistischem Idealismus aus dem 17. Jahrhundert, demzufolge jedwede Existenz nur im Wahrgenommen-Werden bestehe („esse est percipi posse"), argumentiert der streitbare Intellektuelle für den menschlichen Willen als Seinsgrund aller Dinge. Es sei nicht etwa so, dass der Mensch in einer fix und fertig vorliegenden Welt mit konkreten, unabhängig von ihm existierenden Dingen interagiere bzw. diese auf ihn einwirkten. Vielmehr bringe der Mensch das Reich der Objekte durch den kognitiven Bezug erst hervor: Die Dinge (Bäume, Häuser, Straßen, Berge etc.) existieren nur, indem und insoweit sie vorgestellt werden. Angesichts dieser radikalen Subjektzentrierung nimmt es nicht wunder, dass Glück und Lebensführung bei ihm vor allem zu einer Frage der persönlichen Einstellung werden, wie er rund 35 Jahre später in seinen viel rezipierten „Aphorismen zur Lebensweisheit" schreibt: „Was nun aber [...] uns am unmittelbarsten beglückt, ist die Heiterkeit des Sinnes; denn diese gute Eigenschaft belohnt sich augenblicklich selbst. Wer eben fröhlich ist, hat allemal Ursache es zu sein: nämlich eben diese, daß er es ist."[17] Lebensqualität hängt also nicht so sehr davon ab, was man hat (oder nicht hat), sondern davon, wie man bewertet, was man hat. Noch einmal Schopenhauer:

---

[17] Schopenhauer, A.: „Aphorismen zur Lebensweisheit", in: Sämtliche Werke, hrsg. von A. Hübscher, Bd. 5., 4. Aufl., Mannheim (Brockhaus) 1988, S. 331–530; S. 344 zitiert nach Dieter Birnbacher, „Der Streit um die Lebensqualität.", in *Glück und Ethik*, hg. von Joachim Schummer (Würzburg: Königshausen & Neumann, 1998), 125–45.

„Die Zufriedenheit eines jeden beruht nicht auf einer absoluten, sondern auf einer bloß relativen Größe, nämlich auf dem Verhältnis zwischen seinen Ansprüchen und seinem Besitz; daher dieser letztere, für sich allein betrachtet, so bedeutungsleer ist wie der Zähler eines Bruches ohne den Nenner. [...] Jeder hat einen eigenen Horizont des für ihn möglicherweise Erreichbaren: so weit wie dieser gehen seine Ansprüche."[18]

Lebenskunst besteht also für Schopenhauer darin, nicht fortwährend nach der potenziell endlosen Befriedigung von Wünschen zu streben, sondern eine gelassene, stoische Haltung zur eigenen Biografie, zu Leiderfahrungen ebenso wie Glücksfällen einzunehmen.

Während sich Schopenhauer trotz aller theoretischen Radikalität seines Willenskonzepts final für ein Leben der Moderation und für ein adaptives Anspruchsniveau ausspricht, beschreibt Nietzsche den entgegengesetzten Weg. Aus einer fundamentalen Moral- und Religionskritik heraus, die alle – dem Anspruch nach universellen – Normen und Wissensordnungen des Christentums ebenso wie der Renaissance und Aufklärung als historische Fiktionen entlarvt, formuliert er in Anlehnung an Schopenhauer ein singuläres, geschichtsübergreifendes Prinzip: den Willen zur Macht. Dieser treibe alles Handeln und damit auch die Veränderung von Geschichte und Gesellschaft an; der rationale Verstand sei demgegenüber nicht mehr als ein wirkungsloses Epiphänomen, eine bloße Begleiterscheinung, die ihre kausale Bedeutung dramatisch überschätze. Die menschliche Impulssteuerung, die gleichsam unerkannt und blind hinter allen kulturell-zivilisatorischen Errungenschaften wirke, lasse sich hingegen weder einhegen noch regulieren. Für Nietzsche bleibt als einzige Option der Heroismus des „großen Einzelnen", des Übermenschen, der seinen Willen zur Macht nicht mit einer impotenten Vernunft zähmen will, sondern sie bejaht und auslebt. Der Mensch wandelt sich zum Übermenschen, indem er seine Triebkräfte nicht mehr als Bürde begreift, sondern als Potenzial, das künstlerisch-schöpferisch verwirklicht und gleichsam in geordnete Bahnen gelenkt werden kann.[19] Lebenskunst wird unter diesen Vorzeichen zur rauschhaft-kreativen Ekstase, zum wortwörtlichen Aus-

---

[18] Ebd.
[19] Siehe Günter Haberkamp, *Triebgeschehen und Wille zur Macht. Nietzsche – zwischen Philosophie und Psychologie*, Nietzsche in der Diskussion (Würzburg: Königshausen & Neumann, 2000), S. 133.

sich-Heraustreten (ex-hístasthai), bei dem der Mensch viele Jahrhunderte christlich-religiöser Schuldkomplexe abstreift, den aufklärerischen Fortschrittsaberglauben hinter sich lässt und eine authentische, hedonistische Existenz führt. Freilich bleibt der Übermensch für Nietzsche ein Einzel- und Glücksfall. Die breite Masse, so sein pessimistisches Fazit, sei zu dieser Form von Selbstverwirklichung weder begabt noch berufen.

Was von Nietzsche letzten Endes bleibt, ist eine ebenso einflussreiche wie subversive Hinterfragung des Leitprinzips des Liberalismus, mit dem dieser Abschnitt begonnen hat: die Funktion der Vernunft als „Gouvernante" menschlicher Neigungen, Wünsche und Triebe, welche gleichsam zu koordinieren, zu lenken und abzuwägen sind, damit das menschliche Leben ein glückliches sei. Gegen diese Vernunftgläubigkeit betont Nietzsche das Instinktgeleitete, Vorrationale der menschlichen Natur. Das Projekt Glück, so lässt sich Nietzsche am ehesten verstehen, gelingt am besten, wenn man aufhört, es als Gegenstand rationaler Planung zu verstehen, und stattdessen auf die eigene Wesensnatur hört. Mit diesem Gedanken hat er zentrale methodische Grundlagen der Psychologie und der therapeutischen Lebensführung vorweggenommen, die in den kommenden Abschnitten noch von Relevanz sein werden.

3.1.3 Marxistischer Lebensführungsstil

Spätestens mit dem endgültigen Niedergang der Sowjetunion im Dezember des Jahres 1991 und dem Kollaps der sozialistischen Vasallenstaaten des Moskauer Regimes sollte man eigentlich meinen, dass eine Diskussion des Marxismus als Modell individueller und gemeinschaftlicher Lebensführung passé sei bzw. sich durch Selbstwiderlegung in der Praxis erübrigt habe. Doch der Schein trügt. Elemente von Karl Marx' Theorie des gelingenden Lebens, welche vor allem in seinen *Ökonomisch-philosophischen Manuskripten* von 1844 entfaltet ist und überraschenderweise in geringerem Umfang in seinem Großwerk *Das Kapital* von 1867, sind tief in das Selbstverständnis der westlichen Gesellschaften in der Spätmoderne sedimentiert – und sie beeinflussen auch das Verständnis der Rolle von Spielen und Glück. Nun ist an dieser Stelle ein Caveat angebracht: Nur der frühe Marx gebraucht überhaupt den Begriff des menschlichen Glücks, auch dieser eher mit Zurückhaltung; denn, so der politisch-ökonomische Denker, der Begriff sei mithin diffus, könne alles und zugleich nichts bedeuten. Umso prävalenter ist vor allem in seinen frühen Schriften die Beschäftigung mit der Frage, was ein gelingendes und erfülltes Leben ausmache. Für Marx liegt die Antwort in der Gattungsnatur des Menschen, und diese sei durch ein singuläres Prinzip gekennzeichnet: Arbeit. In der produktiven, zielgerichteten „Vermischung" seiner geistigen und körperlichen Energie mit der äußeren Umwelt – durch Landwirtschaft, Hausbau, Ingenieurskunst etc. –, so die an John Locke angelehnte These, mache sich der Mensch einerseits die Welt zu eigen und verwirkliche sich andererseits gleichsam selbst bzw. trage zum Gedeihen des Gemeinwesens bei.

Dieser arbeitsreiche, produktive Lebensführungsstil ist für Marx intrinsisch wertvoll, aber nur, und dies ist die entscheidende Krux, wenn der Mensch dieses Leben um seiner selbst willen führe. Die positive, durch inhärente Motivation geprägte Beziehung zur Arbeit ist das entscheidende Merkmal des glücklichen Menschen. Doch gerade diese Bedingung ist in den modernen Gesellschaften des 19. Jahrhunderts (und, wenn man ehrlich ist, auch heute) zumeist nicht primär gegeben. Der Mensch arbeitet in der Regel nicht, weil er es will, sondern weil er es muss – die Arbeit ist ihm vor dem Hintergrund einer Marktwirtschaft, in der Waren und Dienstleistungen vermittelt über Geld gehandelt werden, Mittel zum Zweck des eigenen Überlebens. Dieses Phänomen, das – zumal in Marx' Zeit – mit enormen Entbehrungen und Ausbeutungen der Arbeiterschaft verbunden ist, nennt er: Entfremdung. Sie ist eines der, wenn nicht das Grundübel der Moderne.

In Marx' Gesamtwerk finden sich zwei Strategien, um im persönlichen Leben mit dieser Entfremdung umgehen zu lernen: eine wirtschafts- und geschichtstheoretische Strategie, die auf die langfristige Überwindung des Entfremdungsverhältnisses zwischen Menschen und Arbeit durch Aneignung der Produktionsmittel durch die Produktivkräfte (sprich: Arbeiter) im Zuge von Klassenkämpfen abzielt – und eine pragmatische Strategie. In diesem Kontext ist vor allem letztere interessant. Marx war keinesfalls naiv, was das Heranbrechen einer klassenlosen Gesellschaft anbetrifft: Sie war für ihn vor allem ein Fernziel, und im Hier und Jetzt lag der Fokus darauf, das Leben des Menschen auch unter Entfremdungsbedingungen zu verbessern. Hier nun tritt die zentrale Dichotomie von Arbeit und Freizeit auf, die seitdem ein universelles Paradigma zur Einteilung und Beschreibung des klassischen menschlichen Tagesablaufs geworden ist: Arbeitszeit, so Marx, „bleibt immer die schaffende Substanz des Reichtums und das Maß des Aufwandes, der seine Produktion verlangt. Aber freie Zeit, verfügbare Zeit, ist der Reichtum selbst teils zum Genuss der Produkte, teils zur freien Tätigkeit, die nicht wie die Arbeit durch den Zwang eines äußeren Zwecks bestimmt ist, der erfüllt werden muss."[20] Der Wert der Freizeit, die Marx alternativ auch „disponible Zeit" nennt, besteht darin, dass sie die Effekte von Entfremdung und der schieren psychophysischen Anstrengung beruflicher Tätigkeit nicht nur abdämpfen kann, sondern auch Räume zur Entwicklung des Menschen, zur Kultivierung von Interessen und Neigungen bietet. Eben in diesem Kontext betont Marx, dass Spielen nicht nur Erholung biete, sondern auch „die volle Entwicklung des Individuums"[21] fördere.

Dass es Marx durchaus ernst ist mit der Bedeutung des Spiels als sozialem Rückzugsraum oder Auszeit von der Lohnarbeit, zeigt *ex negativo* seine Betrachtung der Kinderarbeit: Das Spiel könne gerade in der Klasse des Proletariats allzu rasch von der Arbeit vereinnahmt werden, wenn „durch Einreihung aller Mitglieder der Arbeiterfamilie, ohne Unterschied von Geschlecht und Alter, [...] die Zwangsarbeit für den Kapitalisten [...] die Stelle des Kinderspiels"[22] übernehme. Spielen ist für Marx also geradezu als das Andere der Arbeit definiert, d. h. als zweckfreie Tätigkeit, die Muße nicht nur voraussetzt, sondern auch schafft. Die psychosoziale Regeneration und Selbstentfaltung des Individuums in der Freizeit bleibt für ihn in der (noch) entfremdeten Gesellschaft eine zentrale Funktion des Spiels.

Interessanterweise zeigt der marxistische Lebensführungsstil einen doppelten Antagonismus von Arbeit und Spiel im Hinblick auf das professionelle Spiel auf: Denn nicht erst im 21. Jahrhundert, aber dort

---

[20] Karl Marx, *Theorien über den Mehrwert III*, 1968, S. 253; zitiert nach Eugen Pfister und Tobias Unterhuber, „Einleitung: ‚The revolution will (not) be gamified' – Marx und das Computerspiel", *Paidia Zeitschrift für Computerspielforschung*, 2021, S. 2.
[21] Karl Marx, *Grundrisse der Kritik der politischen Ökonomie*, o. J., S. 599.
[22] Karl Marx, *Das Kapital*, Bd. 1, 2016, S. 454; zitiert nach Tobias Unterhuber, „All work, all play? – Ein Streifzug durch die Geschichte von Arbeit und Spiel", *Paidia Zeitschrift für Computerspielforschung*, 2021.

infolge des Siegeszugs des E-Sports und E-Gaming auf breiter systematischer Basis angelegt, erwirtschaften zum einen viele Menschen ihren Lebensunterhalt mit dem Spielen von Spielen. Längst ist z. B. das Videogame-Livestreaming von Spielen wie Call of Duty, Fortnite und League of Legends oder auch von ursprünglich traditionelleren Offline-Spielen wie Magic: The Gathering ein globales Milliardengeschäft geworden. Zum anderen verschwimmen damit auch die wirklichen und virtuellen Realitätswelten von Spielern zusehends. Was einst mit Second Life begann, führen große Social-Media-Konzerne mit Virtual oder Augmented Reality konsequent fort. Lebenszeit wird zur (partiellen) virtuellen Zeit, indem Menschen mit selbst geschaffenen Avataren in ihre „neu geschaffene" virtuelle Welt aufbrechen. Aus Marx' Perspektive können und müssen diese beiden Umstände nur als eine illegitime Verwischung der klaren Grenze zwischen zwei bewusst getrennten Lebensbereichen des Menschen gedeutet werden. Ob dies freilich noch anschlussfähig an die Lebensrealität ist, steht dahin.

Anders als Marx selbst sehen die Marxisten in den Folgejahren den marxistischen Lebensführungsstil sehr kritisch. Die sich auf Marx berufenden sozialen Ordnungen des Sozialismus und Kommunismus haben ein viel weniger tolerantes, affirmatives Verhältnis zu Spielen und insbesondere zu Geld- und Gewinnspielen entwickelt. Unter dem Eindruck, dass alles, aber auch wirklich alles Ausdruck und Erscheinungsform von Klassenkämpfen sein müsse und jedes gesellschaftliche Phänomen unter der Linse der weltweiten Unterdrückung der Arbeiterschaft zu sehen sei, erhalten Spiele zunehmend einen sinistren Anstrich. Schon früh analysieren sozialistische Ordnungen gerade die Zulassung von Gewinn- und Geldspielen, die der Arbeiterschaft in ihrer knapp bemessenen Freizeit einen Gegenpol oder Ausgleich zu den Anstrengungen des Alltags bieten, als eine Herrschaftsstrategie, „mit der die Arbeiter von der Ausbildung von Klassenbewusstsein abgehalten werden."[23] Etwas zugespitzt gesagt lautet die Doktrin der marxistischen Avantgarde: Weil nur ein wütender Arbeiter ein guter, weil revolutionär gesinnter Arbeiter ist, stellt alles, was seiner Unterhaltung und Zerstreuung zuträglich sein könnte, ein gefähr-

---

[23] Jens Beckert und Mark Lutter, „Wer spielt, hat schon verloren? Zur Erklärung des Nachfrageverhaltens auf dem Lottomarkt", *Kölner Zeitschrift für Soziologie und Sozialpsychologie* 59, Nr. 2 (2007): S. 255.

liches Instrument kapitalistischer Konterrevolution dar. Entsprechend erklärlich ist die zutiefst geld- und gewinnspielfeindliche Politikgestaltung im real existierenden Sozialismus. Dass abzüglich aller sozialistischen Polemik dennoch die Logik des Spielens verstanden bzw. die herrschaftsstabilisierende Funktion von Spielen zutreffend analysiert wird, unterstreicht nicht zuletzt der Rekurs auf das inzwischen sattsam bekannte Motto der römisch-kaiserzeitlichen *panem et circenses*.

Der Kern eines marxistischen Lebensführungsstils eines gelingenden Lebens bleibt die Vision des sich durch produktive Tätigkeit verwirklichenden Gattungswesens Mensch – eines Menschen, der die Dichotomie von Arbeit und Freizeit in einer durch Entfremdung geprägten Welt zur Regeneration und individuellen Entfaltung nutzt. Hier nimmt das Spielen eine überraschende Schlüsselrolle als ein dezidiert von der Arbeit zeitlich und klassifikatorisch getrenntes Tätigkeitsfeld ein. Ob allerdings dem Spielen in der fernen Utopie einer nicht entfremdeten Gesellschaft, in der auch der Fabrikarbeiter mit einem munteren Lied auf den Lippen zur Produktionslinie marschiert, eine solche Bedeutung zukommt, das ist eine offene Frage.

3.1.4 Therapeutische Lebensführung: Lebenskunst im Zeichen von Psychologen und Therapeuten

Mit und nach Sigmund Freud ist die Lebensführung zunehmend therapeutisch analysiert und strukturiert worden. Für ihn und andere Mitbegründer der Psychoanalyse wie Carl Gustav Jung und Josef Breuer hängen Glückserwartungen und Glücksmöglichkeiten von der Entwicklung menschlicher Sexualität ab. Lust – und vor allem sexuelle Lust als temporäres Hochgefühl – steht geradezu synonym für menschliches Glück sui generis. Glücklich zu sein ist konsequenterweise für Freud „eher plötzliche Befriedigung hoch aufgestauter Bedürfnisse"[24] als ein fortdauernder Zustand oder gar ein konstitutives Merkmal ganzer Lebensentwürfe; und

---

[24] Freud, Sigmund (1930): Das Unbehagen in der Kultur. In: ders.: Gesammelte Werke. Band XIV: Werke aus den Jahren 1925–1931. Frankfurt 1963, 419–506, S. 434, zitiert nach Günther Bien, „Über das Glück", in *Glück und Ethik*, hg. von Joachim Schummer (Würzburg: Königshausen & Neumann, 1998), S. 31.

trotzdem gilt ihm das Glück als Dreh- und Angelpunkt menschlicher Existenz. „Wir wenden uns der Frage zu, was die Menschen selbst durch ihr Verhalten als Zweck und Absicht ihres Lebens erkennen lassen", so Freud. „Die Antwort darauf ist kaum zu verfehlen; sie streben nach dem Glück, sie wollen glücklich werden und so bleiben."[25] Doch gerade dieses Streben wird durch den sensualistischen, episodenhaften Charakter des Glücks permanent frustriert: „Somit sind unsere Glücksmöglichkeiten schon durch unsere Konstitution beschränkt", resümiert Freud, um zu ergänzen, dass die „Absicht, daß der Mensch ‚glücklich' sei, [...] im Plan der ‚Schöpfung' nicht enthalten"[26] sei. Diese durch Anführungszeichen akzentuierte ironische Distanzierung von einer Teleologie des Menschen, die etwa auf die Vervollkommnung von Tugenden oder einen Zustand der diesseitigen Seligkeit abzielt, deutet an, worin die Mission der therapeutischen Lebensführung besteht: Es geht zuerst und vor allem nicht darum, den Menschen glücklich zu machen, sondern darum, Unglück im Sinne von Leiderfahrungen – etwa psychischen Störungen oder der Lieblingsdiagnose jener Zeit, der Hysterie – zu vermeiden bzw. abzuwenden.

Für solche Leiderfahrungen bietet die Moderne des späten 19. und frühen 20. Jahrhunderts aus Sicht der psychoanalytischen Denkrichtung zahlreiche Anlässe. Die soziokulturelle Gesellschaftsordnung mit ihren klaren Rollenbildern von Mann und Frau, ihrer rigiden Sexualmoral und der Normierung individuellen und gemeinschaftlichen Verhaltens durch explizite und implizite Regeln von Anstand und Etikette erlaubt das Ausleben sexueller Bedürfnisse nicht – und wenn doch, dann nur in verkümmerter, unterdrückter Form. Die Folge dieser Unterdrückung sind Neurosen. Der neurotische Mensch, der von seinen „wahren" Bedürfnissen und Neigungen entfremdet ist und sie verdrängt, gehört inzwischen zum Standardinventar der alltagspsychologischen Persönlichkeitstypologie; er hat in der gesellschaftskritischen Zeitdiagnose der Psychoanalytiker seine Geburtsstunde. Die therapeutische Lebensführung zielt entsprechend darauf ab, die Ursprünge psychischer Störungen durch Gesprächsführung offenzulegen und dem Patienten auf diese Weise die Genese seiner menta-

---

[25] Ebd., S. 24.
[26] Ebd., S. 31.

len Verfasstheit transparent zu machen. Diese Transparenz, so das Credo der Psychoanalyse, sei die Grundlage von Heilung.

Das Auffinden unbewusster Motivationen führt zu einer neuen Selbsterfahrung des modernen Menschen. Diese Erkenntnis führt bei Freud nicht zur Beherrschung des Unterbewusstseins, welches er als grundsätzlich substanziell und nicht hintergehbar begreift, durch den Menschen. Sie mündet stattdessen in einer permanenten therapeutischen Praxis, durch die ein nicht zu stillendes Lustgefühl durch psychologische Behandlung in eine Balance geführt werden soll.

Das Narrativ, dieses Lustgefühl als politisch gefährlich zu beschreiben, kann beispielhaft am Gewinnspiel demonstriert werden. Nachdem vor allem die Antike und die frühe Neuzeit die leidenschaftliche Spielfreude durch eine Tugendethik in eine Teleologie zu integrieren versucht haben, stellen in der Moderne die Naturwissenschaften die Entscheidungsträger vor die Aufgabe, die rationalistische Betrachtungsweise eines leidenschaftlichen Spielgeschehens als mathematische Berechnung von Wahrscheinlichkeiten politisch und kulturell einzuhegen. Medizin, Psychologie und Psychotherapie helfen den Menschen, dieses zu diagnostizieren und sich therapieren zu lassen. Der therapeutische Lebensführungsstil ergänzt die anderen Lebensführungsstile um einen neuen zentralen Aspekt: Wer die aus seinem Unterbewusstsein stammenden und auf Lustgewinn ausgerichteten Neigungen, Impulse und Bedürfnisse nicht selbst beherrschen kann, muss mit medizinischen und psychologischen Mitteln in die Lage versetzt werden, seine soziale Balance, seine Gesellschaftsfähigkeit, (wieder) zu finden.

Die Glücksspielstörung, auch bekannt als pathologisches Spielen oder Spielsucht, wird als psychische Störung eingestuft und nach den Standardleitfäden medizinischer Diagnostik als Impulskontrollstörung oder Abhängigkeitserkrankung klassifiziert.[27] Diese Störung wird durch die Unfähigkeit eines Betroffenen gekennzeichnet, dem Drang zum Glücksspiel zu widerstehen, auch wenn dies negative Konsequenzen in persönlicher, familiärer oder beruflicher Hinsicht nach sich ziehen kann oder

---

[27] Siehe American Psychiatric Association, DSM-5 Task Force, *Diagnostic and Statistical Manual of Mental Disorders: DSM-5*, 5. Aufl. (American Psychiatric Publishing, Inc., 2013); World Health Organisation (WHO), „ICD-10 Version:2016", 2016, https://icd.who.int/browse10/2016/en (zugegriffen am 24.02.2024).

bereits nach sich gezogen hat. In Deutschland sind derzeit etwa 200.000 Menschen von dieser Störung betroffen.[28]

Es wird regelmäßig untersucht, ob individuelle Fälle von pathologischem Spielen bzw. Glücksspielstörungen gemeinsame Symptome aufweisen und ob diese Ähnlichkeiten zu klinischen Krankheitsbildern zusammengefasst werden können. Erst wenn eine Diagnosestellung vorliegt, können geeignete Behandlungsleitlinien entwickelt werden. Die meisten Behandlungen werden von Versicherungsträgern (z. B. Kranken- oder Rentenversicherungen in Deutschland) nur dann erstattet, wenn eine Diagnose vorliegt.

Der Psychiater Robert Spitzer führte im September 1974 erstmals den Begriff „Zwanghaftes Glücksspielen" (Compulsive Gambling) in die Diskussion ein. Spitzer schlug vor, dem Handbuch zur Erfassung von Störungsbildern eine neue Kategorie namens „Impulsive Störungen" (Impulsive Disorders) hinzuzufügen, die aus den drei Störungsbildern Kleptomanie, Pyromanie und Zwanghaftem Glücksspielen bestehen sollte.

Der finale bzw. bis heute diskursbeherrschende Störungsbegriff „Pathologisches Glücksspielen" (Pathological Gambling) wurde 1977 von Robert Custer während einer Keynote vorgestellt.[29] Custer führte, basierend auf seinen Beobachtungen bei der Behandlung pathologischer Glücksspieler, das zentrale Diagnosekriterium der „chronischen und zunehmenden gedanklichen Beschäftigung" (chronic and progressive preoccupation) mit dem Glücksspiel ein.

Robert Custer wird auch die Aufnahme des Ausschlusskriteriums „Dissoziale Persönlichkeitsstörung" (Dissocial Personality Disorder) in das diagnostische Instrumentarium zugeschrieben. Er begründete dies mit dem politischen Argument, dass Menschen, die Behandlung benötigen, diese auch erhalten sollten, anstatt als „moralisch Degenerierte" abgestempelt zu werden. Custer hatte enge Beziehungen zu den Gründern der „Gamblers Anonymous", einer Gruppe, die aus den „Alcoholics Anonymous" hervorging und die Heilung von Sucht durch die Hin-

---

[28] Banz, *Glücksspielverhalten und Glücksspielsucht in Deutschland. Ergebnisse des Surveys 2019 und Trends*.
[29] Richard J. Rosenthal, „Inclusion of Pathological Gambling in DSM-III, its Classification as a Disorder of Impulse Control, and the Role of Robert Custer", *International Gambling Studies* 20, Nr. 1 (2020): 151–70.

wendung zu Gott (insbesondere dem christlichen Gott) in den Fokus rückt.

Die Einführung der Diagnose „Pathologisches Glücksspiel" hatte somit in zwei Dimensionen politische Auswirkungen: Zum einen ermöglichte sie Hilfeanbietern (insbesondere christlichen Gruppen) den Zugang zu staatlichen Finanzierungsquellen, und zum anderen führte sie aufgrund der engen Verbindung mit dem System der „Alcoholics Anonymous" zur Überführung von Betroffenen in ein christliches Missionsnetzwerk.

Das Entstehen einer Glücksspielstörung setzt freilich die Teilnahme am Glücksspiel voraus, jedoch entwickelt nur ein geringer Prozentsatz der aktiven Glücksspieler (etwa zwei Prozent) Auffälligkeiten.[30] Die Störungsentwicklung wird durch eine komplexe Verflechtung von individuellen, umweltbezogenen und spielbezogenen Merkmalen bestimmt. Das Vulnerabilitäts-Risiko-Modell bietet ein heuristisches Modell, um diese komplexen Zusammenhänge von Faktoren und Prozessen sowie deren zeitliche Verläufe im Rahmen einer Störungsentwicklung zu integrieren.[31] Das Modell berücksichtigt zahlreiche Forschungsergebnisse und beschreibt das Auftreten einer Glücksspielstörung als Interaktion biologischer, psychologischer und sozialer Variablen, wobei die Bedeutung dieser Variablen im Verlauf des Lebens variiert. Im Zentrum des Modells stehen zwei Komponenten: Vulnerabilitäten und Risikofaktoren.

Das Konzept der Vulnerabilität bezieht sich auf die individuelle, angeborene oder früh erworbene Anfälligkeit einer Person, bei bestimmten Ereignissen im Vergleich zu anderen Personen „verletzlicher" (vulnerabler) zu reagieren und mit höherer Wahrscheinlichkeit eine psychische Störung zu entwickeln. Faktoren wie Genetik, Neurobiologie, Traumata oder besondere Belastungen in der Kindheit und frühen Jugend können hierbei eine Rolle spielen. Die zweite wichtige Komponente im Modell besteht aus zeitlich später auftretenden Risikofaktoren, wie gesellschaftlichen Faktoren (z. B. Einstellungen zum Glücksspiel), psychosozialen Fak-

---

[30] Siehe Banz, *Glücksspielverhalten und Glücksspielsucht in Deutschland. Ergebnisse des Surveys 2019 und Trends.*
[31] Gerhard Bühringer, Roxana Kotter und Anja Kräplin, „Ätiologie von Glücksspielstörungen – Implikationen für den Verbraucherschutz", in *Zertifizierung und Akkreditierung als Instrumente qualitativer Glücksspielregulierung*, hg. von Julian Krüper, Bd. 3, Spiel und Recht (Tübingen: Mohr Siebeck, 2017), 35–58.

toren (Glücksspiel in der Familie oder im Freundeskreis), der Verfügbarkeit von Glücksspielen sowie spezifischen Merkmalen des Glücksspiels.

Bei psychischen Störungsbildern, in denen die Glücksspielstörung als Begleiterkrankung auftritt, hängt die Art der Therapie stark von der jeweiligen Individualdiagnose ab. Es gibt Hinweise in der Literatur, dass die Behandlung mit Dopaminagonisten, wie sie bei Morbus Parkinson angewendet wird, Impulskontrollstörungen auslösen kann. In einer US-amerikanischen Querschnittsstudie traten bei 13,6 % der über 3000 Parkinson-Patienten aus 46 Behandlungszentren entsprechende Störungen auf, wobei fünf Prozent pathologische Spieler waren.[32] Risikofaktoren für die Entwicklung von Störungen der Impulskontrolle sind unter anderem die Einnahme von Dopaminagonisten, eine jüngere Altersgruppe, eine auffällige Familienanamnese hinsichtlich pathologischen Glücksspiels und ein positiver Rauchstatus. Es besteht eine Dosis-Wirkungs-Beziehung, bei der höhere verabreichte Dosen zu häufigeren Störungsbildern führen.

Eine Kombination aus ambulanter und stationärer Psychotherapie ist in der Regel Teil der Behandlung von Glücksspielstörungen. Es gibt bislang keine eindeutige Präferenz für eine bestimmte psychotherapeutische Therapierichtung, und kein Therapieprogramm hat hinsichtlich des Wirksamkeitsnachweises die aktuellen Standards erfüllt. Eine wissenschaftliche Evaluation ergab, dass weniger als acht Prozent aller Erstteilnehmer an einem Meeting der US-amerikanischen Gamblers Anonymous ein Jahr später noch im Programm sind oder abstinent bleiben.[33]

Spielen ist im Sinne der psychologisch-psychiatrischen Diagnostik und Behandlung also nicht mehr (wie etwa im Sinne der Tugendethik) moralisch verwerflich, sondern vor allem eine potenzielle Krankheitsursache. Der therapeutische Lebensstil macht die Spielleidenschaft, die den Menschen zerstört und die soziale Ordnung angreift, zu einem Politikum. Dieser Paradigmenwechsel von der ethischen Kritik zur Pathologisierung ist umso bedeutsamer, als neben der analogen Welt eine eigene digita-

---

[32] David Crockford u. a., „Prevalence of Problem and Pathological Gambling in Parkinson's Disease", *Journal of Gambling Studies* 24, Nr. 4 (2008): 411–22; Daniel Weintraub u. a., „Impulse Control Disorders in Parkinson Disease: a Cross-Sectional Study of 3090 Patients", *Archives of Neurology* 67, Nr. 5 (2010): 589–95.
[33] Nancy M. Petry und Christopher Armentano, „Prevalence, Assessment, and Treatment of Pathological Gambling: A Review", *Psychiatric Services* 50, Nr. 8 (1999): 1021–27.

le „Second Life"-Welt im World Wide Web entstanden ist, z. B. über E-Sport, die es zu kontrollieren gilt. Dabei ist es politisch betrachtet zweitrangig, ob durch die therapeutische Diagnostik nur ein Spielsüchtiger oder viele Spielsüchtige entdeckt werden. Es gilt immer das Präventionsprinzip: Wehret den Anfängen.

Dieser therapeutische Lebensführungsstil und seine Grundprämissen sind nicht unwidersprochen geblieben. Vor allem in der praktischen Philosophie der Postmoderne hat sich ein Gegendiskurs etabliert, der bewusst auf die hellenistische Philosophie zurückgreift und in der Sexualität, der erotischen Lust, die Eigenreflexion der Selbstsorge und Selbsterfahrung wiederentdeckt. Michel Foucault sieht exemplarisch für diese Philosophierichtung in den hellenistischen Praktiken der Selbstsorge den Schlüssel für die eigene Selbstkonstitution, indem er nicht mehr das Glücklichsein zentral setzt, sondern (erotische) Lust als Medium einer ethischen Selbsterkenntnis bewertet. Das gelungene Leben strebt nicht mehr nach Glückseligkeit, sondern nach Selbsterkenntnis. Dieser freiheitliche Umgang mit der Selbstkonstitution kennt keinen Platz für einen therapeutischen, auf Normierung abstellenden Zugriff. Entsprechend tritt aus der foucaultschen Perspektive auch das Krankheitsbild Spielsucht in den Hintergrund bzw. wird als Machttechnik von Disziplinierung und Kontrolle dekonstruiert.[34] Auch wenn diese postmoderne Wendung in philosophischen sowie kulturwissenschaftlichen Kreisen eine enorme Popularität erfährt, haben regulatorische Entscheidungsträger sie aus machtpolitischen Gründen stets ignoriert.

3.2 Spielen im Spannungsfeld zwischen Schicksal, Zufall und Chaos

Spielen ist der lustvolle, regelgeleitete Umgang mit dem Unvorhersagbaren. Die gezähmte Ungewissheit, die gleichwohl nie ihre archaische Unberechenbarkeit verliert, sie ist das Wesen und das Worum-willen des Spiels. Beim Würfeln, beim Roulette oder beim Blackjack sind Mittel-

---

[34] Michel Foucault, *Die Sorge um sich*, Bd. 3, Sexualität und Wahrheit (Frankfurt am Main: Suhrkamp, 1994); dazu ausführlich Schmid, *Philosophie der Lebenskunst. Eine Grundlegung*.

wert und Varianz von Ereignisserien („sechs Augen", „rot", „Siebener-Drilling" etc.) a priori bestimmbar. Aber das einzelne Elementarereignis – der nächste Wurf, das nächste Liegenbleiben der Kugel im Nummernfach, die nächste Hand – ist dem menschlichen Wissen heute ebenso sehr entzogen wie vor Tausenden von Jahren. Deshalb haben alle Erkenntnissprünge der Wahrscheinlichkeitsrechnung der Faszination des Spiels nichts anhaben können.[35] Die Gleichung des Gewinnspiels ist stets dieselbe: *Regelsystem + unmittelbare Unvorhersagbarkeit des Einzelereignisses + mittelbare Vorhersagbarkeit der Ereignisserie = Nervenkitzel*.

Wie die Menschheit mit diesem Phänomen auf der Ebene von Politik, Kultur und Gesellschaft umgeht und welche Denkweisen sie zur Konzeptionalisierung und Fassbarmachung an das Spiel heranträgt, das unterscheidet sich freilich von Zeitalter zu Zeitalter, und zwar dramatisch. Trotz dieser Heterogenität lassen sich drei Grundprinzipien ausmachen, die das epochenübergreifende Spannungsfeld der menschlichen Auseinandersetzung mit dem Spiel – sowohl auf intellektueller als auch auf lebenspraktischer und regulatorischer Ebene – bilden. Diese Prinzipien sind: Schicksal, Zufall und Chaos.

3.2.1 Im Bann der Moiren: die Logik des antiken Gewinnspiels zwischen Schicksalsergebenheit und Göttergunst

Die großen europäischen Hochkulturen der Antike, der Hellenismus und das Römische Reich, haben im Zuge der Mythenbildung dem Unvorhersagbaren einen eigenständigen und bedeutenden Raum in ihrem Pantheon zugewiesen: Bei den Griechen sind es die Moiren, bei den Römern die Parzen.[36] Beides sind Gruppen von Göttinnen, unter denen eine klare Arbeitsteilung herrscht. Auf der einen Seite verantworten gestrenge

---

[35] James O. Berger, *Statistical Decision Theory and Bayesian Analysis*, 2. Aufl., Springer Series in Statistics (New York: Springer, 1985).
[36] Bemerkenswerterweise finden sich auch in den nordischen und slawischen Mythologien weibliche Göttergruppen mit einem ähnlich gelagerten Aufgabenfeld: die Nornen bzw. Zorya; siehe Klaus Mainzer, *Der kreative Zufall. Wie das Neue in die Welt kommt* (München: C.H.Beck, 2007), S. 22. Ob dies auf eine kulturübergreifende Übereinstimmung der Deutungsmuster von Schicksal und Zufall hindeutet und ob diese Kräfte im Altertum durchweg als spezifisch weiblich gedeutet wurden, sind spannende Fragen, die hier freilich nicht weiter vertieft werden können.

Herrinnen wie Lachesis und Atropos das von Anbeginn der Zeit feststehende, unabänderliche Geschick der Menschen. Der Tod des Achill und der Vatermord des Ödipus sind zwei Beispiele für den Lebensverlauf zweier Helden, die durch die Auflehnung gegen ihr prophezeites Los ihr Schicksal besiegelt haben. Die Tragik und die Größe der antiken Heroen liegen gerade darin, dass sie gegen das ankämpfen, was sie unmöglich ändern können: ihre Vorsehung. Diese bildet eine unentrinnbare Kette von Ursache-Wirkungs-Relationen, die in der Retrospektive klar dem Leser jener Sagen vor Augen liegt, aber aus der beschränkten Perspektive ihrer Protagonisten vollkommen opak bleibt.

Auf der anderen Seite stehen launische Göttinnen wie Tyche und Fortuna, die den blinden Zufall allegorisch symbolisieren.[37] Sie sind keine Sachwalterinnen des ewigen göttlichen Gesetzes, sondern bringen mal unverhofftes Glück, mal unverdientes Pech. Dies kann sich einerseits darin zeigen, dass aus einer absichtsvollen Handlung ein unbeabsichtigtes Ergebnis resultiert – man denke nur an zufällige Trickschüsse im Billard oder legendäre Distanztore im Fußball –, oder aber darin, dass den Arglosen wie aus dem Nichts ein dramatisches, lebensveränderndes Ereignis überrascht. Der Tugendhafte ist gegen diese Willkür ebenso wenig gefeit wie der Übeltäter. Und mehr noch: Wer heute reich beschenkt wird, kann morgen schon dem Ruin ins Auge sehen. Die Macht der kapriziösen Glücksgöttinnen, gepaart mit ihrer eigentümlichen Form von Unparteilichkeit, hat ihnen über die Jahrhunderte einen beträchtlichen Kultus mit zahlreichen Tempeln und Bildstöcken eingebracht.

Aus dieser faszinierenden kulturellen Konfiguration ergeben sich eine Reihe wichtiger Schlussfolgerungen für die Leitfrage: Erstens haben bereits die hellenischen Hochkulturen der Antike ein klar reflektiertes Bild davon, dass die Welt sowohl durch kosmische Gesetzmäßigkeiten strukturiert ist und über die Zeit hinweg einer natürlichen Ordnung unterliegt als auch durch Zufälle bestimmt wird, die sich jeder Vorhersage entziehen. Diese Dichotomie ist in der Arbeitsteilung der Moiren und Parzen metaphorisch verkörpert. Zweitens bilden diese Antipoden – Schicksal und Zufall – einen Teil der göttlichen Weltordnung. Sie sind nicht ein-

---

[37] Siehe Gregor Vogt-Spira, *Dramaturgie des Zufalls. Tyche und Handeln in der Komödie Menanders*, Bd. 88, Zetemata – Monographien zur Klassischen Altertumswissenschaft (München: C.H.Beck, 1992).

fach der Fall, sondern sie existieren, weil sie gewollt werden, und zwar von ewigen Wesenheiten, die weit jenseits der menschlichen Verstandeskräfte liegen. Sie haben also einen Sinn.

Drittens, und dieser Umstand ergibt sich aus der Göttlichkeit von Schicksal und Zufall, ist das Auftreten entsprechender Ereignisse im Denken der Antike niemals chaotisch.[38] Insofern das Chaos in der archaischen Kosmologie den vorgeschichtlichen Ursprungszustand der Welt beschreibt – regellos, ungeformt und dunkel –, der durch die Theogonie (die Entstehung der Götter) an die Peripherie des Kosmos verdrängt wird, spielt es für die Frage nach den Bewegungskräften menschlicher Existenz keine Rolle. Es ist das radikal Andere, das anarchisch Irrationale, welches durch die Ordnung der Götter in Schach gehalten wird – und gleichwohl stets als implizite Bedrohung bestehen bleibt. Ganz anders wird sich, wie sich später zeigen wird, der Begriff des Chaos in der Interpretation der Gegenwart darstellen.

Was bedeuten diese Schlussfolgerungen für das Gewinnspiel? Je nachdem, welchen Blickwinkel man wählt, erscheint es entweder als lustvolles Umgarnen der wankelmütigen Göttinnen des Zufalls – oder aber als tragisches Ringen mit dem vorherbestimmten Geschick. Ob der Ausgang des nächsten Würfelwurfs durch die Kausalordnung des Kosmos prädeterminiert ist oder ob Tyche ihre Finger im Spiel hat, kann man nicht wissen. Und es spielt auch keine Rolle. Der Mensch der Antike weiß sich, wenn er spielt, fest verankert in der Domäne der Moiren oder der Parzen. Einen tieferen Ursprung zu suchen oder die Beweggründe des Schicksals zu erkunden, käme ihm nicht in den Sinn.[39]

Weil das Spiel also selbst göttlich bzw. in der Begrifflichkeit der Theologie numinos ist, hat es seinen festen, unproblematischen Ort mitten in der Gesellschaft. Das römische Phänomen des Circus, welcher die Legiti-

---

[38] Siehe Maureen R. Wright, *Cosmology in Antiquity* (New York: Routledge, 1995).
[39] Freilich gibt es auch hier Ausnahmen. Der Dramatiker Euripides etwa klagt in seinen Tragödien die Sinnlosigkeit und Grausamkeit des menschlichen Schicksals an und wirft die Frage auf, ob eine Welt, die von Gewalt, Tod und Unglück überschattet sei, wirklich göttlich sein könne. Damit nimmt er zugleich eine zentrale Fragestellung der Theodizee vorweg; siehe Christian Wildberg, *Hyperesie und Epiphanie. Ein Versuch über die Bedeutung der Götter in den Dramen des Euripides*, Bd. 109, Zetemata – Monographien zur Klassischen Altertumswissenschaft (München: C.H.Beck, 2002); siehe dazu auch Malcolm Davies, „New Light on the Aegeus Episode in Euripides' Medea", *Prometheus. Rivista di studi classici* 31, Nr. 2 (2005): 151–56.

mierung politischer Herrschaft unmittelbar mit der Veranstaltung öffentlicher Spiele wie Wagenrennen oder Gladiatorenkämpfen (*ludi magni*) – und damit zugleich mit einer regelrechten Sportwettenindustrie – verkoppelte, war nur in der Antike möglich. Dasselbe gilt auch für die hellenischen Vorgängerveranstaltungen, die Sänger- und Sportlerwettstreite (*agones*), bei denen unzählige Wettstreiter zu Großereignissen in den griechischen Stadtstaaten zusammenkamen, um ihre athletischen und musischen Künste zu messen. Dabei geht es gar nicht darum, ob es in der heutigen Spätmoderne Sport- und Gewinnspielereignisse von vergleichbarer Größe oder Teilnehmerschaft gibt; natürlich sind in der Gegenwart Sportveranstaltungen mit Millionen von Zuschauern und einem riesigen Wettspielkosmos an der Tagesordnung. Aber diese Ereignisse spielen nicht dieselbe zentrale kulturelle und soziopolitische Rolle wie in der Antike. Sie sind „nur" Entertainment, und sie sind weder numinos noch verkörpern sie die hellenische (und später von den Römern übernommene) Leitidee, wonach der faire Wettkampf zwischen Gleichen die Voraussetzung für gesellschaftliche Anerkennung und Status ist.[40] Kurzum: Die moralisch-theologische Deklassierung des Spiels, wie man sie aus dem Christentum kennt, und – damit verbunden – seine Verdrängung aus dem gesellschaftlichen Zentrum in eine abgetrennte Peripherie, sie waren dem antiken Denken noch weitgehend fremd.

3.2.2 Die Vermessung des natürlichen Systems: die Logik des Gewinnspiels in Spätmittelalter und Neuzeit

Auch wenn der folgende Übergang von der Spätantike ins Mittelalter und die Christianisierung des Abendlands weitreichende kulturelle, ökonomische und geopolitische Umbrüche nach sich ziehen, ist diese Phase im Hinblick auf das Verständnis der Prinzipien Schicksal, Zufall und Chaos überraschend ereignisarm. Freilich verschwinden mit dem polytheistischen Pantheon auch die Moiren bzw. ihre römischen, slawischen und germanischen Basen aus dem religiösen Bewusstsein der Menschheit.

---

[40] Violeta Šiljak und Vojkan Selakovic, „Syncretism of Agon, Athleticism and War in Ancient Greece", *Physical Education and Sport Through the Centuries* 1, Nr. 2 (2014): 90–99.

Aber das ändert nichts daran, dass die gesellschaftlichen Leitkonzepte fest in einer göttlichen Ordnung verankert bleiben. Die nächste bedeutende Konfigurationsstufe von Schicksal, Zufall und Chaos findet sich erst ab dem Spätmittelalter bzw. mit dem Anbruch der Renaissance, und sie entfaltet ihre Wirkung bis in die Neuzeit. Die einschneidendsten Entwicklungen jener Epoche sind der Siegeszug der empirischen Naturwissenschaften (Physik, Chemie und Biologie) und der Mathematik bei der Prägung des Weltbildes und – damit einhergehend – die Verdrängung der Scholastik mit ihrer Hierarchieorientierung und Obrigkeitshörigkeit durch den Humanismus.[41] Unter den scharfen Forscherblicken, die später durch Mikroskope und Teleskope verstärkt werden, verändert der Kosmos allmählich sein Antlitz: Er wird von einer numinosen Schöpfung, deren letzte Geheimnisse den endlichen Menschenwesen notwendig verborgen bleiben, zu einer quantifizierbaren Welt der Fakten. Das Göttliche selbst ist nur mehr außerweltlich, entrückt und – zumindest in den Augen der humanistischen Elite des Abendlandes – zu einer Nebenrolle degradiert.

Die zentrale Vorstellung von der Messbarkeit der Welt wirkt sich auch auf die Konzeptionen von Schicksal, Zufall und Chaos aus – aber nicht schlagartig, sondern sukzessive. Die Vormoderne gebraucht bereits ein wahrscheinlichkeitsbezogenes Vokabular (z. B. *probabilis*, „wahrscheinlich", aber auch „glaubhaft", sowie *verisimilis*, „vermutlich wahr" oder „wahrheitsnah"), aber sie verfügt noch lange über kein numerisches Verständnis von Wahrscheinlichkeit; Wahrscheinlichkeitsrechnung existierte bis zum 17. Jahrhundert schlichtweg nicht.[42] Mit dem 17. Jahrhundert und der Einführung der newtonschen Mechanik sowie der klassischen Probabilistik durch Blaise Pascal und Pierre de Fermat ändert sich das. Isaac Newtons Bild des Kosmos als eines geschlossenen Systems, das durch drei universelle Grundsätze (Trägheitsprinzip, Reaktionsprinzip

---

[41] Freilich ist dieser Gegensatz zu einem gewissen Grad zugespitzt. Ideengeschichtlich betrachtet ist die Renaissance weniger ein radikaler Bruch mit dem Mittelalter als eine Fortführung und vor allem Weiterentwicklung ausgewählter Elemente; siehe hierzu James Hankins, „Humanism, Scholasticism, and Renaissance Philosophy", in *The Cambridge Companion to Renaissance Philosophy*, hg. von James Hankins (Cambridge: Cambridge University Press, 2007), 30–48.

[42] Rudolf Schüßler, „Probability in Medieval and Renaissance Philosophy", The Stanford Encyclopedia of Philosophy, 2014, https://plato.stanford.edu/archives/win2023/entries/probability-medieval-renaissance (zugegriffen am 04.05.2019).

und Aktionsprinzip) bzw. zugrunde liegende Kräfte bestimmt wird und in dem jedes Ereignis auf ein zeitlich davor liegendes zurückgeführt werden kann, verleiht dem Konzept des Schicksals eine neue, mathematische Grundierung.

Kurzum: Die newtonschen Gesetze sind insofern vollkommen deterministisch, als sie besagen, dass erstens alles, was in der Zukunft geschieht, vollständig durch das bestimmt ist, was jetzt geschieht, und dass zweitens alles, was jetzt geschieht, vollständig durch das bestimmt ist, was zu irgendeinem Zeitpunkt in der Vergangenheit geschehen ist. Ebenso wie die griechische Atropos in unvordenklicher Zeit das Ende des Achill vor den Toren Trojas und den Vatermord des Ödipus in Parnass bestimmt hat, so bestimmen in der newtonschen Denkungsart die Grundkräfte des Kosmos und die sich aus einer ersten Ursache entfaltenden Interaktionsverhältnisse der physikalischen Objekte jedes singuläre Ereignis.

In einer derart geordneten Welt hat das Chaos keinen Raum mehr. Hatten die Mythenbildner der Antike das Ungeordnete, Irrationale noch an die Peripherie des Kosmos gedrängt, jenseits der Ordnung der Götter, so ist es in Newtons Zeitalter völlig verschwunden. Doch wo bleibt der Zufall, und was hat all das mit dem Spiel zu tun? Der Begriff des Zufalls wird, mit den Worten der Wissenschaftsphilosophie, in einem prädeterminierten Universum von einer ontologischen zu einer bloß epistemischen Kategorie depotenziert. Das bedeutet: Was als willkürliche Laune der Natur erscheint, ist in Wahrheit ein Ereignis, zu dem Beobachter oder Forscher aufgrund der Unvollkommenheit von Informationen und Theorien (noch) keinen hinreichenden kognitiven Zugang haben.[43] In einer idealen Welt vollständigen Wissens würde der Zufall aufhören zu existieren.[44] In einer nichtidealen, realen Welt schlägt die Stunde der Wahrscheinlichkeitsrechnung: Je nach Interpretation ist Wahrscheinlich-

---

[43] Niemand hat diese Grundannahme prägnanter formuliert als Voltaire: „Zufall ist ein Wort ohne Sinn – nichts kann ohne Ursache existieren", zitiert nach Edmund Weitz, *Konkrete Mathematik (nicht nur) für Informatiker*, 2. Aufl. (Wiesbaden: Springer Spektrum, 2021), S. 825.
[44] Dieses hypothetische Szenario ist klassisch mit dem Begriff des „laplaceschen Dämons" beschrieben worden; Laplace skizziert diese fiktive Wesenheit wie folgt: „Eine Intelligenz, welche für einen gegebenen Augenblick alle in der Natur wirkenden Kräfte sowie die gegenseitige Lage der sie zusammensetzenden Elemente kennte, und überdies umfassend genug wäre, um diese gegebenen Größen der Analysis zu unterwerfen, würde in derselben Formel die Bewegungen der größten Weltkörper wie des leichtesten Atoms umschließen; nichts würde ihr ungewiss sein und die Zukunft wie Vergangenheit würden ihr offen vor Augen liegen.", zitiert nach Gisela Härtler, *Statistisch gesichert*

keit entweder eine Maßeinheit für subjektiv eingestufte Überzeugungen (Wie sicher bin ich, dass ich mit einem Ass-König Offsuit die nächste Pokerpartie gewinne oder dass das Rennpferd Flightline beim nächsten Pacific Classic als Erstes ins Ziel geht?) oder von objektiver Evidenz für das Eintreten von Ereignissen (Was spricht dafür, dass es morgen den ganzen Tag regnet?).[45] Die frühmoderne Stochastik, die Wahrscheinlichkeiten über reelle Zahlen in einem Intervall von 0 bis 1 repräsentiert und auf der Grundlage statistischer Datenverteilungen probabilistische Voraussagen trifft, ist – metaphorisch gesprochen – die Fackel, die die Menschen in den dunklen deterministischen Kosmos halten. Sie verschafft kein annähernd vollständiges Bild, aber sie bietet ein fundiertes, praktisches Orientierungswissen über zukünftige Ereignisse und Ereignisserien.

Wenn der Kosmos prädeterminiert ist, dann gilt dies natürlich auch für das Spiel. Doch daraus folgt in dieser Konfiguration keine antike Schicksalsergebenheit (oder ein tragisches Aufbegehren gegen das Unvermeidliche), sondern der Anspruch, dem Spielverlauf durch Wahrscheinlichkeitsrechnung auf die Schliche zu kommen. Voltaires geschickte Manipulation der französischen Lotterie im Jahre 1730[46] ist prototypisch für die immer effektivere Nutzung der Werkzeuge der Mathematik, um den (nur augenscheinlichen) Zufall im Spiel beherrschbar zu machen – freilich, und dieser Punkt ist entscheidend, nicht im Sinne der Kontrolle des Einzelereignisses als Mikrophänomen, sondern der Ereignisserie als Makrophänomen. Erst durch die Kombination von Probabilistik und Statistik in der Stochastik lässt sich also das Gewinnspiel als eine über die Zeit ausgedehnte Praktik mit Abertausenden Teilnehmern bis ins Detail konfigurieren. Und natürlich wird derselbe Weg auch von Gewinnspielveranstaltern und Regulatoren beschritten. Die Spezifizierung von Gewinnausschüttungsquoten, Gewinnwahrscheinlichkeiten, Quotenschemata etc. wird zur Domäne einer technokratischen Elite: der Verwaltungsfachleute des an Gewinnabschöpfung interessierten Staates.

---

und trotzdem falsch? Vom (Un-)Wesen statistischer Schlüsse (Berlin/Heidelberg: Springer Spektrum, 2014), S. 47.
[45] Siehe Alan Hájek, „Interpretations of Probability", The Stanford Encyclopedia of Philosophy (Winter 2012 Edition), 2011, https://plato.stanford.edu/archives/win2012/entries/probability-interpret (zugegriffen am 28.01.2024).
[46] Siehe Abschnitt 1.2.4.

Das naturwissenschaftlich-mathematische Bild von Schicksal und Zufall im Gewinnspiel bildet die Legitimationsgrundlage politischer Intervention sui generis.

Unversehens und unmerklich ist das Spiel auf diese Weise von einer numinosen zu einer diesseitigen und profanen Praktik geworden. Wer spielt, der spielt – idealiter – im Wissen um seine Chancen, um das Verhältnis von Kosten und Nutzen seines Wetteinsatzes, seines Loskaufs, seines Würfelwurfs. Das Credo der neuzeitlichen Aufklärung lautet: Das Schicksal ist quantifiziert, der Zufall beherrscht und das Chaos verbannt.

3.2.3 Chaos und Quantenmechanik: die Logiken des Gewinnspiels in der Spätmoderne

Doch damit ist die Geschichte nicht zu Ende. Mit dem ausgehenden 19. Jahrhundert und dem Anbruch der Spätmoderne durchläuft die Begriffstrias von Schicksal, Zufall und Chaos eine neue und bis heute letzte Konfiguration. Zwei völlig disparate und zudem inkompatible Denkströmungen sind ursächlich für diese Neuinterpretation und -bewertung der Grundprinzipien: die genealogische Kritik der Aufklärung und das Aufkommen der Quantenmechanik.

Das radikale Projekt, alle Errungenschaften der Aufklärung (in Naturwissenschaft, Sozialwissenschaft, Philosophie und Ethik etc.) auf den Prüfstand der Genealogie zu stellen, geht auf Friedrich Nietzsche und konkret auf sein Buch *Zur Genealogie der Moral* von 1887 zurück.[47] Nietzsche ist überzeugt: Die Menschen sind nicht deshalb zu bestimmten Überzeugungen über die Welt und ihre Rolle darin gelangt, weil sich diese praktisch bewährt und durch rigide wissenschaftliche Experimente oder konzise Argumentation als wahr herausgestellt haben, sondern weil ihre Kulturen bestimmte, kontingente Geschichtsprozesse durchlaufen haben, in deren Folge sich entsprechende Überzeugungen herausgebildet haben.[48] Hätte die Geschichte einen anderen Verlauf genommen,

---

[47] Siehe Martin Saar, *Genealogie als Kritik. Geschichte und Theorie des Subjekts nach Nietzsche und Foucault* (Frankfurt am Main/New York: Campus Verlag, 2007).
[48] Siehe Thomas Bieri, „Genealogie bei Nietzsche und Foucault" (Dissertation, Zürich, Universität Zürich, 2014).

so hätten sie heute auch ganz andere naturwissenschaftliche, politische, moralische oder ökonomische Positionen – und würden diese mit derselben Zuversicht für wahr halten. Was es nicht gibt, so lässt sich Nietzsche verstehen, ist ein ahistorischer, universeller Blick auf die Welt mit ihren Strukturen, Gesetzen und Wirkkräften. Die Menschen sind immer je schon in einer spezifischen Denk- und Sprachrichtung, die der Philosoph Michel Foucault später in seiner *Ordnung der Dinge* von 1966 diskursive Formationen nennen wird, gefangen. Und weil es kein „Jenseits" der großen Zahl von Diskursformationen gibt – also keine Welt „an sich", um einen Ausdruck Immanuel Kants zu gebrauchen –, macht es auch keinerlei Sinn, darüber zu reflektieren, ob z. B. das Weltbild der Antike dem Weltbild der Moderne unterlegen sei oder nicht.

Hier tun sich erstaunliche Parallelen zur Wissenschaftsphilosophie Thomas Kuhns auf, der durch sein Konzept des Paradigmenwechsels weit über die Wissenschaft hinaus berühmt geworden ist.[49] Für Kuhn vollzieht sich wissenschaftliche Entwicklung nicht kontinuierlich, sondern über den revolutionären Wechsel von Paradigmen (Systemen von Axiomen, Methoden, Erkenntniszielen etc.), die so verschieden sind, dass sie untereinander nicht mehr im Hinblick auf ihre Erklärungstiefe und Leistungsfähigkeit vergleichbar sind.[50] Konsequenterweise lehnt er denn auch ein teleologisches Wissenschaftsbild ab, wonach die Menschheit immer mehr Wissen ansammelt und immer mehr falsche Überzeugungen ablegt. Vielmehr, so Kuhn, sei wissenschaftliche Entwicklung evolutionär: Sie passe sich stets den spezifischen Herausforderungen ihrer Zeit an, und zwar ganz gleich, worin diese konkret bestehen. Dies hat Kuhn aus dem Lager jener Wissenschaftstheoretiker, die für ihre Disziplin (noch immer) strenge Objektivität und Universalität reklamieren, den wenig überra-

---

[49] Thomas S. Kuhn, *The Structure of Scientific Revolutions* (Chicago: University of Chicago Press, 1962).
[50] Dies ist Kuhns kontroverse Inkommensurabilitätsthese, siehe Alexander Bird, „Thomas Kuhn", Stanford Encyclopedia of Philosophy Archive – Spring 2022 Edition, 2022, https://plato.stanford.edu/archives/spr2022/entries/thomas-kuhn (zugegriffen am 21.01.2024).

schenden Vorwurf eingebracht, ein Relativist und Nestbeschmutzer zu sein.⁵¹

Nietzsches und Foucaults – und je nach Sichtweise auch Kuhns – Fundamentalkritik, die das intellektuelle Rückgrat der Postmoderne bildet, hat nicht nur den Wissenschaftsglauben der Spätmoderne erschüttert. Sie hat auch fundamentale Folgen für die Konzeption des Verhältnisses von Schicksal, Zufall und Chaos. Denn wenn die Vorstellung von einer Welt „an sich", der man sich durch kontinuierlichen Fortschritt annähern kann, ebenso illusorisch ist wie der Glaube an universelle Gesetzmäßigkeiten, was bleibt dann? Nietzsche hat eine ebenso eindeutige Antwort: Chaos. Hier lohnt es sich, ausführlicher aus seinem ebenso lyrischen wie dunklen Opus *Die fröhliche Wissenschaft* von 1887 zu zitieren:

> „Der Gesamtcharakter der Welt ist [...] in alle Ewigkeit Chaos, nicht im Sinne der fehlenden Notwendigkeit, sondern der fehlenden Ordnung, Gliederung, Form, Schönheit, Weisheit, und wie alle unsere ästhetischen Menschlichkeiten heißen. Von unserer Vernunft aus geurteilt, sind die verunglückten Würfe weitaus die Regel, die Ausnahmen sind nicht das geheime Ziel, und das ganze Spielwerk wiederholt ewig seine Weise, die nie eine Melodie heißen darf, – und zuletzt ist selbst das Wort ‚verunglückter Wurf' schon eine Vermenschlichung, die einen Tadel in sich schließt."⁵²

Nietzsches hintersinnige Gewinnspiel-Metapher des „verunglückten Wurfs", der zur Regel wird, ist in diesem Zusammenhang durchaus wörtlich zu nehmen: Wenn es keine reale Ordnung im Kosmos gibt und alle Regularität nur Projektion des verzweifelt nach Sinn suchenden Verstandes ist, ergibt das Konzept des Glücks oder Pechs im Spiel keinen Sinn mehr. Die antike Vorstellung vom Zufall als einem launenhaften Geschick, das die gleichförmige Ordnung des Weltgeschehens unterbricht, wird ebenso hinfällig wie der aufklärerische Anspruch, den Zufall über Stochastik quantifizieren und damit einhegen zu können. Dasselbe gilt freilich für die Idee des Schicksals als eines prädeterminierten Telos. Dieses löst sich unter der genealogischen Kritik in bloße Fiktion auf.

---

⁵¹ Siehe hierzu Howard Sankey, „Kuhn's Ontological Relativism", in *Issues and Images in the Philosophy of Science. Scientific and Philosophical Essays in Honour of Azarya Polikarov*, hg. von Dimitri Ginev und Robert S. Cohen, Bd. 192, Boston Studies in the Philosophy of Science (Dordrecht: Kluwer Academic, 1997), 305–20.
⁵² Friedrich Nietzsche, *Die fröhliche Wissenschaft*. Chemnitz 1882, 138.

Im Vergleich zur Kritik Nietzsches und seiner Nachfolger ist der Angriff der Quantenmechanik auf die etablierte aufklärerische Konfiguration von Schicksal, Zufall und Chaos ungleich filigraner und subtiler – aber kaum weniger schwerwiegend. Von der newtonschen Mechanik bis zur einsteinschen allgemeinen und speziellen Relativitätstheorie ist die Physik stets fest mit der Annahme streng deterministischer Grundgesetze der Natur verknüpft.[53] Das ändert sich erst mit der von Niels Bohr, Erwin Schrödinger, Max Planck und anderen Forschern gewonnenen Erkenntnis über das Phänomen des Welle-Teilchen-Dualismus: Bestimmte kleine, subatomare Objekte der Physik, wie Elektronen, Protonen oder Photonen, die üblicherweise als Teilchen klassifiziert werden, haben auch wellenartige Eigenschaften. Das bedeutet, einfach gesagt, dass ihnen je nach Versuchsanordnung physikalische Größen wie Geschwindigkeit und Impuls (Teilcheneigenschaften) oder aber Frequenz, Amplitude und Interferenz (Welleneigenschaften) zukommen. Licht kann entsprechend sowohl als elektromagnetische Wellen oder als Intervall von Photonenschüben beschrieben werden.

Dieser Dualismus bildet die Grundlage der Quantenphysik, und er führt zu einem Phänomen, das Physiker als „echten Zufall" bezeichnen.[54] Konkret heißt das: Bestimmte Eigenschaften der natürlichen Welt sind zu einem spezifischen Zeitpunkt tatsächlich unterdeterminiert bzw. nicht durch die Ursache-Wirkungs-Kette der Naturgesetze vorherbestimmt. Warum das so ist, lässt sich anhand einer Sonnenbrille mit 50-prozentigem UV-Schutz veranschaulichen.[55] Wenn man Licht als Intervallstrom von Photonen betrachtet, kann jedes einzelne Partikel die Oberfläche der Sonnenbrille entweder durchdringen oder nicht, und in diesem konkreten Falle gilt dies – statistisch gesehen – für 50 von 100 Partikeln. Allerdings kann für ein einzelnes Photon auch bei vollständiger Information nicht vorhergesagt werden, ob es durch den Strahlenschutz gelangt oder nicht. „Es gibt", wie die Experimentalphysiker Axel Lorke und Peter Kohl festhalten, „kein Merkmal, das einem Photon innewohnt und sein Verhalten an der Scheibe vorherbestimmt. Für ein Teilchen

---

[53] Siehe Mainzer, *Der kreative Zufall. Wie das Neue in die Welt kommt*, S. 87.
[54] Härtler, *Statistisch gesichert und trotzdem falsch? Vom (Un-)Wesen statistischer Schlüsse*, S. 47.
[55] Das Beispiel ist entlehnt aus Axel Lorke und Peter Kohl, „Mathematische Unterhaltungen: Existiert echter Zufall?", *Spektrum der Wissenschaft* 2021, Nr. 11 (2021): S. 78.

ist der Prozess daher vollkommen zufällig."[56] Lange Zeit galt in der Physik der Grundsatz, Quantenphänomene wie diese seien auf den Mikrokosmos subatomarer Teilchen beschränkt und mit der Alltagswelt der Objekte und Handlungen – also z. B. der Würfelwürfe oder Kartenziehungen – hätten sie ohnehin nichts zu tun. Doch dieser Grundsatz ist in den letzten Jahren ins Wanken geraten. Inzwischen werden Quanteneffekte und die damit einhergehende kausale Unterbestimmtheit der Welt auch auf Makrophänomene bezogen.[57] Der nicht kalkulierbare Zufall, den die Pioniere der Aufklärung durch rationale, quantitative Methoden verbannt oder wenigstens doch gezähmt wähnten, ist zurück in der Welt.

Aus dieser disparaten Konstellation zweier ganz unterschiedlicher Denkrichtungen – genealogische Dekonstruktion von wissenschaftlichen Diskursen auf der einen Seite und quantentheoretische Widerlegung des Determinismus auf der anderen Seite – entsteht ein neues Spannungsfeld, in dem sich die Praxis des Gewinnspiels in der Spätmoderne bewegt. Das Spielen oszilliert zwischen Chaos und Zufall, und damit erscheint es mit einem Mal als gänzlich unvernünftiger Akt, als ein sinnloses Sich-Überantworten an das Ungewisse, wo keine Götter mehr walten und keine Naturgesetze mehr Sicherheit geben. Wer spielt, ist nicht mehr bei Trost. Diese Diagnose, die unter den Vorzeichen der therapeutischen Lebensführung bereits angeklungen ist, erhellt, warum die gegenwärtige Pathologisierung des Gewinnspiels einerseits und der Spieler andererseits aus ideengeschichtlicher Perspektive derart naheliegt, ja zwingend ist: Die Irrationalität des Spiels erscheint vor diesem Hintergrund als Herausforderung an eine auf Ratio und Quantifizierbarkeit fußende Ordnung; wer spielt, braucht Hilfe, um wieder zur Vernunft zu kommen. Hier liegt zugleich das Fundament der Legitimation des intervenierenden, schützenden Staates, der Chaos und Zufall einhegt, wo immer er kann. Wie widersprüchlich, ja fragil dieses Fundament im Grunde ist, dürfte deutlich geworden sein.

---

[56] Lorke und Kohl, S. 78.
[57] Lorke und Kohl, S. 78; Siehe auch Gregory Hollin u. a., „(Dis)entangling Barad: Materialisms and Ethics", *Social Studies of Science* 47, Nr. 6 (2017): 918–41.

4
Resümee

Ausgehend von diesen Erkenntnissen über die Grundlagen und Grenzen staatlicher Interventionsmacht in das Gewinnspiel, ist es an der Zeit, das in den vorangegangenen Kapiteln Gesagte noch einmal kurz zu bündeln. Halten wir fest: Spielen fasziniert. Aber weshalb spielen die Menschen, und weshalb fordern sie so gern den Zufall heraus? Was tun sie eigentlich, wenn sie spielen?

In allen sozialen Ordnungen der Weltgeschichte spielen Menschen. Das ist ein einzigartiges Phänomen, aber welches sind die Ursachen und Gründe? Diese Themenfelder inhaltlich und systematisch zu durchdringen, ist unerlässlich, um dem Gewinnspiel auf den Grund zu gehen. In diesem Buch haben wir diese komplexen und miteinander verwobenen historischen, anthropologischen und spieltheoretischen Diskussionslinien anhand von drei Leitfragen aufgeschlüsselt:

- Was sind sogenannte Glücksspiele – und ergibt der Begriff überhaupt Sinn?
- Warum reizen und faszinieren sie die Menschen so sehr?
- Und warum sind sie derart umkämpft?

Aufbauend auf den spielsystematischen Überlegungen des Doyens der deutschen Machttheorie, Heinrich Popitz, wurde auf der Grundlage seiner sozial-historischen Anthropologie eine anthropoludische Methodik entwickelt, um das soziale Handeln von Menschen beim Spielen nachzuvollziehen. Dieses Handeln des Spielers ist immer und unbedingt eingebettet in eine Spielsystematik, die sich aus anthropologischen Prinzipien und der Logik von Spielordnungen und Spielregeln ableiten lässt. Erst mit der Entwicklung dieser anthropoludischen Methodik ist es möglich, das Spielen in seinen unterschiedlichsten historischen Kontexten innerhalb sozialer Ordnungen zu beschreiben. Die herausragende sozial-anthropologische Minimalistik von Heinrich Popitz reduziert das Spielen auf das soziale Sein des Menschen, der etwas zuwege bringt, in dem er etwas aus eigener Kraft neu schafft oder verändert. Spielen ist für Popitz entscheidender Teil menschlicher Kreativität, entweder flüchtige Kreativität eines unproduktiven spielerischen Tuns oder die Errichtung eines dauerhaften Werks, das spielerisches Tun mit spielerischem Wissen, Gestalten und Sinnstiftung verbindet.[1]

Heinrich Popitz unterscheidet nur drei Formen des Spiels: Funktionsspiele, Phantasiespiele und Regelspiele.[2] Regelspiele sind für Popitz „Wettspiel oder Glücksspiel, einzeln oder im Team"[3]. Die vorliegende Untersuchung hat sich ausschließlich auf die Regelspiele konzentriert und hier die Herangehensweise von Popitz differenziert, ohne seine anthropologische Grundannahme zu verändern. Diese Differenzierung ist dem Untersuchungsgegenstand geschuldet. Anstelle von Regelspielen kam in diesem Kontext der Begriff der Gewinnspiele zum Einsatz, und innerhalb dieser Kategorie lag der Fokus auf dem Begriff der Geldspiele. Gewinnspiele im Allgemeinen wie natürlich auch die Geldspiele im Besonderen bleiben aber immer Regelspiele. Auch wenn Regelspiele an sich zweckfrei sind, können diese auch materiellen Interessen dienen und zur Wohlstandsgenerierung beitragen, solange die Spielsystematik dabei nicht außer Kraft gesetzt wird.

Alle Regelspiele besitzen das anthropologische Merkmal der Ungewissheit. Daher ist der Erfolg im Spiel niemals garantiert, und der Spielgrund „Erfolg durch Gewinnen" ist nur einer von verschiedenen Spielgründen. Der hohe Grad der Ungewissheit, gerade beim Geldspiel, stellt die „Unplanbarkeit" des Gewinns aber in das Zentrum des Spielgeschehens.

---
[1] Popitz, *Wege der Kreativität*, S. 3–5.
[2] Siehe Abschnitt 1.3.
[3] Popitz, *Wege der Kreativität*, S. 54.

Der Spieler verbindet den Erfolg im Gewinnen insbesondere bei Geldspielen oft mit der Begrifflichkeit des „Glücks". Das „Glück" wird hier zu einer eigenen „Kraft", die das Spielgeschehen bestimmt: Gott lenkt, der Zufall regiert, die Wahrscheinlichkeit siegt, das Schicksal schlägt zu oder die Leidenschaft treibt an. Der Personifizierung dieser „lenkenden Kraft" stehen denksystematisch viele Optionen offen. Vor allem hat sich gezeigt, welche politische Definitionsmacht ihr zukommt, wenn es um die Rechtfertigung der Herrschaftsausübung in sozialen Ordnungen geht. *Das* Glücksspiel *sui generis*, so haben wir festgehalten, gibt es nicht, weil es *das* Glück im Singular nicht gibt: die menschlichen Ideale und Konzepte von Wohlergehen, Gunst, Gelingen, Zufall und Fügung sind irreduzibel divers – und sie sind immer je schon eingebettet in ein historisch-kulturelles Gesamtsystem von Werten, Überzeugungen und Machtverhältnissen, aber auch von naturwissenschaftlichen, kosmologischen und theologischen Vorbedingungen, aus denen sie nicht abgelöst werden können.

Unsere an Popitz ausgerichtete Methodik bietet den Werkzeugkasten für eine anthropoludische Annäherung. Popitz' Instrumentarium ist noch minimalistischer als jenes der beiden zentralen Werke der Spielforschung: Huizingas *Homo Ludens* und Caillois' *Die Spiele und die Menschen*. Aber wie sich in den zurückliegenden Kapiteln gezeigt hat, verdankt diese Annäherung auch diesen bedeutenden Vordenkern der Spielforschung viel.

Unter Rückgriff auf Foucaults Theorie des Dispositivs wurden die feinen Machttechniken und Machtlinien ins Zentrum gestellt, die sich um die Gewinnspiele in ihren jeweiligen sozialen Ordnungen spannen, und dabei die Antinomien, Gegensätze und Widersprüchlichkeiten zutage gefördert, die das Phänomen des Spielens in den sozialen Ordnungen seit jeher kennzeichnen. Abgeleitet aus der anthropologischen Methodik, wurden diese Dualismen in eine ludische Differenz überführt, eine Differenz, die nun anhand von vier unterschiedlichen Dimensionen abschließend beschrieben werden soll. Es handelt sich dabei um die anthropologische, die gemeinschaftliche, die politische und schließlich die denksystematische Dimension.

Die anthropologische Dimension: Spielen als soziale Auszeit

Diese erste Dimension entsteht im Zuge der Subversion der alltäglichen sozialen Ordnung durch die Kombination aus der Logik des Spiels, den anthropologischen Prinzipien und der Spielsystematik. Diese drei Faktoren konstituieren zusammen eine außeralltägliche Sondersituation: die Auszeit des Spiels als epochen- und kulturübergreifendes Phänomen. Der Eintritt ins Spiel ist zugleich ein radikaler Bruch mit der Alltäglichkeit und ihren Normen und Konventionen – und zugleich bleibt das Spiel, sein Anfang und sein Ende, stets fest eingebettet in die alltägliche soziale Welt.

Huizinga ging so weit, die Kulturentwicklung aus dem Spielen abzuleiten. Dies zeigt, wie hoch er die Bedeutung dieser sozialen Besonderheit des Spiels einstuft. Ganz gleich, ob man Huizingas ambitionierte These teilt oder nicht, so steht doch fest: Die gesellschaftliche Bedeutung des Spiels liegt in seiner ludischen Differenz, vor allem in seiner anthropologischen Dimension. Menschen spielen freiwillig und mit Freude. Aber dieses Spielen ist eine Überschusshandlung, die außerhalb der Alltäglichkeit ihres Lebens liegt. Diese soziale Auszeit beruht auf einer Spielsystematik, die sich aus anthropologischen Prinzipien und der Logik des Spiels ergibt und universellen Charakter beansprucht. Die Spielsystematik konstituiert über Spielregeln das Spielgeschehen. Diese Spielregeln sind unbedingt, und ihre Verletzung ist geächtet. Niemand kann Spielverderber leiden, sie zerstören das Spiel, welches einen eigenen Mikrokosmos des Erlaubten und Verbotenen, des Vernünftigen und Unvernünftigen, von Sieg und Niederlage schafft.

Dennoch spielen Menschen natürlich immer nur innerhalb des gesellschaftlichen Kontexts einer sozialen Ordnung. Besonders Gewinnspiele müssen sich trotz ihrer Außeralltäglichkeit immer in die existierenden Regelsysteme integrieren, in bestehenden kulturellen Kontexten aufgehen, um überhaupt zu einem wirklichen Spielgeschehen zu werden. Diese Außeralltäglichkeit der Spielsituation in einer gesellschaftlich ausdifferenzierten sozialen Ordnung schafft ein Spielgeschehen, ein nicht auflösbares Spannungsfeld zwischen der Spielsituation in der sozialen Auszeit und der Alltagswelt. Diese anthropologische Dimension prägt die ludische Differenz und dokumentiert die Einzigartigkeit von Spielen in der menschlichen Geschichte. Diese geschichtliche Konkretisierung bildet jeweils ein kulturgeschichtlich einmaliges Ensemble an Handlungsformen und Begründungsstrukturen.

Das Spielen außerhalb einer konkreten gesellschaftlichen Umgebung ist kategorisch unmöglich. Neue Spielarten und Spielgeschehen können sich nur entwickeln, wenn sich die Spielregeln an gesellschaftliche Veränderungsprozesse anpassen oder durch neue Wissensordnungen in einen Denkzusammenhang gestellt werden. Pascal und Voltaire haben dies am Beispiel der Lotterien und des Durchbruchs der Wahrscheinlichkeitsrechnung eindrucksvoll beschrieben. Dennoch ändert sich bei diesen Neuentwicklungen niemals die eigentliche Spielsystematik aus Spiellogik und anthropologischen Prinzipien. Diese ludische Differenz zwischen der Spielsystematik in der sozialen Auszeit und dem Spielgeschehen innerhalb einer sozialen Ordnung hat prinzipiellen Charakter. Die durch die Differenz entstehende gesellschaftliche Reibungsfläche zwischen Außeralltäglichkeit der Spielsituation und gesellschaftlich gebundener Alltagswelt des Spielers enthält eine hohe soziale Dynamik und ein ständiges Potenzial für gesellschaftliche Transformationsprozesse.

Die gemeinschaftliche Dimension: Spielen zwischen individueller Selbstwirksamkeit und kollektiver Praktik
Eine ähnlich hohe soziale Dynamik findet sich auch in der zweiten Dimension wieder, die sich aus der Spannung zwischen dem Akt des Spielens als individueller, selbstbestimmter Handlung und der Systematik des Spiels als kollektiver Praktik gleichgesinnter Personen speist. Unter dem Schlagwort der hochfokussierten Individuozentrik wurde analysiert, in welchem Umfang das Spielen dem Menschen erlaubt, durch Eigeninitiative den formellen Ablauf des Geschehens zu bestimmen: Er selbst entscheidet, was er spielt, wie lange er spielt und wann – durch den Einwurf einer Münze in den Automatenschlitz, durch das Rollen des Würfels, durch das Aufnehmen der Karten. Diese Faktoren persönlicher Selbsterfahrbarkeit sind nicht nur der durch Heteronomie und Hierarchie geprägten Alltagsordnung fremd, sondern bieten zudem einen Rückzugsort persönlicher Regeneration, in dem der Spieler als Einzelner Erholung von den Entfremdungserfahrungen des Arbeitslebens findet. Nicht zu-

letzt deshalb wird das Spiel von Herrschaftseliten – insbesondere in autoritären und totalitären Systemen – immer mit Argwohn beäugt.

Aber zugleich ist das Spielen auch immer eine kollektive Praktik und Erfahrung. Dabei lassen sich zwei Ebenen der kollektiven Praktik unterscheiden: die gleichberechtigten Mitspieler und die Beobachter des Spiels selbst. Beispielsweise verfolgen Dutzende oder Hunderte Zuschauer beim Pferderennen gebannt den Einlauf in die Zielgerade, bestaunen im Casino das Rollen der Kugel im Roulettekessel oder bejubeln die siegreiche Mannschaft im Stadion. Aber auch alle Mitspieler sind trotz ihrer persönlichen Spielaktivität selbst Teil einer kollektiven Spielerfahrung, die über die Spielsystematik bestimmt wird. Einzelaktivitäten von Spielern wie auch Kollektivaktivitäten von Spielgemeinschaften sind in einem gemeinsamen Spielraum immer miteinander verbunden und aufeinander angewiesen. Das Spiel überwindet damit diesen Dualismus zwischen dem persönlichen und dem gemeinsamen Gewinn im Spiel – und das, obwohl zahlreiche Gewinnspiele klassische Nullsummenspiele sind, der Sieg des einen mithin die Niederlage des anderen impliziert.

Die Spielfreude und Leidenschaft, die sich im geteilten Erleben der Spielsituation und im Durchleben und Durchleiden der immer gleichen Dramatik von Anspannung (Ungewissheit des Ausgangs zu Spielbeginn) und Entspannung (Gewissheit über den Ausgang nach Spielende) entfesselt, weist auf die enge, konzeptionelle Verknüpfung zwischen Spiel und Fest hin. Beides sind geregelte Ausnahmesituationen, die auf eine genau choreografierte Überwindung gesellschaftlicher, ständischer oder sittlicher Konventionen ausgerichtet sind. Diese spielregelkonforme und notwendige Möglichkeit zum Überschreiten und Austesten von Grenzen im Spiel und Fest bietet auch immer eine große Unkalkulierbarkeit und ein Eskalationspotenzial. Der emotionale Höhepunkt einer ekstatischen Ausgelassenheit von Feiernden kann genauso die soziale Ordnung herausfordern wie die grenzenlose Freude der Sieger oder die enthemmte Wut der Verlierer. Man denke nur an den „Fußballkrieg" zwischen Honduras und El Salvador von 1969, bei dem eine Qualifikationspartie zwischen beiden Ländern den Anstoß für einen militärischen Konflikt mit fast 1000 Toten gab. Die großen Gemeinschaftsgefühle, die sich im unkontrollierbaren Rausch des Spiels Bahn brechen können, bilden zusammen mit der oben angesprochenen Hierarchieungebundenheit ein

Subversionspotenzial gegenüber der soziopolitischen Ordnung. Dies wirft die Frage auf, inwieweit die Freiheit des Spiels einschränkbar ist. Hier wird die politische Dimension der ludischen Differenz thematisch.

Die politische Dimension: die Spielsystematik als politischer Sprengstoff in sozialen Ordnungen
Während die anthropologische Dimension der ludischen Differenz den grundsätzlichen Gegensatz zwischen der außeralltäglichen Spielsituation und dem eigentlichen Spielgeschehen in der sozialen Ordnung beschreibt und die gemeinschaftliche Dimension den Aspekt individueller Selbstwirksamkeit bei gleichzeitigem Aufgehen in einer rauschhaften gemeinschaftlichen Praktik, geht es bei der politischen Dimension der ludischen Differenz um den politischen Eingriff in die Spielsystematik auf zwei fundamentalen Ebenen: erstens in Bezug auf den freien, gleichen und ungehinderten Zugang zu jeder Form von Gewinnspielen; und zweitens in Bezug auf die kulturell gebundene Unterschiedlichkeit der politischen Steuerung der Interpretationsbreite von Spielordnungen und -regeln innerhalb der drei analysierten Konfliktlinien: der zwei Konfliktlinien von Spielen zwischen Zufall und Geschicklichkeit sowie von guten und bösen Spielen und der vor allem in der Spätmoderne hinzukommenden Konfliktlinie von realem/analogem und fiktivem/virtuellem Spiel.

Die selbstbestimmte Möglichkeit, sich dem Spiel in einer Spielsituation der sozialen Auszeit hinzugeben, birgt für die soziale Ordnung erhebliche und sehr verschiedenartige, aber dennoch systematisch verbundene Herausforderungen: Erstens kann jeder im Spiel den anderen besiegen und damit feste Hierarchien außerhalb der Spielordnung herausfordern bzw. konterkarieren. Zweitens treten jedoch immer wieder Konstellationen auf, in denen Herrschaftseliten ganze Gesellschafts- oder Berufsgruppen von bestimmten Gewinnspielen ausschließen und so die Lunte an den sozialen Sprengstoff ihrer Zeit legen. Und drittens erlebt man in der digitalen Gegenwart, dass soziale Ordnungen nur noch schwer die Räume zwischen sozialer und fiktionaler Realität im digitalen Spiel auseinanderhalten und damit kontrollieren können.

Auf diesen kurz skizzierten fundamentalen Ebenen bleibt die Spielsystematik aus anthropologischen Prinzipien und Spiellogik unhintergehbar. Die ludische Differenz wird erkennbar. Trotz geregeltem Außerkraftsetzen der Lebensrealität in der sozialen Auszeit bleibt die soziale Ordnung der Spieler immer intakt. Jeder Spieler behält seine Positionierung innerhalb dieser sozialen Ordnungen bei. Auch die Spieler in ihrer Hyperrealität erfahren den aktiven Rückgriff einer Ordnungsmacht innerhalb ihrer sozialen Ordnung, wenn sie die gesetzten gesellschaftlichen Grenzen permanent überschreiten.

Diese politische Dimension der ludischen Differenz birgt ständiges Konfliktpotenzial. Die Spielsystematik widerspricht zum einen in ihrem grundsätzlichen Freiheits- und Gleichheitsanspruch des Spiels den Machtstrukturen gesellschaftlicher Ordnungen in der alltäglichen Lebensrealität; sie stellt geradezu eine utopische Subversion der durch Ressourcenasymmetrien gekennzeichneten soziopolitischen Sphäre dar. Zum anderen schafft jedes Spielgeschehen in allen sozialen Ordnungen Konfliktlinien der politischen Auseinandersetzung zwischen der eigentlichen Spielsystematik und der notwendigen Definition und Durchsetzungshoheit von Spielordnungen und Spielregeln im sozialen Alltag. Daher unterliegen vor allem Geldspiele in den sozialen Ordnungen sehr oft Spielverboten oder Spielbeschränkungen.

Derartige politische Eingriffe in die Spielsystematik sind aufgrund ihres Freiheits- und Gleichheitsanspruchs immer Instrument strategischer Herrschaftssteuerung. Die Herrschaftseliten gehen in vielen sozialen Ordnungen so weit, ihre politischen Steuerungsmöglichkeiten in der Regulierung von Gewinnspielen auf eine fiskalische Komponente auszuweiten. Im Laufe der Jahrhunderte entsteht ein hochkomplexes und umstrittenes System von Abgaben und Steuern, insbesondere auf Geldspiele. Derartige Fiskalmodelle finden sich in vielen Epochen und sozialen Ordnungen. Je mehr diese zur finanziellen Absicherung von Herrschaftsstrukturen beitragen, desto stärker monopolisieren die Herrschaftseliten ihre Gewinnspielpolitik. Gewinnspielregulierung und fiskalische Einnahmenpolitik werden immer stärker miteinander verzahnt und sind beispielhaft für eine staatliche Monopolisierungsstrategie, die ihren Souveränitätsanspruch durchsetzt. Damit steuern Herrschaftssysteme Gewinnspiele nicht nur über Eingriffe in die Spielordnungen und -regeln, sondern profitieren auch über finanzielle Sanktionierungsmechanismen erheblich von ihnen.

Die Instrumentenpalette zur politischen Steuerung von Gewinnspielen und die dazugehörigen Rechtfertigungen divergieren innerhalb verschiedener sozialer Ordnungen natürlich erheblich. Um das permanente Spannungsgefüge der politischen Dimension der ludischen Differenz handhabbar zu machen, hat sich ein Steuerungsmechanismus im Rahmen eines eigenen Dispositivs entwickelt, welches sich als fiskokratisches Dispositiv bezeichnen lässt. Exemplarisch lassen sich an einigen sozialen Ordnungen die feinen Machtlinien analysieren, welche dieses Dispositiv zur politischen Steuerung von Gewinnspielen konstituieren.

Die politische Dimension offenbart jedoch noch eine weitere Dimension der ludischen Differenz: Die denksystematische Dimension differenziert anhand von Wissensordnungen unterschiedliche Definitionen und Maßnahmen zum Erstellen von Spielordnungen und Spielregeln. Dies kann am besten veranschaulicht werden, indem man sich das spannungsgeladene Verhältnis von Glück und Spiel vor Augen hält.

Die denksystematische Dimension: Wissensordnungen prägen die Vielfalt unterschiedlicher Spielordnungen in sozialen Ordnungen
Die anthropologische und die politische Dimension der ludischen Differenz implizieren eine notwendige weitere Dimension: die denksystematische Dimension. Es geht bei der denksystematischen Dimension von Spielen um die grundlegende Differenz zwischen Wissensordnungen einerseits und der von diesen Wissensordnungen ableitbaren konkreten Realisierungsmöglichkeiten des praktischen Spielgeschehens in sozialen Ordnungen andererseits. Hier steht also nicht die Reibung zwischen dem Spiel als egalitärer, unvorhersehbarer und potenziell subversiver Ausnahmesituation auf der einen Seite und der hierarchischen, auf Erwartungssicherheit und Kontrolle ausgerichteten sozialen Ordnung auf der anderen Seite im Fokus; vielmehr bezieht sich diese Form der Differenz auf die irreduzibel verschiedenen Konzeptualisierungen dessen, was das Spiel im Kern ausmacht und was seine *ratio essendi* ist. Welche unterschiedlichen Spielordnungen und -regeln sind bei Gewinnspielen unter welchen Wissensordnungen überhaupt möglich?[4]

---

[4] Die Bedeutung von Wissensordnungen innerhalb von modernen Handlungstheorien zur Erklärung von Verhaltensweisen von Menschen spielt in der wissenschaftlichen Diskussion eine wichtige Rolle. Dies schließt sowohl die eher strukturorientierten wie auch die interpretativen Modelle der Kulturtheorie mit ein. Dazu zählen beispielsweise Foucault, *Die Ordnung der Dinge: Eine Archäologie der Humanwissenschaften*; Pierre Bourdieu, *Praktische Vernunft. Zur Theorie des Handelns*

Bereits die politische Dimension der ludischen Differenz hat die Unterschiedlichkeit der praktischen Umsetzung des Gleichheitsprinzips und der Steuerungsoptionen im geregelten Spielgeschehen sozialer Ordnungen gezeigt. Um die gesamte Tragweite dieser denksystematischen Dimension dieser ludischen Differenz zu verstehen, ist die Durchdringung der dahinterliegenden Wissensordnungen entscheidend.

Denn diese Wissensordnungen legen einen denksystematischen Rahmen fest, in dem sich die Spielsystematik in ihrer jeweiligen sozialen Ordnung konkretisiert, neue Spiele entstehen können und die Spielregeln modifizierbar werden. Die Bedeutung dieser Dimension der ludischen Differenz wird deutlich, wenn man sich noch einmal den Begriff des „Glücksspiels" vergegenwärtigt: *Das* Glücksspiel gibt es nicht, auch wenn viele Versuche unternommen wurden, eine mehr als zweitausendjährige Geschichte dieses *einen* Glücksspiels zu schreiben. Es gibt die Spielform des Regelspiels, die primär auf einen Gewinn ausgerichtet ist. Unter diese Gewinnspiele fallen auch die Geldspiele, die ihren materiellen Gewinn primär mit der hohen Ungewissheit des Spielausgangs verkoppeln. Diese meistens mit sehr kurzer Spieldauer auf den Augenblick ausgerichteten Gewinnspiele finden in der Literatur und Wissenschaft oft ihre verdinglichte Entsprechung in der Begrifflichkeit des „Glücksspiels". Mit Rückgriff auf die moderne interdisziplinäre Glücksforschung lässt sich jedoch nachweisen, dass Glück mehr als nur eine facettenreiche Begrifflichkeit darstellt. Glücklichsein umschreibt eine individuelle und gemeinschaftliche Erfahrung oder Zielsetzung eines sozialen Zustands, der auf langfristige Dauer oder auf einen kurzen Augenblick gerichtet sein kann. Diese Vielschichtigkeit und Wechselhaftigkeit von Glückszuständen ermöglicht es, Glücklichsein als ein Handeln zu beschreiben, welches polarisierend von der eigenen Machbarkeit und Beherrschung des Glücks oder von einem Begünstigt-Sein von Glück gedacht werden kann.

All diese Zustände von Glück sind in verschiedenen Lebensführungsstilen innerhalb unterschiedlichster sozialer Ordnungen konkretisiert. Diese Lebensführungsstile sind nicht ohne übergeordnete Wissensordnungen zu denken, die den Rahmen von Denkmöglichkeiten vorgeben.

(Frankfurt am Main: Suhrkamp, 1998); Erving Goffman, *Wir alle spielen Theater. Die Selbstdarstellung im Alltag* (München: Piper, 2003); Clifford Geertz, *Dichte Beschreibung: Beiträge zum Verstehen kultureller Systeme* (Frankfurt am Main: Suhrkamp, 2002).

So prägt das griechische eudaimonia-Denken den teleologischen Lebensführungsstil, der Glück als Vollzug eines gelingenden Lebens versteht. Diese Glückseligkeit zu erreichen, ist tugendhafte Tätigkeit. Reine tugendhafte Tätigkeiten sind zweckfrei, insofern sie nicht auf ein extrinsisches Ziel ausgerichtet sind. Daher lassen sich die Arten der zum Glück führenden Tätigkeiten graduell ansteigend auf drei Ebenen zusammenfassen. Die unterste Ebene ist die Erholung in Spiel und Genuss, die mittlere Ebene ist die praktische Beteiligung an Entscheidungs- und Willensbildungsprozessen des öffentlichen und insbesondere politischen Lebens. Die oberste Ebene ist die reflexive Betrachtung und Anschauung der Dinge selbst, freilich nicht im Sinne einer ästhetischen Kontemplation, sondern einer intellektuellen Durchdringung der Welt und ihrer Regeln und Gesetzmäßigkeiten.

Eine derartige Wissensordnung hat auch für Gewinnspiele in einem teleologischen Lebensführungsstil erhebliche Auswirkungen. Spiele, vor allem Gewinnspiele, sind selbst gradueller Teil einer kosmologischen oder göttlichen Ordnung. Spielsystematik und Spielordnungen und -regeln sind daher eng an die soziale Ordnung zu binden. Je mehr Spielordnungen, wie z. B. in der Antike, zu konstitutiven Teilen eines gelungenen individuellen Lebens und Gemeinwohls werden, desto mehr muss die ludische Differenz zwischen Spielsystematik und sozialer Ordnung unter Regulierungs- und Kontrollmechanismen fallen. Innerhalb dominierender teleologischer Lebensführungsstile müssen die Herrschaftseliten die soziale Auszeit der Spieler im Spielgeschehen zeitlich stark beschränken. Denn gerade wenn die Spielordnungen von Gewinnspielen selbst integrativer Teil von gesellschaftlichen Praktiken zur Aufrechterhaltung sozialer Ordnungen sind, bedeutet die hohe Ungewissheit über Sieg oder Niederlage gerade bei Gewinnspielen einen gefährlichen Angriff auf die Handlungserwartbarkeit sozialer Ordnungen – und damit auf die staatliche Stabilität insgesamt. Gelungenes Leben als Glückserwartung und erfüllendes Spiel durch Ungewissheit sind in teleologischen Lebensführungsstilen vor allem als paradoxe Situationen zu bewerten. Gerade soziale Ordnungen gründen auf der Voraussehbarkeit sozialer Interaktion im Sagen und Tun – auch von Spielern – im täglichen Leben. Die Spielsystematik erlaubt grundsätzlich aber kein Außerkraftsetzen des Prinzips der Ungewissheit, wie es im Gewinnspiel angelegt ist. Wenn politische Entscheidungen oder Entwicklungen diese Grenzlinien der Spielsystematik missachten, hört ein Gewinnspiel sofort auf, ein (Regel-)Spiel zu sein. Es ist gar kein Spiel mehr, sondern transformiert sofort in eine soziale Praktik innerhalb der sozialen Ordnungen, die Rituale, Zeremonien oder ordnungsstabilisierende Festlichkeiten darstellen. Diese haben einen einzigen Zweck: die Stärkung der Legitimation der bestehenden sozialen Ordnung.

Diese Grenzlinie lässt sich sehr gut an der berühmten Filmtrilogie „Tribute von Panem" (2012–2015) beschreiben, die auf den Büchern „Hunger Games" von Suzanne Collins beruht. Die Trilogie rekurriert nicht nur durch den Titelbegriff „Panem" auf die ludische Kultur des römischen Kaiserreiches. Viele Begrifflichkeiten aus der römischen Politik finden sich im (Dreh-)Buch wieder. Doch die Übernahme der Begriffe verkennt die Spielsystematik. Die Rückgriffe auf die römische Spielkultur laufen ins Leere, da die „Hunger Games" der Film- und Buchreihen im Gegensatz zu ihren römischen „Vorbildern" keine Spiele darstellen. Sie ignorieren systematisch das anthropologische Prinzip der Ungewissheit des Spielausgangs: Es ist für diese Spiele irrelevant, welcher Spieler siegt, denn das Herrschaftssystem gewinnt immer. Daher lässt sich nur von einem spielerischen Verhalten sprechen. Die Hunger Games sind spielerische ritualisierte Praktiken eines zeremoniellen Protokolls zur Legitimation einer autoritären Herrschaft; hier drängen sich denn eher auch Vergleiche zu den rund 3000 Jahre alten Ballspielen um Leben und Tod in der Kultur der Maya auf. Indem die Helden der „Hunger Games"-Trilogie genau dieses zeremonielle Protokoll der „Hungerspiele" als Farce demaskieren, delegitimieren sie die autoritäre Herrschaft, und eine erfolgreiche Revolution beginnt.

Vor diesem Hintergrund hat ein durch einen teleologischen Lebensführungsstil beeinflusstes Herrschaftssystem nicht nur die spielregelbedingte Ungewissheit eines Gewinns durch ein Fatum oder einen zufälligen Erfolg zu beherrschen, sondern auch dafür Sorge zu tragen, dass diese destabilisierenden Normbrüche nicht die Alltäglichkeit sozialer Ordnungen transformieren. Um in teleologischen Lebensführungsstilen den Umgang mit der Ungewissheit im Gewinnspiel beherrschen zu können, kultivieren die Griechen mit der Göttin Tyche und die Römer mit der Göttin Fortuna jeweils Gottheiten, die die ungewissen Aspekte eines schicksalhaften

Lebens oder die Unberechenbarkeit zufälliger Momente des Glücks – wie beim Spielgewinn – durch göttlichen Beistand besser erklären und innerhalb der sozialen Ordnung integrieren können. Damit entschärfen die Herrschaftseliten vor allem auch die anthropologische Dimension der ludischen Differenz zwischen sozialer Auszeit im Spiel und der Lebensrealität sozialer Ordnungen.[5]

Die denksystematische Dimension ist entscheidend, um die unterschiedlichen geschichtlichen Wissensrahmen aufzuzeigen, die die praktischen Optionen zur Realisierung von Spielordnungen in sozialen Ordnungen bestimmen. Die Beachtung dieser ludischen Differenz bzw. Differenzen ist die Voraussetzung, um die konkreten Spielordnungen und -regeln von Gewinnspielen zu entschlüsseln, die unter den Bedingungen der anthropologischen Spielsystematik überhaupt möglich sind. Damit besteht auch die Chance, die Rechtfertigungsdiskurse zu beschreiben, die das jeweilige Verhältnis von Glück und Spiel innerhalb einzelner sozialer Ordnungen bilden.

Ausschlaggebend für das Verhältnis von Glück und Spiel in den sozialen Ordnungen sind vor allem die bekannten anthropologischen Prinzipien der Ungewissheit über Spielgeschehen und -erfolg sowie eine positive Spielstimmung, die Voraussetzung dafür ist, erst ins Spiel einzusteigen. Beide Prinzipien sind Teil der Spielsystematik. Die Ungewissheit des Spielausgangs ist innerhalb des teleologischen Lebensführungsstils bereits mit den Begrifflichkeiten von Schicksal als Fatum und Zufall als rationalistischem Rettungsversuch der Vernunft beschrieben. Beide Begrifflichkeiten stehen für Erklärungsmodelle, um das Verhältnis von Spiel und Glück im konkreten Überraschungsmoment zu beschreiben. Andere Lebensführungsstile erweitern die Erklärungsmodelle um die Begrifflichkeit der Wahrscheinlichkeit als mathematischer Herausforderung und des Chaos als Absage an jegliche Bestimmbarkeit eines Verhältnisses von Spiel und Glück. Verschiedene Lebensführungsstile können in einem oder mehreren Erklärungsmodellen zur Beschreibung der Situation der Ungewissheit im Spiel herangezogen werden. Wichtig für die anthropoludische Annäherung ist, diese denksystematische Dimension der ludischen

---

[5] Einen guten Einblick in die politische Bedeutung der Fortuna gibt Ehrengard Meyer-Landrut, *Fortuna. Die Göttin des Glücks im Wandel der Zeiten* (München/Berlin: Deutscher Kunstverlag, 1997).

Differenz in unterschiedlichen sozialen Ordnungen nachzuweisen. Denn die Ungewissheit im Spiel eröffnet erst die notwendigen Spielräume im Spielgeschehen, um innerhalb der Grenzen der Spielregeln kreativ und modifizierend, taktisch und täuschend seine Vorteile gegenüber anderen Spielern zu suchen.

Gerade agonale Spiele wie Gewinnspiele sind damit immer auch mit einem Risikofaktor des Scheiterns oder Gewinnens verbunden, den die Spieler durch ihre Fähigkeiten des Besser-Könnens nur teilweise beherrschen können. Spätestens hier greift das bereits erwähnte weitere anthropologische Prinzip, welches eine positive Grundstimmung der Freude und Spiellust zum Spielen voraussetzt. Gerade die geregelte Ungewissheit im Spiel als sozialer Auszeit fasziniert viele Spieler. Die kontrollierte Unkontrollierbarkeit im Gewinnspiel ist bereits zur Sprache gekommen. Diese notwendige und gewollte paradoxe Situation erzeugt in den Worten von Roger Caillois eine Situation des „Rauschs", in der Menschen sich aus der normierten gesellschaftlichen Ordnung lösen.[6] Nicht grundlos besteht denn auch eine enge ideengeschichtliche und kulturelle Verbindung der außeralltäglichen Situationen von Fest und Spiel. Dieses „rauschhafte" Element bleibt jedoch durch die soziale Ordnung und durch die Spielsystematik eingehegt: Der Rausch soll den Spieler weder in den Wahnsinn treiben noch den Bankrott herbeiführen, den Mitspieler verletzen oder zu einem dauerhaften Realitätsverlust führen.

Um diese unkontrollierte Kontrollierbarkeit eines möglichen „Rauschs" im Spielgeschehen zu ermöglichen, ist die Spielsystematik immer auch auf das Entschärfen von Spielabläufen, die Verdichtung des Spielgeschehens und die emotionale Beeinflussung der Spielstimmung angelegt. Viele Spielwiederholungen, schnelle Spielabfolgen, die viele Sieger hervorbringen können, oder die Unlust weiterzuspielen, wenn Spielregeln nicht eingehalten oder Mitspieler übermütig werden, sind Kontrollmechanismen innerhalb von Spielordnungen. Es sind genau diese Spielräume für eng gesetzte Grenzüberschreitungen, die die Herrschaftseliten innerhalb der politischen Dimension der ludischen Differenz als Rechtfertigung benutzen, um über Regulierungsmaßnahmen in die Spielsystematik einzugreifen.

---

[6] Caillois, *Die Spiele und die Menschen. Maske und Rausch*, S. 32 ff.

4 Resümee

Die Einschränkungen von Gewinnspielen, vor allem Geldspielen, innerhalb eines teleologischen Lebensstils, der Spielen die Funktionen einer pädagogischen Übung zur Erreichung eines tugendhaften Lebens einräumt, greifen auf ganz andere Narrative zur Rechtfertigung von Eingriffen in die Spielsystematik zurück als der therapeutische Lebensführungsstil. Um diese spielsystematisch gewollte Situation der Spiellust, die Caillois als „Rausch" bezeichnet, im therapeutischen Lebensführungsstil zu kontrollieren, wird der „Rausch" zu einem potenziell pathologischen, sprich medizinisch abnormalen Gemütszustand deklariert. Dieses Begründungsschema birgt das Potenzial bzw. – je nach Perspektive – das Risiko für moderne Herrschaftssysteme, die rauschhafte Spielstimmung zu einer Spielsucht umzudeuten, die nur mithilfe psychologischer oder medizinischer Betreuung therapiert und eventuell geheilt werden kann. Die politische Rechtfertigung zur Regulierung von Gewinnspielen beruht auf einem Diskurs, der soziale Ordnungen und die Spieler selbst durch die Krankheitsdiagnose gefährdet sieht. Diese Gefährdung der sozialen Ordnung lässt sich nur beseitigen, wenn Herrschaftseliten politische Regelungen umsetzen, die aus medizinisch-therapeutischen Gründen Gewinnspiele sanktionieren oder ganz verbieten.

Hingegen spielt in einem liberalistisch-rationalistischen Lebensführungsstil die rauschhafte Situation keine entscheidende Rolle. Anstelle von Definitionsbemühungen pathologischen Spielverhaltens geht es darum, die Herausforderung des Zufallsprinzips in ein mathematisches Wahrscheinlichkeitsmodell zu transformieren. In diesem naturwissenschaftlich-mathematischen Denken werden letztlich Risiken oder Grenzüberschreitungen innerhalb der Spielregeln, die der Ungewissheit des Spielgeschehens und -ausgangs geschuldet sind, quantifiziert und/oder qualifiziert, aber nicht als potenzielle „Krankmacher". Der Erfolg der Stochastik führt nicht zur Sanktionierung von Gewinnspielen, sondern zu einer Ausdifferenzierung der Funktionslogiken von Spielordnungen, die insbesondere bei der Automatisierung und Technologisierung von Geldspielen von enormer Bedeutung sind. Der Erfolg von Lotterien und von automatisierten und mittlerweile zunehmend digitalen Geldspielen ist ohne einen liberal-rationalistischen Lebensstil nicht denkbar, geschweige denn implementierbar.

Vor diesem Hintergrund lässt sich die Bedeutung der denksystematischen Dimension der ludischen Differenz zwischen der anthropologisch vorgegebenen Spielsystematik und den verschiedenen Spielordnungen, welche auf unterschiedliche Wissensordnungen zurückgehen, bestimmen. In der Spielordnung vergeschichtlicht sich die Spielsystematik über Wissensordnungen in jeweils einzigartiger Weise. Die unterschiedlichen Wissensordnungen, die in der anthropoludischen Untersuchung beispielhaft an vier Lebensführungsstilen analysiert wurden, bilden die Grundlage von verschiedensten Narrativen, Rechtfertigungsdiskursen, aber vor allem Umsetzungspraktiken von Spielordnungen. Diese denksystematische Dimension der ludischen Differenz erfordert es, die angestammten Pfade unzähliger Argumentationen über „Glücksspiel" hinter sich zu lassen und sich auf die faszinierende Unterschiedlichkeit der Verbindung von Glück und Spiel in den sozialen Ordnungen einzulassen. Wenn es gelungen ist, die anthropologische Spielsystematik in ihrer Einzigartigkeit zu entschlüsseln, kann man in die leidenschaftlichen Welten der Gewinnspiele eintauchen. Diese verraten einem viel mehr über den Zustand gesellschaftlicher Ordnungsstrukturen und ihre politische Steuerung, als es zunächst den Anschein haben könnte. So wird das Gewinnspiel unversehens zu einem Schlüssel für die soziale Welt.

Diese soziale Welt ist durch einen fortwährenden Kulturkampf gegen das Gewinnspiel geprägt. Das Spiel ist als Ausnahmesituation mit eigenen Regeln, Riten und Ressourcen eine permanente Provokation an die etablierte politisch-gesellschaftliche Ordnung. Und weil es trotz aller Interventionen, Verbote, Pathologisierungen und moralischen Belehrungen einfach nicht totzukriegen ist, bleibt es eine stete Herausforderung. Regierungen und Regulierungen kommen und gehen, Spiel und Spieler bleiben. Spielen ist ein elementarer Bestandteil des menschlichen Seins. Es ist ein menschliches Grundbedürfnis. Diese anthropologische Tatsache gilt es vorurteilsfrei anzuerkennen. Wer spielt, begibt sich in eine soziale Auszeit mit essenzieller Entlastungsfunktion, die das Ausleben großer Gefühle ebenso erlaubt wie das temporäre Überwinden gesellschaftlicher Hierarchien und Trennlinien. Der Spieler ist in seiner Tätigkeit frei, denn er spielt allein um des Spielens willen. Damit entzieht er sich dem in westlichen Gesellschaften allgegenwärtigen Paradigma von zwanghafter

Selbstoptimierung und lebt seine Spielfreude aus. Allein das ist schon mehr als Grund genug für die Faszination des Gewinnspiels – und zugleich Erklärung dafür, warum es so umkämpft ist.

Literaturverzeichnis

Agamben, Giorgio. „‚Europa muss kollabieren'. Interview: Iris Radisch". *Die Zeit*, 27. August 2015.

Alfons X. „der Weise". *Das Buch der Spiele. Übersetzt und kommentiert von Ulrich Schädler und Ricardo Calvo*. Bd. 1. Ludographie – Spiel und Spiele. Wien: Lit Verlag, 2009.

American Psychiatric Association, DSM-5 Task Force. *Diagnostic and Statistical Manual of Mental Disorders: DSM-5*. 5. Aufl. American Psychiatric Publishing, Inc., 2013.

Arendt, Hannah. *Elemente und Ursprünge totaler Herrschaft. Antisemitismus, Imperialismus, totale Herrschaft*. 12. Aufl. München/Zürich: Piper, 2008.

Arendt, Hannah. „Freiheit und Politik (Nachdruck aus: Die neue Rundschau 69, Heft 4)". In *Zwischen Vergangenheit und Zukunft. Übungen im politischen Denken I*. München: Piper, 1994.

Aristoteles. *Nikomachische Ethik*. Hamburg: Meiner, 1985.

Aslan, Reza. *Zelot. Jesus von Nazaret und seine Zeit*. Reinbek: Rowohlt Verlag, 2013.

Assmann, Jan. „Der zweidimensionale Mensch: das Fest als Medium des kulturellen Gedächtnisses". In *Das Fest und das Heilige. Religiöse Kontrapunkte zur Alltagswelt*, herausgegeben von Jan Assmann und Theo Sundermeier, 13–30. Gütersloh: Gütersloher Verlagshaus G. Mohn, 1991.

Augustinus, Aurelius. *Vom Gottesstaat. Vollständige Ausgabe – Buch 1 bis 10, Buch 11 bis 22*. Übersetzt von Wilhelm Thimme. München: dtv, 2007.

Bacon, Francis. *Novum Organum*. New York: P. F. Collier, 1902.

Banz, Markus. *Glücksspielverhalten und Glücksspielsucht in Deutschland. Ergebnisse des Surveys 2019 und Trends*. Köln: Bundeszentrale für gesundheitliche Aufklärung, 2019.

Baudrillard, Jean. *Agonie des Realen*. Übersetzt von Lothar Kurzawa und Volker Schaefer. Berlin: Merve Verlag, 1978.

Beckert, Jens und Mark Lutter. „Wer spielt, hat schon verloren? Zur Erklärung des Nachfrageverhaltens auf dem Lottomarkt". *Kölner Zeitschrift für Soziologie und Sozialpsychologie* 59, Nr. 2 (2007): 240–70.

Bellebaum, Alfred und Robert Hettlage, Hrsg. *Glück hat viele Gesichter. Annäherungen an eine gekonnte Lebensführung*. Wiesbaden: VS Verlag für Sozialwissenschaften, 2010.

Benesch, Hellmuth. *Spiel als therapeutische Alternative. Neue Trends zum Spielverhalten der Erwachsenen*. Tübingen: Tübinger Studien-Verlag, 1980.

Berger, James O. *Statistical Decision Theory and Bayesian Analysis*. 2. Aufl. Springer Series in Statistics. New York: Springer, 1985.

Bernhard, Bo, Robert Futrell und Andrew Harper. „‚Shots from the Pulpit:‘ An Ethnographic Content Analysis of United States Anti-Gambling Social Movement Documents from 1816–2010". *UNLV Gaming Research & Review Journal* 14, Nr. 2 (2010): 15–32.

Bewersdorff, Jörg. *Glück, Logik und Bluff. Mathematik im Spiel – Methoden, Ergebnisse und Grenzen*. 6. Aufl. Wiesbaden: Springer Spektrum, 2012.

Bien, Günther. „Über das Glück". In *Glück und Ethik*, herausgegeben von Joachim Schummer, 23–45. Würzburg: Königshausen & Neumann, 1998.

Bieri, Thomas. „Genealogie bei Nietzsche und Foucault". Dissertation, Universität Zürich, 2014.

Bilz, Rudolf. *Wie frei ist der Mensch?* Bd. 1. Paläoanthropologie. Frankfurt am Main: Suhrkamp, 1973.

Bird, Alexander. „Thomas Kuhn". Stanford Encyclopedia of Philosophy Archive – Spring 2022 Edition, 2022. https://plato.stanford.edu/archives/spr2022/entries/thomas-kuhn (zugegriffen am 21.01.2024).

Birnbacher, Dieter. „Der Streit um die Lebensqualität." In *Glück und Ethik*, herausgegeben von Joachim Schummer, 125–45. Würzburg: Königshausen & Neumann, 1998.

Bjorklund, David F. und Anthony D. Pellegrini. „Homo ludens: The Importance of Play". In *The Origins of Human Nature. Evolutionary Developmental Psychology*, herausgegeben von David F. Bjorklund und Anthony D. Pellegrini, 297–331. Washington, DC: American Psychological Association, 2002.

Blau, Peter. *Exchange and Power in Social Life*. 2. Aufl. New York: Routledge, 2017.
Block, David. *Baseball Before We Knew It. A Search for the Roots of the Game*. London: University of Nebraska Press, 2005.
Böckenförde, Ernst-Wolfgang. *Recht, Staat, Freiheit: Studien zur Rechtsphilosophie, Staatstheorie und Verfassungsgeschichte*. Frankfurt am Main: Suhrkamp, 2006.
Bolz, Norbert. *Wer nicht spielt, ist krank. Warum Fußball, Glücksspiel und Social Games lebenswichtig für uns sind*. München: Redline Verlag, 2014.
Bourdieu, Pierre. *Praktische Vernunft. Zur Theorie des Handelns*. Frankfurt am Main: Suhrkamp, 1998.
Bourdieu, Pierre. *Sozialer Raum und „Klassen". Zwei Vorlesungen*. Frankfurt am Main: Suhrkamp, 2016.
Bronder, Thomas. *Spiel, Zufall und Kommerz. Theorie und Praxis des Spiels um Geld zwischen Mathematik, Recht und Realität*. Berlin/Heidelberg: Springer, 2016.
Bühlmann, Hans, Hans Loeffel und Erwin Nievergelt. *Entscheidungs- und Spieltheorie. Ein Lehrbuch für Wirtschaftswissenschaftler*. Berlin/Heidelberg: Springer, 1975.
Bühringer, Gerhard, Roxana Kotter und Anja Kräplin. „Ätiologie von Glücksspielstörungen – Implikationen für den Verbraucherschutz". In *Zertifizierung und Akkreditierung als Instrumente qualitativer Glücksspielregulierung*, herausgegeben von Julian Krüper, 3:35–58. Spiel und Recht. Tübingen: Mohr Siebeck, 2017.
Buland, Rainer. „Die Kultur des Spiels. Einige Aspekte zur Einführung". In *Volles Risiko! Glücksspiel von der Antike bis heute*, herausgegeben von Badisches Landesmuseum, 10–12. Karlsruhe: G. Braun Buchverlag, 2008.
Buland, Rainer. „Fortuna – Die Ikonographie des Glücks". In *Volles Risiko! Glücksspiel von der Antike bis heute*, herausgegeben von Badisches Landesmuseum, 13–20. Karlsruhe: G. Braun Buchverlag, 2008.
Bundesfinanzhof. Urteil vom 16.09.2015 – X R 43/12 (2015).
Bundesgerichtshof. Urteil vom 11.01.1989–2 StR 461/88 (1989).
Bundesministerium für Gesundheit. „Depression", 2023. https://www.bundesgesundheitsministerium.de/themen/praevention/gesundheitsgefahren/depression.html (zugegriffen am 14.02.2024).
Bundesrepublik Deutschland. Staatsvertrag zum Glücksspielwesen in Deutschland (Glücksspielstaatsvertrag – GlüStV) vom 15.12.2011 (2017). https://

gesetze.berlin.de/bsbe/document/jlr-Gl%C3%BCStVtrBE2012rahmen/part/r (zugegriffen am 18.11.2020).

Bundesverwaltungsgericht. Urteil vom 22.01.2014 – BVerwG 8 C 26.12 (2014).

Busse, Stefan und Karin Lackner. „Lose Zugehörigkeiten und schwindende Bindungen". *Gruppe. Interaktion. Organisation. Zeitschrift für Angewandte Organisationspsychologie* 49 (2018): 301–4.

Bussel, Gerard W. van. *Der Ball von Xibalba. Das mesoamerikanische Ballspiel*. Wien: Kunsthistorisches Museum Wien, 2022.

Buth, Sven, Gerhard Meyer und Jens Kalke. *Glücksspielteilnahme und glücksspielbezogene Probleme in der Bevölkerung. Ergebnisse des Glücksspiel-Survey 2021*. Hamburg: Institut für interdisziplinäre Sucht- und Drogenforschung (ISD), 2022. https://www.isd-hamburg.de/wp-content/uploads/2022/03/Gluecksspiel-Survey_2021.pdf (zugegriffen am 04.10.2023).

Caillois, Roger. *Der Mensch und das Heilige*. München: Hanser, 1988.

Caillois, Roger. *Die Spiele und die Menschen. Maske und Rausch*. München: Langen Müller Verlag, 1960.

Carr, Harvey A. *The Survival Values of Play*. Boulder, Colorado: University of Colorado, 1902.

Cassidy, Rebecca. „Partial Convergence: Social Gaming and Real Money Gambling". In *Qualitative Research in Gambling Exploring the Production and Consumption of Risk*, herausgegeben von Rebecca Cassidy, Claire Loussouarn und Andrea Pisac, 74–91. London: Routledge, 2013.

Cassirer, Ernst. *Individuum und Kosmos in der Philosophie der Renaissance*. Darmstadt: Wissenschaftliche Buchgesellschaft, 1987.

Conrad, Michael A. „Randomization in Paper: Shuffling as a Material Practice with Moral Implications in the Late Middle Ages and Early Modern World". In *Pleasure and Leisure in the Middle Ages and Early Modern Age*, herausgegeben von Albrecht Classen, 23:539–82. Fundamentals of Medieval and Early Modern Culture. Berlin/Boston: De Gruyter, 2019.

Conrad, Michael A. „Zocken im retrotopischen Zeitalter: eine kurze Kulturgeschichte von Spiel als Utopie". In *Die Zukunft im Spiel. Wie Spielen unsere Welt verändert*, herausgegeben von Christian Klager, 21–48. Göttingen: Cuvillier Verlag, 2019.

Crockford, David, Jeremy Quickfall, Shawn Currie, Sarah Furtado, Oksana Suchowersky und Nady el-Guebaly. „Prevalence of Problem and Pathological Gambling in Parkinson's Disease". *Journal of Gambling Studies* 24, Nr. 4 (2008): 411–22.

Davies, Malcolm. „New Light on the Aegeus Episode in Euripides' Medea". *Prometheus. Rivista di studi classici* 31, Nr. 2 (2005): 151–56.

Deile, Lars. „Feste – eine Definition". In *Das Fest. Beiträge zu seiner Theorie und Systematik*, herausgegeben von Michael Maurer, 1–18. Köln/Weimar/Wien: Böhlau, 2004.

Deleuze, Gilles. „Was ist ein Dispositiv?" In *Spiele der Wahrheit. Michel Foucaults Denken*, herausgegeben von François Ewald und Bernhard Waldenfels, 153–62. Frankfurt am Main: Suhrkamp, 1991.

Depaulis, Thierry. „Farbenspiel. Spielkarten und Kartenspiele". In *Spiele der Menschheit. 5000 Jahre Kulturgeschichte der Gesellschaftsspiele*, herausgegeben von Ulrich Schädler, 73–81. Darmstadt: Primus Verlag / Wissenschaftliche Buchgesellschaft (wbg), 2007.

Deutscher Skatverband e. V. „Kartenbilder", 2012. https://www.deutscherskatverband.de/kartenbilder.html (zugegriffen am 03.08.2020).

Deutsches Ärzteblatt. „Jeder Zweite fühlt sich von Burnout bedroht", 9. April 2018. https://www.aerzteblatt.de/nachrichten/92312/Jeder-Zweite-fuehlt-sich-von-Burnout-bedroht (zugegriffen am 14.02.2024).

Devlin, Keith. *Pascal, Fermat und die Berechnung des Glücks. Eine Reise in die Geschichte der Mathematik*. München: C.H.Beck, 2009.

DosPassos, John R. „Gambling and Cognate Vices". *The Yale Law Journal* 14, Nr. 1 (1904): 9–17.

Dostojewski, Fjodor. *Der Spieler*. Frankfurt am Main: Fischer Taschenbuch Verlag, 2010.

Durkheim, Émile. *Die elementaren Formen des religiösen Lebens*. Frankfurt am Main: Suhrkamp, 1981.

Dutt, Amitava K. und Benjamin Radcliff, Hrsg. *Happiness, Economics and Politics. Towards a Multi-Disciplinary Approach*. Cheltenham: Edward Elgar, 2009.

Eichhorst, Werner und Verena Tobsch. *Flexible Arbeitswelten. Bericht an die Expertenkommission „Arbeits- und Lebensperspektiven in Deutschland"*. Gütersloh: Bertelsmann Stiftung, 2014.

Eidgenössisches Justiz- und Polizeidepartement. Verordnung des EJPD über Überwachungssysteme und Glücksspiele (Glücksspielverordnung, GSV) vom 24. September 2004 (2004).

Élysée – Présidence de la République. „Liberté, Égalité, Fraternité", 2020. https://www.elysee.fr/la-presidence/liberte-egalite-fraternite (zugegriffen am 13.08.2020).

European Commission. „Online Gambling in the EU", o. J. https://ec.europa.eu/growth/sectors/gambling_en (zugegriffen am 13.08.2020).

Ewerhart, Christian. „Backward Induction and the Game-Theoretic Analysis of Chess". *Games and Economic Behavior* 39, Nr. 2 (2002): 206–14.

Fang, Xiang und John C. Mowen. „Examining the Trait and Functional Motive Antecedents of Four Gambling Activities: Slot Machines, Skilled Card Games, Sports Betting, and Promotional Games". *Journal of Consumer Marketing* 26, Nr. 2 (2009): 121–31.

Figal, Günter. *Hans-Georg Gadamer: Wahrheit und Methode*. Berlin: Akademie Verlag, 2011.

Finanzgericht Köln. Urteil vom 31.10.2012–12 K 1136/11 (2012).

Fischer, Andreas H. *Spielen und Philosophieren zwischen Spätmittelalter und Früher Neuzeit*. Göttingen: Vandenhoeck & Ruprecht, 2016.

Flaig, Egon. *Den Kaiser herausfordern. Die Usurpation im Römischen Reich*. 2. Aufl. Bd. 7. Campus Historische Studien. Frankfurt am Main: Campus Verlag, 2019.

Flaig, Egon. *Die Mehrheitsentscheidung. Entstehung und kulturelle Dynamik*. Paderborn: Verlag Ferdinand Schöningh, 2013.

Flanagan, Mary. *Critical Play. Radical Game Design*. Cambridge, Massachusetts: The MIT Press, 2009.

Flasch, Kurt. *Nicolaus Cusanus*. 3. Aufl. München: C.H.Beck, 2007.

Flashar, Hellmut. „Die Medizinischen Grundlagen der Lehre von der Wirkung der Dichtung in der Griechischen Poetik". *Hermes* 84, Nr. 1 (1956): 12–48.

Foucault, Michel. *Der Wille zum Wissen*. Bd. 1. Sexualität und Wahrheit. Frankfurt am Main: Suhrkamp, 1977.

Foucault, Michel. *Die Macht der Psychiatrie. Vorlesungen am Collège de France 1973–1974*. Herausgegeben von Jacques Lagrange. Übersetzt von Claudia Brede-Konersmann und Jürgen Schröder. Frankfurt am Main: Suhrkamp, 2015.

Foucault, Michel. *Die Ordnung der Dinge: Eine Archäologie der Humanwissenschaften*. 9. Aufl. Frankfurt am Main: Suhrkamp Verlag, 1990.

Foucault, Michel. *Die Sorge um sich*. Bd. 3. Sexualität und Wahrheit. Frankfurt am Main: Suhrkamp, 1994.

Foucault, Michel. *Dispositive der Macht. Über Sexualität, Wissen und Wahrheit*. Berlin: Merve Verlag, 1978.

Foucault, Michel. *Schriften in vier Bänden. Dits et Ecrits. Erster Band: 1954–1969*. Frankfurt am Main: Suhrkamp, 2001.

Foucault, Michel. *Sicherheit, Territorium, Bevölkerung*. Bd. 1. Geschichte der Gouvernementalität. Frankfurt am Main: Suhrkamp, 1996.

Foucault, Michel. „Wie wird Macht ausgeübt?" In *Michel Foucault: Jenseits von Strukturalismus und Hermeneutik*, herausgegeben von Hubert L. Dreyfus und Paul Rabinow, 2. Aufl. Weinheim: Beltz Athenäum, 1994.

Frankenburg, Frances. „Voltaire and Gambling". *International Gambling Studies* 22, Nr. 1 (2022): 37–44.

Frankfurt, Harry G. *Bullshit*. Übersetzt von Michael Bischoff. Frankfurt am Main: Suhrkamp, 2006.

Freud, Sigmund. „Über den psychischen Mechanismus hysterischer Phänomene". *Wiener medizinische Presse*, Gesammelte Werke, Nachtragsband, S. 181–195, 34, Nr. 4–5 (1893): 121–26; 165–67.

Freud, Sigmund, „Das Unbehagen in der Kultur". In Ders.: Gesammelte Werke. Band XIV: Werke aus den Jahren 1925–1931. Frankfurt am Main: S. Fischer Verlag, (1963): 419–506.

Gambling Commission. *Gambling Industry Statistics: April 2015 to March 2019 – Updated to Include October 2018 to September 2019*. Birmingham, 2020.

Geertz, Clifford. „Deep Play: Bemerkungen zum balinesischen Hahnenkampf". In *Dichte Beschreibung. Beiträge zum Verstehen kultureller Systeme*. Frankfurt am Main: Suhrkamp, 1987.

Geertz, Clifford. *Dichte Beschreibung: Beiträge zum Verstehen kultureller Systeme*. Frankfurt am Main: Suhrkamp, 2002.

Girard, René. *Das Heilige und die Gewalt*. Frankfurt am Main: Fischer Verlag, 1978.

Goffman, Erving. *Wir alle spielen Theater. Die Selbstdarstellung im Alltag*. München: Piper, 2003.

Griffiths, Mark D. „Adolescent Gambling via Social Networking Sites: A Brief Overview". *Education and Health* 31, Nr. 4 (2013): 84–87.

Griffiths, Mark D. und Adrian Parke. „Internet Gambling". In *Encyclopedia of Internet Technologies and Applications*, herausgegeben von Mário M. Freire und Manuela Pereira, 228–34. London u. a.: Information Science Reference, 2008.

Gumbrecht, Hans U. „Gott würfelt nämlich sehr wohl". *Frankfurter Allgemeine Zeitung Nr. 132*, 9. Juni 2016.

Gutierrez, Mary E. „The Maya Ballgame as a Metaphor for Warfare". *Mexicon* 12, Nr. 6 (1990): 105–8.

Haberkamp, Günter. *Triebgeschehen und Wille zur Macht. Nietzsche – zwischen Philosophie und Psychologie*. Nietzsche in der Diskussion. Würzburg: Königshausen & Neumann, 2000.

Hájek, Alan. „Interpretations of Probability". The Stanford Encyclopedia of Philosophy (Winter 2012 Edition), 2011. https://plato.stanford.edu/archives/win2012/entries/probability-interpret (zugegriffen am 28.01.2024).

Hankins, James. „Humanism, Scholasticism, and Renaissance Philosophy". In *The Cambridge Companion to Renaissance Philosophy*, herausgegeben von James Hankins, 30–48. Cambridge: Cambridge University Press, 2007.

Härtler, Gisela. *Statistisch gesichert und trotzdem falsch? Vom (Un-)Wesen statistischer Schlüsse*. Berlin/Heidelberg: Springer Spektrum, 2014.

Hattler, Claus. „,... und es regiert der Würfelbecher' – Glücksspiel in der Antike". In *Volles Risiko! Glücksspiel von der Antike bis heute*, herausgegeben von Badisches Landesmuseum, 26–34. Karlsruhe: G. Braun Buchverlag, 2008.

Haucap, Justus. „Glücksspielregulierung aus ordnungsökonomischer Perspektive". In *Zur Ökonomik von Sport, Entertainment und Medien. Schnittstellen und Hintergründe*, herausgegeben von Oliver Budzinski, Justus Haucap, Annika Stöhr und Dirk Wentzel, 108:201–36. Schriften zu Ordnungsfragen der Wirtschaft. Berlin/Boston: De Gruyter Oldenbourg, 2021.

Hayer, Tobias und Gerhard Meyer. „Zocken im Internet – Online-Glücksspiele". In *Volles Risiko! Glücksspiel von der Antike bis heute*, herausgegeben von Badisches Landesmuseum, 268–70. Karlsruhe: G. Braun Buchverlag, 2008.

Hellpach, Willy. *Der Sozialorganismus. Menschengemeinschaften als Lebewesen*. Wiesbaden: VS Verlag für Sozialwissenschaften, 1953.

Henning, Christoph. „Glück in Gesellschaft und Politik. Die fragilen Bedingungen gelingenden Lebens". In *Glück. Ein interdisziplinäres Handbuch*, herausgegeben von Dieter Thomä, Christoph Henning und Olivia Mitscherlich-Schönherr, 92–103. Stuttgart: J.B. Metzler, 2011.

Herfeld, Catherine S. „Between Mathematical Formalism, Normative Choice Rules, and the Behavioral Sciences: The Emergence of Rational Choice Theories in the Late 1940sand Early 1950s". *The European Journal of the History of Economic Thought* 24, Nr. 6 (2017): 1277–1317.

Hirsch, Martin. „Giacomo Casanova und das Lotteriespiel im 18. Jahrhundert". In *SpielKunstGlück. Die Wette als Leitlinie der Entscheidung. Beispiele aus Vergangenheit und Gegenwart in Kunst, Wissenschaft, Wirtschaft*, herausgegeben von Johann K. Eberlein, 235–50. Wien/Berlin: Lit Verlag, 2011.

Hirtz, Helmut. „Ein Blick in die Historie der Wahrscheinlichkeitsrechnung". *Bayern in Zahlen* 20, Nr. 1 (2008): 32–48.

Hobbes, Thomas. *Leviathan*. Stuttgart Bad-Cannstatt: Reclam, 1986.

Höffe, Otfried. „Gerne dien ich den Freunden, doch tue ich es leider mit Neigung ...' – Überwindet Schillers Gedanke der schönen Seele Kants Gegensatz von Pflicht und Neigung?" In *Literaturstraße. Chinesisch-deutsches Jahrbuch für Sprache, Literatur und Kultur*, herausgegeben von Zhang Yushu, Horst Thomé, Wei Maoping und Zhu Jianhua, 7:25–43. Würzburg: Königshausen & Neumann, 2006.

Holler, Manfred J. und Gerhard Illing. *Einführung in die Spieltheorie*. Berlin/Heidelberg: Springer, 1991.

Hollin, Gregory, Isla Forsyth, Eva Giraud und Tracey Potts. „(Dis)entangling Barad: Materialisms and Ethics". *Social Studies of Science* 47, Nr. 6 (2017): 918–41.

Horn, Christoph. *Antike Lebenskunst. Glück und Moral von Sokrates bis zu den Neuplatonikern*. 3. Aufl. München: C.H.Beck, 2014.

Hossenfelder, Malte. *Antike Glückslehren*. 2. Aufl. Stuttgart: Kröner, 2013.

Hübner, Ulrich. *Spiele und Spielzeug im antiken Palästina*. Bd. 121. Orbis Biblicus et Orientalis. Freiburg/Göttingen: Universitätsverlag / Vandenhoeck & Ruprecht, 1992.

Huizinga, Johan. *Homo ludens. Versuch einer Bestimmung des Spielelements der Kultur*. Basel: Akademische Verlagsanstalt Pantheon, 1938.

Institut für Deutsche Gebärdensprache und Kommunikation Gehörloser (IDGS) der Universität Hamburg. „Katharsis". Psychologie-Fachgebärdenlexikon, o. J. https://www.sign-lang.uni-hamburg.de/projekte/plex/plex/lemmata/k-lemma/katharsi.htm (zugegriffen am 13.02.2024).

Institut für Ludologie. „Zitate und Sprüche zum Spielen", 2020. https://www.ludologie.de/multiplayer/detailansicht/news/zitate-zum-spielen (zugegriffen am 30.07.2020).

International Association of Gaming Regulators (IAGR). *Gambling Regulation – Global Developments 2018–19 (Markets)*. IAGR, 2019.

Jesse, Eckhard. *Totalitarismus im 20. Jahrhundert. Eine Bilanz der internationalen Forschung*. Baden-Baden: Nomos, 1996.

Jung, Christine. „Losen unterm Kreuz". In *Volles Risiko! Glücksspiel von der Antike bis heute*, herausgegeben von Badisches Landesmuseum, 35–41. Karlsruhe: G. Braun Buchverlag, 2008.

Kahneman, Daniel, Ed Diener und Norbert Schwarz, Hrsg. *Well-being: The Foundations of Hedonic Psychology*. New York: Russell Sage Foundation, 1999.

Kamphausen, Georg. „Recht auf Glück? Pragmatisches Glücksstreben und heroische Glücksverachtung". In *Glück und Zufriedenheit*, herausgegeben von Alfred Bellebaum, 86–101. Opladen, 1992.

Kant, Immanuel. *Kritik der praktischen Vernunft. Kritik der Urtheilskraft.* Bd. 5. Kants Werke. Akademie-Textausgabe. Berlin: De Gruyter, 2003.

Kant, Immanuel. „Kritik der reinen Vernunft". In *Werkausgabe. Bd. 3–4*, herausgegeben von Wilhelm Weischedel. Frankfurt am Main: Suhrkamp, 1983.

Kant, Immanuel. „Über Pädagogik". Deutsches Textarchiv, 1803. http://www.deutschestextarchiv.de/kant_paedagogik_1803/19 (zugegriffen am 23.04.2021).

Kersting, Wolfgang und Claus Langbehn, Hrsg. *Kritik der Lebenskunst.* 2. Aufl. Frankfurt am Main: Suhrkamp, 2016.

Kicherer, Dagmar. „Das mächtige ‚Vielleicht' – Die Spielbank in Baden-Baden". In *Volles Risiko! Glücksspiel von der Antike bis heute*, herausgegeben von Badisches Landesmuseum, 221–27. Karlsruhe: G. Braun Buchverlag, 2008.

King, Daniel, Paul Delfabbro und Mark Griffiths. „The Convergence of Gambling and Digital Media: Implications for Gambling in Young People". *Journal of Gambling Studies* 26, Nr. 2 (2010): 175–87.

Köger, Annette. „Spielkarten und Glücksspiel". In *Volles Risiko! Glücksspiel von der Antike bis heute*, herausgegeben von Badisches Landesmuseum, 62–84. Karlsruhe: G. Braun Buchverlag, 2008.

Krickeberg, Walter. „Das mittelamerikanische Ballspiel und seine religiöse Symbolik". *Paideuma: Mitteilungen zur Kulturkunde* 3, Nr. 3/5 (1948): 118–90.

Krüger, Lorenz, Lorraine J. Daston und Michael Heidelberger, Hrsg. *The Probabilistic Revolution.* Cambridge: MIT Press, 1987.

Kuhn, Thomas S. *The Structure of Scientific Revolutions.* Chicago: University of Chicago Press, 1962.

Leimgruber, Walter. „Feste: Rhythmus des Lebens". *NIKE-Bulletin* 25, Nr. 1–2 (2010): 10–15.

Lessing, Gotthold Ephraim. Minna von Barnhelm oder das Soldatenglück. Ein Lustspiel in fünf Aufzügen verfertigt im Jahre 1763. Mit Anmerkungen von Jürgen Hein, Stuttgart: reclam (2003).

Levy, Joseph. *Play Behavior.* Malabar, Florida: Krieger Publishing Company, 1978.

Lewin, Moshe. „Society and the Stalinist State in the Period of the Five Year Plans". *Social History* 1, Nr. 2 (1976): 139–75.

Li, Jen. „Exploitability and Game Theory Optimal Play in Poker". *Boletín de Matemáticas* 0, Nr. 0 (2018): 1–11.

List, Christian und Kai Spiekermann. „Methodological Individualism and Holism in Political Science: A Reconciliation". *American Political Science Review* 107, Nr. 4 (2013): 629–43.

Lorke, Axel und Peter Kohl. „Mathematische Unterhaltungen: Existiert echter Zufall?" *Spektrum der Wissenschaft* 2021, Nr. 11 (2021): 76–79.

Luce, R. Duncan und Howard Raiffa. *Games and Decisions: Introduction and Critical Survey*. Hoboken: Wiley, 1957.

Luckner, Andreas. *Klugheit*. Berlin: De Gruyter, 2005.

Ludewig, Katharina. *Von der Macht des Glücks. Eine Diskursanalyse deutscher Tageszeitungen zwischen 2007 und 2012*. Oldenburg: Universität Oldenburg, 2017. https://oops.uni-oldenburg.de/2925/1/ludvon15.pdf (zugegriffen am 28.01.2024).

Lutter, Mark. „Konkurrenten auf dem Markt für Hoffnung: religiöse Wurzeln der gesellschaftlichen Problematisierung von Glücksspielen". *Soziale Probleme* 22, Nr. 1 (2011): 28–55.

Maaß, Michael. „Wie haben die Griechen und Römer gewettet? – Zur antiken Sportwette". In *Volles Risiko! Glücksspiel von der Antike bis heute*, herausgegeben von Badisches Landesmuseum, 148–52. Karlsruhe: G. Braun Buchverlag, 2008.

Maier, Hans. *Totalitarismus und politische Religionen. Konzepte des Diktaturvergleichs*. Bd. 1: A. Referate und Diskussionsbeiträge der internationalen Arbeitstagung des Instituts für Philosophie der Universität München vom 26.–29. September 1994 [u. a.]. Paderborn u. a.: Schöningh, 1996.

Maier, Hans. *Totalitarismus und politische Religionen. Konzepte des Diktaturvergleichs*. Bd. 2: A. Referate und Diskussionsbeiträge der internationalen Arbeitstagung des Instituts für Philosophie der Universität München in der Akademie für Politische Bildung in Tutzing am 25. und 26. März 1996 [u. a.]. Paderborn u. a.: Schöningh, 1997.

Maier, Hans. *Totalitarismus und politische Religionen. Konzepte des Diktaturvergleichs*. Bd. 3: Deutungsgeschichte und Theorie. Paderborn u. a.: Schöningh, 2003.

Mainzer, Klaus. *Der kreative Zufall. Wie das Neue in die Welt kommt*. München: C.H.Beck, 2007.

Marionneau, Virve, Michael Egerer und Janne Nikkinen. „How Do State Gambling Monopolies Affect Levels of Gambling Harm?" *Current Addiction Reports* 8, Nr. 2 (2021): 225–34.

Marquard, Odo. „Homo Compensator". In *Diskurs: Mensch*, herausgegeben von Willi Oelmüller, Ruth Dölle-Oelmüller und Carl-Friedrich Geyer, 1:317–29. Philosophische Arbeitsbücher. Paderborn: Schöningh, 1985.

Marx, Karl. *Das Kapital*. Bd. 1, 2016. Hamburg: Nikol.

Marx, Karl. *Grundrisse der Kritik der politischen Ökonomie*, Frankfurt: Europäische Verlagsanstalt, 1972.

Marx, Karl. *Theorien über den Mehrwert III*. In: Institut für Marxismus-Leninismus beim ZK der SED (Hg.): Marx-Engels-Werke. Bd. 26,3. Berlin: Dietz, 1968.

Mäyrä, Frans. „Exploring Gaming Communities". In *The Video Game Debate: Unravelling the Physical, Social, and Psychological Effects of Video Games*, herausgegeben von Rachel Kowert und Thorsten Quandt, 153–75. New York/London: Routledge, 2016.

Mecquenem, Roland de. Memoires de la Mission archéologique en Iran. Bd. 29. Paris: Presses Universitaires de France, 1943.

Meier, Dominik und Christian Blum. *Logiken der Macht. Politik und wie man sie beherrscht*. Bd. 77. Wissenschaftliche Beiträge aus dem Tectum Verlag: Reihe Politikwissenschaft. Baden-Baden: Tectum, 2018.

Meier, Dominik und Christian Blum. „Mut zur Macht. Politische Praxeologie als Lehre vom erfolgreichen Machtgebrauch". *Politikum* 6, Nr. 4 (2020): 62–67.

Meier, Frank. „Der Teufel schuf das Würfelspiel … Brett- und Glücksspiele im Mittelalter". In *Glück – Zufall – Vorsehung. Vortragsreihe der Abteilung Mediävistik des Instituts für Literaturwissenschaft im Sommersemester 2008.*, herausgegeben von Simone Finkele und Burkhardt Krause, 77–101. Karlsruhe: KIT Scientific Publishing, 2010.

Meyer, Gerhard und Meinolf Bachmann. *Spielsucht. Ursachen und Therapie*. Berlin/Heidelberg: Springer, 2000.

Meyer, Gerhard, Tim Brosowski, Marc von Meduna und Tobias Hayer. „Simuliertes Glücksspiel. Analyse und Synthese empirischer Literaturbefunde zu Spielen in internetbasierten sozialen Netzwerken, in Form von Demoversionen sowie Computer- und Videospielen". *Zeitschrift für Gesundheitspsychologie* 23, Nr. 4 (2015): 153–68.

Meyer, Katrin. „Glück bei Foucault, Deleuze und Guattari. Zwischen Staatsräson, Selbsttechnologie und Subversion". In *Glück. Ein interdisziplinäres Handbuch*, herausgegeben von Dieter Thomä, Christoph Henning und Olivia Mitscherlich-Schönherr, 291–96. Stuttgart: J.B. Metzler, 2011.

Meyer-Landrut, Ehrengard. *Fortuna. Die Göttin des Glücks im Wandel der Zeiten*. München/Berlin: Deutscher Kunstverlag, 1997.

Miller, George. „How do Germany and the Netherlands' New Gaming Laws Compare to Other European Countries?" European Gaming, 2020. https://europeangaming.eu/portal/latest-news/2020/04/28/69421/new-2021-germany-and-holland-gaming-laws (zugegriffen am 13.08.2020).

Mintz, Steven M. „Aristotelian Virtue and Business Ethics Education". *Journal of Business Ethics* 15, Nr. 8 (1996): 827–38.

Moehler, Michael. „Impartiality, Priority, and Justice: The Veil of Ignorance Reconsidered". *Journal of Social Philosophy* 47, Nr. 3 (2016): 350–67.

Mohagheghi, Yashar. *Fest und Zeitenwende. Französische Revolution und die Festkultur des 18. Jahrhunderts bei Hölderlin*. Stuttgart: J.B. Metzler, 2019.

Morales Galán, Cesar und Moisés Prochovnik Alfie. „Gaming in Mexico: Overview". In *Gaming Global Guide*. Practical Law. Thomson Reuters, 2019.

Näther, Ulrike. „,Das große Los' – Lotterie und Zahlenlotto". In *Volles Risiko! Glücksspiel von der Antike bis heute*, herausgegeben von Badisches Landesmuseum, 99–140. Karlsruhe: G. Braun Buchverlag, 2008.

Näther, Ulrike. „Das mechanische Glücksspiel". In *Volles Risiko! Glücksspiel von der Antike bis heute*, herausgegeben von Badisches Landesmuseum, 242–54. Karlsruhe: G. Braun Buchverlag, 2008.

Näther, Ulrike. *Zur Geschichte des Glücksspiels*. Hohenheim: Forschungsstelle Glücksspiel der Universität Hohenheim, 2005.

Neumann, John von und Oskar Morgenstern. *Theory of Games and Economic Behavior*. 5. Aufl. Princeton: Princeton University Press, 1953.

Nietzsche, Friedrich. *Die fröhliche Wissenschaft*. Chemnitz: Verlag von Ernst Schmeitzner, 1882.

Nikkinen, Janne. *The Global Regulation of Gambling: a General Overview*. Bd. 3. Working Papers of Images and Theories of Addiction. Helsinki: University of Helsinki, 2014.

Nussbaum, Martha C. „Menschliches Tun und soziale Gerechtigkeit. Zur Verteidigung des aristotelischen Essentialismus". In *Gemeinschaft und Gerechtigkeit*, herausgegeben von Micha Brumlik und Hauke Brunkhorst, 323–61. Frankfurt am Main: Fischer Taschenbuch Verlag, 1993.

Nussbaum, Martha C. *The Fragility of Goodness. Luck and Ethics in Greek Tragedy and Philosophy*. Cambridge: Cambridge University Press, 1986.

o. A. „Statt Glück ist jetzt Geschick im Spiel gefragt". *Neue Zürcher Zeitung*, 20. Juli 2005.

Parlett, David. *The Oxford Guide to Card Games*. Oxford/New York: Oxford University Press, 1990.

Perinbanayagam, Robert. *Varieties of the Gaming Experience*. Abingdon/New York: Routledge, 2017.

Petry, Nancy M. und Christopher Armentano. „Prevalence, Assessment, and Treatment of Pathological Gambling: A Review". *Psychiatric Services* 50, Nr. 8 (1999): 1021–27.

Pfister, Eugen und Tobias Unterhuber. „Einleitung: ‚The revolution will (not) be gamified' – Marx und das Computerspiel". PAIDIA Zeitschrift für Computerspielforschung Sonderausgabe, 2021, 7–23.

Pinto Proença, Rui und Carlos E. Coelho. „Gaming in Macau: Overview". In *Gaming Global Guide*. Practical Law. Thomson Reuters, 2019.

Popitz, Heinrich. *Wege der Kreativität*. 2. Aufl. Tübingen: Mohr Siebeck, 2000.

Posner, Eric A. und Cass R. Sunstein, Hrsg. *Law and Happiness*. Chicago: University of Chicago Press, 2010.

PricewaterhouseCoopers (PwC). *Global Gaming Outlook. The Casino and Online Gaming Market to 2015*. PwC, 2011.

Puhm, Alexandra. *Lootboxen, Skin-Gambling & Co – Ein Hintertürl für die Glücksspielindustrie?* 10. Fachtag der Fachstelle Glücksspielsucht Steiermark, 8. November 2019. Graz, 2019.

Rawls, John. *Eine Theorie der Gerechtigkeit*. Frankfurt am Main: Suhrkamp, 1975.

Reichertz, Jo, Arne Niederbacher, Gerd Möll, Miriam Gothe und Ronald Hitzler. *Jackpot. Erkundungen zur Kultur der Spielhallen*. 2. Aufl. Bd. 16. Erlebniswelten. Wiesbaden: VS Verlag für Sozialwissenschaften, 2010.

Reichel, Juliane, Sprache – Sprachspiel – Spiel. Oldenberg: BIS-Verlag, 2010.

Republik Österreich. Österreichisches Glücksspielgesetz; konsolidierte Fassung vom 14.08.2020 (2020).

Republik Südafrika. South African National Gambling Act (2004).

Republik Türkei. Turkish Criminal Code No. 5237, 26.09.2004 (2004).

Rheingold-Institut. *Deep-Dive: Spielen bei Erwachsenen. Ergebnisse für die Deutsche Automatenwirtschaft. Studie*, 2022.

Rosenthal, Richard J. „Inclusion of Pathological Gambling in DSM-III, its Classification as a Disorder of Impulse Control, and the Role of Robert Custer". *International Gambling Studies* 20, Nr. 1 (2020): 151–70.

Rousseau, Jean-Jacques. *Discours sur l'origine et les fondements de l'inégalité parmi les hommes / Diskurs über den Ursprung und die Grundlagen der Ungleichheit unter den Menschen*. 7. Aufl. UTB für Wissenschaft. Paderborn: Schöningh, 2019.

Rubinstein, Ariel. „Comments on the Interpretation of Game Theory". *Econometrica* 59, Nr. 4 (1991): 909–24.

Saar, Martin. *Genealogie als Kritik. Geschichte und Theorie des Subjekts nach Nietzsche und Foucault*. Frankfurt am Main/New York: Campus Verlag, 2007.

Sankey, Howard. „Kuhn's Ontological Relativism". In *Issues and Images in the Philosophy of Science. Scientific and Philosophical Essays in Honour of Azarya Polikarov*, herausgegeben von Dimitri Ginev und Robert S. Cohen, 192:305–20. Boston Studies in the Philosophy of Science. Dordrecht: Kluwer Academic, 1997.

Schaar, Peter. „Wie die Digitalisierung unsere Gesellschaft verändert". In *Big Data – In den Fängen der Datenkraken. Die (un-)heimliche Macht der Algorithmen*, herausgegeben von Michael Schröder und Axel Schwanebeck, 2. Aufl., 107–24. Baden-Baden: Nomos, 2019.

Schädler, Ulrich. „„… Une grande poignée d'argent soit acquise ou perdue': Schach-, Backgammon- und Mühle-Probleme als Wettaufgaben im Mittelalter". In *SpielKunstGlück. Die Wette als Leitlinie der Entscheidung. Beispiele aus Vergangenheit und Gegenwart in Kunst, Wissenschaft, Wirtschaft*, herausgegeben von Johann K. Eberlein, 65–122. Wien/Berlin: Lit Verlag, 2011.

Schädler, Ulrich. „Organizing the Greed for Gain. Alfonso X of Spain's Law on Gambling Houses". In *Religions in Play. Games, Rituals, and Virtual Worlds*, herausgegeben von Philippe Bornet und Maya Burger, 23–47. Zürich: Pano Verlag, 2012.

Schädler, Ulrich. „Von der Kunst des Würfelns". In *Volles Risiko! Glücksspiel von der Antike bis heute*, herausgegeben von Badisches Landesmuseum, 21–25. Karlsruhe: G. Braun Buchverlag, 2008.

Schädler, Ulrich und Anne-Elizabeth Dunn-Vaturi. „Board Games in Pre-Islamic Persia". In *Encyclopaedia Iranica*, 2009.

Schiller, Friedrich. *Über die ästhetische Erziehung des Menschen. 15. Brief*. Stuttgart: Reclam, 2015.

Schiller, Friedrich. „Über die ästhetische Erziehung des Menschen in einer Reihe von Briefen". In *Friedrich Schiller. Sämtliche Werke*, herausgegeben von Gerhard Fricke und Herbert G. Göpfert, 5:570–669. München: Hanser, 1962.

Schimank, Uwe. „Sozialer Wandel. Wohin geht die Entwicklung?" In *Deutsche Verhältnisse. Eine Sozialkunde*, herausgegeben von Stefan Hradil, 17–40. Bonn: Bundeszentrale für Politische Bildung, 2012.

Schlaffke, Winfried und Franz Schneider. *Lust, Frust und Gewinn. 1000 Jahre Spiel mit kleiner Münze*. München/Mainz: v. Hase & Koehler, 1995.

Schmid, Hans B. und David P. Schweikard, Hrsg. *Kollektive Intentionalität. Eine Debatte über die Grundlagen des Sozialen*. Frankfurt am Main: Suhrkamp, 2009.

Schmid, Wilhelm. *Die Geburt der Philosophie im Garten der Lüste. Michel Foucaults Archäologie des platonischen Eros*. 4. Aufl. Frankfurt am Main: Suhrkamp, 2015.

Schmid, Wilhelm. *Philosophie der Lebenskunst. Eine Grundlegung*. 5. Aufl. Frankfurt am Main: Suhrkamp, 1999.

Schnyder, Peter. *Alea. Zählen und Erzählen im Zeichen des Glücksspiels 1650–1850*. Göttingen: Wallstein Verlag, 2009.

Schopenhauer, Arthur. *Die Welt als Wille und Vorstellung. Vollständige Ausgabe nach der dritten, verbesserten und beträchtlich vermehrten Auflage von 1859*. Köln: Anaconda Verlag, 2009.

Schulze, Helmut. *Der progressiv domestizierte Mensch und seine Neurosen. Die Rolle von Entlastung und Belastung für Krankheit und Heilung*. München: J.F. Lehmanns Verlag, 1964.

Schumacher, Dagmar M. „,Des Teufels Spiel' – Glücksspiel in Mittelalter und früher Neuzeit". In *Volles Risiko! Glücksspiel von der Antike bis heute*, herausgegeben von Badisches Landesmuseum, 85–92. Karlsruhe: G. Braun Buchverlag, 2008.

Schüßler, Rudolf. „Probability in Medieval and Renaissance Philosophy". The Stanford Encyclopedia of Philosophy, 2014. https://plato.stanford.edu/archives/win2023/entries/probability-medieval-renaissance (zugegriffen am 04.05.2019).

Schweizerische Eidgenossenschaft. Bundesgesetz über Geldspiele (Geldspielgesetz, BGS) vom 29. September 2017 (2017).

Sheridan, Heather. „Conceptualizing ‚Fair Play'. A Review of the Literature". *European Physical Education Review* 9, Nr. 2 (2003): 163–84.

Šiljak, Violeta und Vojkan Selakovic. „Syncretism of Agon, Athleticism and War in Ancient Greece". *Physical Education and Sport Through the Centuries* 1, Nr. 2 (2014): 90–99.

Spaemann, Robert. *Glück und Wohlwollen. Versuch über Ethik*. Stuttgart: Klett-Cotta, 1989.

Statista. „Marktvolumen von Casinos weltweit und im globalen Glücksspielmarkt von den Jahren 2011 bis 2023 (in Milliarden US-Dollar)", 2024. https://de.statista.com/statistik/daten/studie/168622/umfrage/marktvolumen-im-online-gluecksspielmarkt-weltweit-seit-2003/#statisticContainer (zugegriffen am 15.02.2024).

Stepina, Clemens. „Das Spiel als Inbegriff des Menschen? Kritik an einer konservativen Schiller-Rezeption" New German Review, Nr. 20 (2005): 74–83.

Stiglitz, Joseph E. „The Allocation Role of the Stock Market. Pareto Optimality and Competition". *The Journal of Finance* 36, Nr. 2 (1981): 235–51.

Sueton. *Kaiserbiographien. Caesar, Augustus, Tiberius, Caligula, Claudius, Nero, Galba, Otho, Vitellius, Vespasian, Titus, Domitian.* Herausgegeben von Ursula Blank-Sangmeister. Übersetzt von Ursula Blank-Sangmeister, Marion Giebel, Hans Martinet und Dietmar Schmitz. Ditzingen: Reclam, 2018.

Sutton-Smith, Brian. *Die Dialektik des Spiels. Eine Theorie des Spielens, der Spiele und des Sports.* Reihe Sportwissenschaft 10. Schorndorf: Hofmann Verlag, 1978.

Tajfel, Henri und John C. Turner. „The Social Identity Theory of Intergroup Behavior". In *Psychology of Intergroup relations*, herausgegeben von Stephen Worchel und William G. Austin, 7–24. Chicago: Nelson-Hall Publishers, 1986.

Talbot, Jude. *Zahl Farbe Trumpf. Die Geschichte der Spielkarten.* Hildesheim: Gerstenberg Verlag, 2019.

Tauber, Walter. *Das Würfelspiel im Mittelalter und in der frühen Neuzeit. Eine kultur- und sprachgeschichtliche Darstellung.* Frankfurt am Main/New York: Peter Lang, 1987.

Thomä, Dieter, Christoph Henning und Olivia Mitscherlich-Schönherr, Hrsg. *Glück. Ein interdisziplinäres Handbuch.* Stuttgart: J.B. Metzler, 2011.

Thomson, Garrett, Scherto Gill und Ivor Goodson. *Happiness, Flourishing and the Good Life. A Transformative Vision for Human Well-Being.* Abingdon/New York: Routledge, 2021.

Twain, Mark. *Die Abenteuer des Tom Sawyer.* 6. Aufl. Hamburg: Dressler Verlag, 1999.

Unterhuber, Tobias. „All work, all play? – Ein Streifzug durch die Geschichte von Arbeit und Spiel". *PAIDIA Zeitschrift für Computerspielforschung Sonderausgabe*, 2021, 24–41.

USA. Alabama Code § 13A-12-20 (2021).

Verwaltungsgericht Karlsruhe. Urteil vom 12.02.2015–3 K 3872/13 (2015).

Veyne, Paul. *Brot und Spiele. Gesellschaftliche Macht und politische Herrschaft in der Antike.* Frankfurt am Main/New York: Campus Verlag, 1988.

Vogt-Spira, Gregor. *Dramaturgie des Zufalls. Tyche und Handeln in der Komödie Menanders.* Bd. 88. Zetemata – Monographien zur Klassischen Altertumswissenschaft. München: C.H.Beck, 1992.

Voogt, Alexander J. de. *New Approaches to Board Games Research. Asian Origins and Future Perspectives*. Leiden: IIAS, 1995.

Walker, Anthony. „Can You Make a Profit Playing Skill-Based Slot Machines?", 2023. https://marketbusinessmag.com/can-you-make-a-profit-playing-skill-based-slot-machines/ (zugegriffen am 17.08.2023).

Watson, John. *Chess Strategy in Action*. Bracknell: Gambit Publications, 2021.

Weber, Max. „Die ‚Objektivität' sozialwissenschaftlicher und sozialpolitischer Erkenntnis". In *Max Weber. Gesammelte Aufsätze zur Wissenschaftslehre*, herausgegeben von Johannes Winckelmann, 7. Aufl., 215–90. Tübingen: Mohr Siebeck, 1988.

Weber, Max. „Die protestantische Ethik und der ‚Geist' des Kapitalismus". In *Die protestantische Ethik und der „Geist" des Kapitalismus. Neuausgabe der ersten Fassung von 1904–05 mit einem Verzeichnis der wichtigsten Zusätze und Veränderungen aus der zweiten Fassung von 1920*, herausgegeben von Klaus Lichtblau und Johannes Weiß, 27–173. Wiesbaden: Springer VS, 2016.

Weber, Max. *Wirtschaft und Gesellschaft*. Tübingen: Mohr Siebeck, 2000.

Weintraub, Daniel, Juergen Koester, Marc N. Potenza, Andrew D. Siderowf, Mark Stacy, Valerie Voon, Jacqueline Whetteckey, Glen R. Wunderlich und Anthony E. Lang. „Impulse Control Disorders in Parkinson Disease: a Cross-Sectional Study of 3090 Patients". *Archives of Neurology* 67, Nr. 5 (2010): 589–95.

Weitz, Edmund. *Konkrete Mathematik (nicht nur) für Informatiker*. 2. Aufl. Wiesbaden: Springer Spektrum, 2021.

Werle, Josef M. *Klassiker der philosophischen Lebenskunst. Von der Antike bis zur Gegenwart. Ein Lesebuch*. München: Goldmann Verlag, 2000.

Wildberg, Christian. *Hyperesie und Epiphanie. Ein Versuch über die Bedeutung der Götter in den Dramen des Euripides*. Bd. 109. Zetemata – Monographien zur Klassischen Altertumswissenschaft. München: C.H.Beck, 2002.

Wilkins, Sally E. D. *Sports and Games of Medieval Cultures*. London: Greenwood Press, 2002.

Willmann, Gerald. „The History of Lotteries", 1999. http://willmann.com/~gerald/history.pdf (zugegriffen am 03.03.2024).

Wirths, Helmut. „Die Geburt der Stochastik". *Stochastik in der Schule* 19, Nr. 3 (1999): 3–30.

World Health Organisation (WHO). „ICD-10 Version:2016", 2016. https://icd.who.int/browse10/2016/en (zugegriffen am 24.02.2024).

Wright, Maureen R. *Cosmology in Antiquity*. New York: Routledge, 1995.

Yalom, Irvin D. *Theorie und Praxis der Gruppenpsychotherapie. Ein Lehrbuch.* 13. Aufl. Stuttgart: Klett-Cotta, 2019.

Yap, Wai Ming und Gina Ng. „Gaming in Singapore: Overview". In *Gaming Global Guide*. Practical Law. Thomson Reuters, 2020.

Zimmer, Robert. „Vorwort des Herausgebers". *Aufklärung und Kritik* Sonderheft 14. Schwerpunkt: Glück und Lebenskunst (2008): 3–7.

Zippelius, Reinhold. „Die Entstehung des demokratischen Rechtsstaates aus dem Geiste der Aufklärung". *JuristenZeitung* 54, Nr. 23 (1999): 1125–31.

Zollinger, Manfred. *Geschichte des Glücksspiels. Vom 17. Jahrhundert bis zum Zweiten Weltkrieg.* Wien: Böhlau, 1997.

Stichwortverzeichnis

A

Adel, 50, 57
Affektsteuerung, 148, 151
Agonalität, 132
Alltag
    Entlastung, 14
    Kontingenz, 11
    Routine, 11
    Zwang, 11
Alltagsrealität, 20
Anthropologie, VI, 106, 195
Antike, 23
Aristoteles, 158
Aufklärung, 49, 54, 59, 62, 163, 189
Außeralltäglichkeit, 10, 198
Auszeit, soziale, 111, 130, 151, 198
Automatenspiel, 65, 75, 77, 122
Automatisierung, 11, 65, 74, 209
Avatar, 89, 152, 174

B

Ballspiel, 24
Begünstigt-Sein, 132
Berufsspieler, 138
Besser-Können, 131
Besteuerung, 57, 92
Brettspiel, 23, 44
Bürgertum, 45, 50, 57, 62, 81

C

Calvinismus, 52
Capability Approach, 161
Casanova, Giacomo, 1
Chancengleichheit, 142
Chaos, 155, 157, 181, 184, 185, 187, 189, 191
Christentum, 47, 167, 185
Compulsive Gambling, 178
Computerspiel, 89
Container, 151

D

Differenz, ludische, 197, 199
   denksystematische Dimension, 203, 207, 210
   politische Dimension, 201
Digitalisierung, 84, 114
Dispositiv, 34, 197
   fiskokratisches, 60, 67, 76, 82, 88, 94, 95, 102, 105, 203

E

Emotionalität, 149
Entfremdung, 172
Entlastungsfunktion, 14
Eudaimonia (Glücklichsein), 137
E-Spiel, 148
Evolutionsbiologie, 2

F

Fair Play, 123
Fest, 12
Foucault, Michel, 4
Französische Revolution, 59, 63
Freiheit, XVI, 1, 34, 45, 62, 63, 149, 202
   des Einzelnen, 17
   politische, 80
Freud, Sigmund, 175
Funktionsspiel, 95

G

Game Theory Optimal Poker (GTO Poker), 121
Gefangenendilemma, 119
Geldspiel, XIII, 18, 36, 49, 67, 73, 131, 145, 196
   automatisiertes, 76
   digitales, 91, 209
   Eindämmung, 46
   Monopolisierung, 58
   Niederlage, 131
   Spannung, 107
   Spielordnung, 68
Geldspielgerät, 76, 101
Gemeinschaftsgefühl, 13
Geschichtswissenschaft, VI
Geschicklichkeitsspiel, 78, 98
Gesetz, newtonsches, 187
Gewinn, 138
   gemeinschaftlicher, 16
Gewinnbeteiligung, 43
Gewinnchancen, 68
Gewinnherausforderung, 128
Gewinnspiel, XV, 196
   antikes, 182
   automatisiertes, 34, 65
   berechenbares, 66
   digitales, 85
   Geschichte, 23
   gutes, 52
   illegales, 42
   Logik, 102, 105
   nichtkompetitives, 122
   politische Steuerung, 202
   Regulierung, 42
   Spielregeln, 109
   Wesen, 2
   Zufall, 94
Gewinnspielarten, 43
Gewinnspielfeindlichkeit, 53
Gewinnspielforschung, 99
Gewinnspielregulierung, 202

Gewinnspielsteuerung, 50, 59, 62, 69, 79, 92, 96, 105
Gewinnverteilung, staatlich kontrollierte, 101
Gewinnwahrscheinlichkeit, 66
Gleichheit, XVI, 34, 63, 141, 202
Gleichheitsprinzip, 143
Globusspiel, 46
Glück, 25, 122, 137, 156, 197
  Begriff, 18
  berechenbares, 18
  Definition, 3, 21
  Dualismus, 8
Glückseligkeit, 17, 162
Glücksforschung, 3, 7
Glücksspiel, 19, 204
  Begriff, 2, 19
  Gefährlichkeit, 35
  Kontroll- und Sanktionsoptionen, 21
  pathologisches, 179
  Regulierung, 38
  Verbot, 39
  Zufallsdefinition, 98
  zwanghaftes, 178
Glücksspielforschung, 19, 22
Glücksspielstaatsvertrag, 96
Glücksspielstörung, 177, 180
Glücksstreben, 4
Glückstöpfe, 55
Glücksvorstellung, 8
Gruppendynamik, 125
Gruppenerfahrung, 115
Gutes
  ethisches, 167
  prudentielles, 166

H
Handeln des Spielers, 196
Herrschaftselite, 49
Herrschaftsinstrument, 30
Herrschaftsordnung, 5
Hierarchieungebundenheit des Spielers, 129
Homo ludens (spielender Mensch), 1, 106
Hyperrealität, 89

I
Ikonografie, 36, 57
Impulsive Disorders, 178
Individualspiel, 116
Individuozentrik des Spielers, 135, 147, 199
Internet, 84

J
Jugendschutz, 38

K
Kalkulation, mathematische, 67
Kant, Immanuel, 17
Kartenspiel, 33, 44, 64
Katharsis, 147
Katholische Kirche, 36
Kinderspiel, 173
Klassenlotterie, 55
Klerus, 50
Kollektiverleben, 16
Konzession, 54
Konzessionierung, staatliche, 56
Kräftemessen, 27, 131

Kultspiel, 25
Künstliche Intelligenz, 90

L

Lebensführung, 156, 204
   liberalistisch-rationalistische, 163, 209
   marxistische, 171
   teleologische, 159, 205
   therapeutische, 175, 209
Lebenskunst, 170
Leiden, 168
Liberalismus, 143
Lootboxen, 86
Losspiel, 28, 34
Lotterie, 49, 55, 73, 199
Lotteriemonopol, 58
Lotto, 50, 55
   staatliche Monopolbildung, 56
Lust, 168
Lustgefühl, 177

M

Macht, 5, 6, 21, 35, 80, 105, 195, 197
   des Zufalls, VII
Mannschaftsspiel, 116
Marx, Karl, 171
Mathematik, 64, 166, 188
Mensch, glücklicher, 19
Metaethik, 7
Methodik, anthropoludische, 195
Min-Max-Doktrin, 118
Mittelalter, 33
Mobilität, soziale, 129
Moderne, 61

Monopol, 57
Monopoly, 110
Moral, XV, 48

N

Nationalsozialismus, 81, 82
Neigung, 163
Neurose, 176
Neuzeit, 49, 62
Nichtnullsummenspiel, 117
Nietzsche, Friedrich, 170
Nikolaus von Kues (Cusanus), 46
Nullsummenspiel, 116, 117

O

Online-Poker, 121
Online-Spiel, XIV, 85, 92
Orakelspiel, 25
Ordenamiento, 37
Ordnung, soziale, 201

P

Panem et circenses (Brot und Spiele), 30
Pastoralmacht, 6
Pathologisierung der Spielfreude, IX, 71
Pech, 25, 122
Phantasiespiel, 95, 134
Pokerspiel, 97
Polytheismus, 185
Popitz, Heinrich, 196
Präventionspolitik, 92
Praxeologie, 106

Probabilistik, 188
Puritanismus, 52

Q

Quantenmechanik, 189, 192
Quantenphysik, 192

R

Rausch, 208, 209
Rechtsstaat, 129, 164
Reformation, 51
Regelspiel, 35, 95, 196
Regelsystem, kollektives, 13
Regulierung, 2, 34, 37
Regulierungskatalog, 37
Religion, 9
Renaissance, 9, 165
Repression, 41
Rituale, 26
Römisches Reich, 31
Roulette, 65, 74
Rückwärtsinduktion, 121

S

Schicksal, 155, 183, 186
Schleier des Nichtwissens, 144
Schopenhauer, Arthur, 169
Seelenheil, 6
Selbstbestimmung, 107
  freie, 127
Selbsterfahrung, 7
Selbstoptimierung, 139
Sexualmoral, 176
Sieg, 138
Simulationsspiel, 88

Sittenverfall, 43
Slot-Machine, 79
Social gambling, 90
Social gaming, 90
Solidarität, 63
Souveränität, 58
Sozialismus, 81
Sozialordnung, virtuelle, 89
Spannung, 108, 158
Spannungsempfindung, 112
Spätmoderne, 84
Spiel
  agonales, 116, 118, 131, 132, 208
  anthropologische Dimension, 61, 198
  ästhetisches, 140
  der Simulation, 89
  Differentia specifica, 16
  freie Selbstbestimmung, 127
  Logik, 113
  Regelwerk, 12
  Risiko, 70
  Spannung, 111
  und Fest, 10
  und Zufall, XV
  Ungewissheit, 157
  Verbot, 41
  Zufallsprinzip, 95
  Zweckfreiheit, 138
Spielarten, XVI
Spielautomat, 75
Spielbankenverbot, 83
Spieleforschung, 45
Spielen in der Gemeinschaft, 115
Spielerfahrungen, kollektive, 10, 200
Spielerhabitus, 125, 127
Spielerschutz, 38
Spielerstatus, 135

Spielfreude, X, 177, 200
Spielgemeinschaften, 123
Spielgerät, 143
Spielgründe, 196
Spielhalle, 76
Spielkarten, 57
Spielkultur, 62
  ludische, 32
  römische, 30
Spielleidenschaft, 48, 78, 200
Spielliteratur, 111
Spiellogik, Katharsis, 147
Spiellust, 208
Spielordnung, 22, 68, 89, 93, 205, 210
  Gleichheit, 143
Spielordnungssystematik, 63
Spielorganisation, 101
Spielort, 54, 111, 115
  physischer, 124
  virtueller, 116
Spielplatz-Phänomen, 111
Spielregeln, 29, 115, 150, 198
  Überschreitungen, 109
Spielsituation, 110
Spielsucht, 35, 45, 77, 177
Spielsystematik, 206
Spieltheorie, VI, 116, 121
Spielverbot, 202
Sportspielwelt, digitale, 86
Sportveranstaltung, 185
Stalinismus, 81
Statistik, 188
Status, gesellschaftlicher, 125
Steuerpraxis, 42
Stochastik, VIII, 66, 188, 209
Strategiespiel, 99
Streben nach dem Glück, 8

Subjekt-Objekt-Dualismus, 17
Suchtgefährdung, 70
Sünde, 70

T

Teleologie, aristotelische, 161
Telos, 160, 191
Therapie, 151, 177, 180
Thomas von Aquin, 45
Totalitarismus, 80
Tugendethik, 162
Tugendhaftigkeit, 159
Tyche (Göttin), 25

U

Übungsspiel, pädagogisches, 47
Ungleichheit, soziale, 141
Unplanbarkeit, 15
Utilitarismus, 143, 168

V

Ventilierung, 149
Verbot, VIII, 40, 44, 56, 78, 91
Verbotskultur, 82
Vernetzung, soziale, 87
Vernunft, 164, 171
Videogame-Livestreaming, 174
Videospiel, 90
Volonté générale, 17
Vulnerabilitäts-Risiko-Modell, 179

W

Wahrscheinlichkeit, 207
Wahrscheinlichkeitslogik, 18

Wahrscheinlichkeitsoption, 18
Wahrscheinlichkeitsrechnung, 66, 68, 100, 165, 186, 199
Wettbewerb, 10, 27
  sozialer, 126
Wettkampf, 29
Wettspiel, 28, 122
Wille des Menschen, 71
Wirkungsmotivation, 126, 130
Wissensordnung, 4, 203
World Wide Web, 84
Würfelspiel, 23, 26, 32, 36

Z
Zahlenlotterie, 55
Zielerreichung, eudämonistische, 162
Zufall, 18, 26, 94, 155, 183, 186
  echter, 192
Zufallsprinzip, 67, 132
  des Gewinnens, 145
Zufallsspiel, VI, XIII, XVI, 29, 44, 77, 96, 98
Zufallswahrscheinlichkeit, 100
Zweckorientierung, 136

GPSR Compliance

The European Union's (EU) General Product Safety Regulation (GPSR) is a set of rules that requires consumer products to be safe and our obligations to ensure this.

If you have any concerns about our products, you can contact us on

ProductSafety@springernature.com

In case Publisher is established outside the EU, the EU authorized representative is:

Springer Nature Customer Service Center GmbH
Europaplatz 3
69115 Heidelberg, Germany

www.ingramcontent.com/pod-product-compliance
Lightning Source LLC
LaVergne TN
LVHW020343260326
834688LV00045B/1508